MARLBORO LATIN
AMERICA TEAM.
FOI DADA A LARGADA.

O MINISTÉRIO DA SAÚDE ADVERTE: EVITE FUMAR NA PRESENÇA DE CRIANÇAS.

RUBENS BARRICHELLO

ANDRÉ RIBEIRO

PEDRO PAULO DINIZ

MARLBORO BRAZILIAN TEAM. O PONTO DE PARTIDA.

Temporada de 1994. No grid de largada, Emerson Fittipaldi, Rubens Barrichello, Raul Boesel, Christian Fittipaldi e André Ribeiro. Luz verde e amarela. Foi lançado o Marlboro Brazilian Team. O maior time do automobilismo brasileiro de todos os tempos.

Um time movido a talento. Um time criado para dar suporte, apoio e incentivo aos pilotos brasileiros, que assim podem mostrar sua habilidade e seu arrojo nas pistas do mundo inteiro. Seja na Fórmula 1 ou na Fórmula Indy. E a cada temporada, o

CHRISTIAN FITTIPALDI

EMERSON FITTIPALDI

RAUL BOESEL

Marlboro Brazilian Team vem se superando, com o apoio a vários pilotos em outras categorias do automobilismo mundial. Assim, por iniciativa da Philip Morris brasileira, as cores vermelha e branca de Marlboro se misturam com o verde e amarelo de nossa bandeira, mostrando para o mundo o talento brasileiro. E essa corrida não tem dia nem hora para terminar. O Marlboro Brazilian Team sempre buscará apoiar jovens talentos com um grande sonho na cabeça.

Marlboro
Marlboro Brazilian Team

O MINISTÉRIO DA SAÚDE ADVERTE: FUMAR PROVOCA DIVERSOS MALES À SUA SAÚDE.

Emerson Fittipaldi - Fórmula Indy
Penske - Mercedes / Equipe Marlboro Hogan - Penske

André Ribeiro - Fórmula Indy
Lola - Honda / Equipe Marlboro Tasman

MARLBORO LATIN AMERICA TEAM. ESSE É O TIME.

Rubens Barrichello - Fórmula 1
Jordan - Peugeot / Equipe Jordan

Tony Kanaan - Fórmula Indy Lights
Lola - Buick / Equipe Marlboro Tasman Motorsports

Jose Luis Di Palma - Fórmula Indy Lights
Lola - Buick / Equipe Marlboro Tasman Motorsports

Hélio Castro Neves - Fórmula Indy Lights
Lola - Buick / Equipe Marlboro Tasman Motorsports

As grandes idéias não ficam paradas no tempo. Elas evoluem. Por isso, o sucesso do Marlboro Brazilian Team abriu espaço para a criação de um novo time do automobilismo: o Marlboro Latin America Team. Um time que amplia o apoio de Marlboro também ao talento de pilotos latino-americanos de países como Argentina e México, além do Brasil. E a bandeira desse novo time é Emerson Fittipaldi. E não podia ser outro. Afinal, depois de ter sido o primeiro piloto brasileiro campeão de Fórmula 1 e de Fórmula Indy, talentos como Ayrton Senna, Nelson Piquet, Rubens Barrichello, Christian Fittipaldi, entre outros, surgiram em seu encalço. No Marlboro Latin America Team, Emerson terá o papel de líder. Será o "embaixador" que, além de pilotar seu carro, irá dividir sua experiência e conhecimento com os novos pilotos latinos, conduzindo-os ao grande sonho das pistas. Assim, Emerson Fittipaldi, à frente do Marlboro Latin America Team, dará uma contribuição significativa para assegurar a renovação do automobilismo latino-americano com a qualidade que o automobilismo mundial exige. O Marlboro Latin America Team já estréia nesta temporada de 1996, com o patrocínio desses grandes pilotos e também de uma equipe de Fórmula Indy Lights, onde futuras revelações poderão ser facilmente encaminhadas para a Fórmula Indy, possibilitando uma estratégia definida para a carreira dos jovens pilotos Marlboro. Essa nova equipe de Indy Lights contará com os brasileiros Tony Kanaan e Hélio Castro Neves, e com o argentino Jose Luis Di Palma. Seja no Brasil ou na América Latina, onde tem talento tem Marlboro.

Marlboro Latin America Team

ÍNDICE

INDY CAR 1995-96
© Hazleton Publishing Ltd. 1995.
3 Richmond Hill, Richmond, Surrey
TW10 6RE, England.

PUBLISHER
Richard Poulter

EDITOR
Jeremy Shaw

ART DIRECTOR
Steve Small

PRODUCTION MANAGER
Steven Palmer

MANAGING EDITOR
Peter Lovering

BUSINESS DEVELOPMENT MANAGER
Simon Maurice

SALES PROMOTION
Clare Kristensen

CHIEF PHOTOGRAPHER
Michael C. Brown

SELEÇÕES DE COR
Barrett Berkeley Ltd., London, England.

Direitos exclusivos para Língua Portuguesa adquiridos por:

© - 1995 - TALENTO, Edições, Publicidade e Promoções, Lda. 1995
Av. Gen. Norton de Matos, 63B - Miraflores
1495 Algés - Portugal
Tel.: (01) 412.0535 / 43 / 62
Fax: (01) 412.0553 - Modem: 412.0831

© - 1995 - EDIPROMO, Edições e Promoções, Ltda.
R. Joaquim Távora, 143 - Vila Mariana
04015-000 - S. Paulo-SP - Brasil
Fone: (011) 571.2477 / 572.9744
Fax: (011) 570.4325

PUBLICIDADE
Multimidia Planning

TRADUÇÕES
Carlos Moura, João Rodrigues, Fernando Furtado Coelho e Francisco Santos

REVISÃO EDITORIAL
Francisco Santos e Carlos Caseiro

PAGINAÇÃO DE TEXTO
Luisa Araújo, Paulo Fraga e Pedro Lourenço

FOTOLITOS
Policor - Gabinete Técnico de Fotolito, Lda.

MONTAGEM, IMPRESSÃO E ACABAMENTO
Printer Portuguesa

Depósito Legal nº

ISBN 972-8065-44-2
Edição original: ISBN 1-874557-51-9
Hazleton Publishing - Londres

Michael C. Brown

AGRADECIMENTOS
Os editores desejam agradecer aos citados pela sua ajuda na compilação de dados para o Anuário da Indy Car 1995-96: Andrew Craig, Jeff Kowalczyk, Cathy Lyon, CeCe Pappas, John Procida, Adam Saal, Mark Williams; Marilyn DiTeodoro, Carol Wilkins; Peter Waswo; Susan Bradshaw, Kim Carmine, Francois Cartier, Mark Christian, Allyson Clark, Gayle Coyne, Amy Dangler, Kevin Diamond, Roger Elliot, Anne Fornoro, Robbin Herring, Christine Horne, Steve Horne, Trevor Hoskins, Deke Houlgate, Hank Ives, Dan Luginbuhl, Kevin Kennedy, Gordon Kirby, Michael Knight, Kathi Lauterbach, Mai Lindstrom, Chris Mears, Marly Parra (Phillip Morris Marketing), David Phillips, Craig Pollock, Steve Potter, Scott Reisz, Peter Schreer (Phillip Morris L.A.), A.B. Shuman, Rick Shaffer, Marc Spiegel, Richard Sucre (Phillip Morris Marketing), Carole Swartz, Scott Tingwald, Tony Troiano and Tamy Valkosky.

Não é de hoje que o
homem sonha com carne.

Esplanada Grill. 10 anos deixando a carne no ponto certo.

ESPLANADA
grill

PREFÁCIO

por Jacques Villeneuve Vencedor do Campeonato PPG 1995

Tendo crescido na Europa, não fazia ideia de que a minha carreira me traria para a América do Norte e para as corridas Indy - a minha única aspiração era a Fórmula 1. Na realidade foi uma etapa muito importante na minha carreira.

Ter a chance de correr é como a maior parte das coisas na vida: é preciso pegar as oportunidades e tirar o maior partido delas. Estou feliz por a Player's Ltd e o Team Green me terem dado a possibilidade de vir para a América do Norte e de me pôr à prova. Foram três anos de alegria, amizades e, mais importante que tudo, de poder competir num conjunto de provas ao mais alto nível.

As provas da Indy Car em 1995 tiveram a competitividade que normalmente só se encontra em campeonatos menores. Para mim, a luta cerrada da competição em pista tão dura como a deste ano é quase tão reconfortante como a vitória final. As "500", o campeonato e a maior parte das corridas em 1995 tiveram de fato um sabor especial. Para conseguir tudo isto, um piloto necessita de gente especial atrás de si.

Essas pessoas para mim foram Barry Green e todo o seu Team. Eles não só são os melhores, como também dão o seu máximo. É muito importante, quando se conduz nos limites, e se tenta conseguir mais um "décimo", sentir que somos apoiados.

Agora parto para novos desafios. E espero, como espectador em anos vindouros, que o Campeonato Indy (mesmo com algumas batidas) me dê o estímulo das grandes corridas que deixam recordações agradáveis.

É um prazer poder participar deste anuário Indy Car, que resume a temporada de forma muito competente.

Até breve ...

Michael C. Brown

SEMPRE A

MELHORAR

O Campeonato PPG Indy continua a crescer em estatura, a aumentar de interesse. Está cada vez melhor. E 1995 ofereceu-nos a temporada mais atrativa de sempre. Recordes de assistência de público em quase todas as provas, com os fãs desfrutando de momentos espetaculares, com base em competição aberta num campo desportivo bem recheado de veteranos e de estreantes.

Audiências de televisão significativamente maiores, com crescente interesse em todas as partes do globo, também foi um reflexo do contínuo progresso e prosperidade das provas Indy Car.

A meio de uma temporada eletrizante de 17 corridas, 10 corredores ainda tinham legítimas esperanças de vir a erguer a Taça PPG. Foi então que a recente sensação Jacques Villeneuve, entretanto vencedor em Indianapolis, deu cabo da corrida ao título com uma série de impressionantes performances no Reynard-Ford/Cosworth Player's Ltd. do Team Green. Superiormente dotado, o franco-canadense de 24 anos culminou a sua temporada vitoriosa dizendo adeus aos Indy Cars no final da temporada e virou as suas atenções para a Fórmula 1.

O Team Penske/Marlboro também teve a sua quota parte de manchetes. Só por si isso não oferecia grandes surpresas, dado que os batalhões de Roger Penske haviam dominado a corrida ao título em 1994.

Antes de tudo foi com a maior surpresa que se viu Al Unser Jr. e Emerson Fittipaldi lutando entre os corredores do meio da tabela na prova de abertura em Miami. No entanto esta história viria a ser ofuscada uns meses depois quando, num dos casos mais espantosos de toda a história do Campeonato Indy, nem o campeão em título Unser nem Fittipaldi se qualificaram em Indianapolis. Muito simplesmente não foram suficientemente rápidos. Mesmo com toda a sua experiência, conhecimento, perícia e recursos, nenhum dos pilotos da Penske conseguiu entrar no grid. Espantoso.

Mas não se ficou por aí. Unser e Penske voltaram às primeiras páginas no mês de junho, em Portland, após Unser ter conseguido a vitória mais convincente da temporada... para vir a ser desclassificado quando o seu carro não conseguiu passar a vistoria técnica. A equipe reclamou a sua inocência, se iniciando uma longa e complicada saga que continuou até após a última prova em Laguna Seca em setembro. Foi negado provimento à reclamação inicial da Penske. O assunto transitou então para o Tribunal de Recurso, que decidiu a favor da Penske.

Todo este episódio teve reflexos negativos na organização IndyCar. Nas circunstâncias, no entanto, houve alguma sorte pois o Campeonato já estava decidido, e a reviravolta sobre a decisão original dos comissários não teve reflexos nas posições dos 20 primeiros. O Presidente da IndyCar, Andrew Craig, assumiu, porém, toda a responsabilidade, tendo espontaneamente admitido que o assunto demorara tempo demasiado a ser solucionado. Assim, a IndyCar irá rever cuidadosamente os seus regulamentos. Craig também confirmou ir tomar medidas no sentido de evitar a confusão causada pela utilização de dois métodos distintos de teste dos carros, um pelos comissários da IndyCar e outro pelos inspetores técnicos contratados e que tradicionalmente têm prestado valiosa assistência ao reduzido quadro de profissionais da IndyCar.

É claro que o próprio espírito de competição assegura que os regulamentos sejam aproveitados e levados aos seus limites pelos contendores, mas a equipe técnica será encarregada de acabar com os buracos ou imprecisões antes do início da temporada de 1996.

Craig teve muito mais em que pensar durante o ano. De fato muito do seu tempo foi gasto em tentar analisar as ramificações da proposta do Presidente da Indianapolis Motor Speedway, Tony George, de criação de uma nova Liga Indy Racing (IRL), a começar em janeiro de 1996 com uma prova de 200 Milhas numa oval completamente nova na Walt Disney World na Florida.

O United States Auto Club (USAC), que também sanciona as 500 Milhas de Indianapolis, emitira inicialmente um regulamento para 1996 baseado numa diminuição dos motores para 2,2 litros, bem como em alterações nos chassis e nas configurações aerodinâmicas. Este regulamento foi posteriormente revogado quando se tornou patente que os fornecedores de motores estavam satisfeitos com a regulamentação existente. Então, após os Teams do Campeonato terem confirmado a sua intenção de introduzir novas limitações nos carros para 1996, tendo em vista a redução da potência e, consequentemente, das velocidades em curva, bem como maior proteção aos pilotos na área do cockpit, o IRL, mais uma vez, fez tábua rasa de tudo

Uma grid apertada prepara-se para a batalha em Phoenix. A prova teve um final tipicamente disputado, com Robby Gordon a aguentar Michael Andretti e ganhar por 0,788 s.

Michael C. Brown

INTRODUÇÃO DO EDITOR

Michael C. Brown

O sucesso do Campeonato PPG IndyCar atraiu uma série de novos condutores, Teams, patrocinadores e fornecedores durante as duas últimas temporadas. A magnífica vitória do estreante brasileiro André Ribeiro na New England 200 ao volante do Team Tasman da Firestone — Reynard-Honda LCI Internacional confirmou que os novos podem confrontar-se com os veteranos de igual para igual nas provas Indy.

ao anunciar que os seus regulamentos para a próxima temporada, incluindo as 500 Milhas de Indianapolis, seriam exatamente os mesmos de 1995.

Por isso, de repente, os Teams da IndyCar viram-se confrontados com o fato não só de ter de desenvolver os seus novos carros para a temporada 1996 da PPG, mas também de ser obrigados a manter o seu equipamento sob especificações de 1995 exclusivamente para uso em Indianapolis. Em julho, em sequência da previsão de pouco apoio às provas da IRL, Tony George deixou cair outra bomba ao determinar que 25 das 33 posições de partida nas 500 Milhas de Indianapolis, independentemente da velocidade de qualificação, seriam reservadas aos concorrentes preparados para entrar na IRL.

Os Teams da IndyCar ficaram indignados! Um dos irados proprietários disse: "Pela primeira vez a prova não é aberta aos 33 carros mais rápidos. Toda a'tradição, a herança de Indianapolis foi jogada pela janela fora".

Muitos dos problemas levantados pela formação da IRL por parte de George permanecem por resolver no momento em que se escrevem estas linhas. Mas um ponto fica claro: as linhas da batalha estão traçadas. George, de fato, emitiu um ultimato: "Se querem assegurar um lugar em Indianapolis é melhor que corram as provas da IRL em Walt Disney World (27 de janeiro) e Phoenix (24 de março)". Os Teams da IndyCar, entretanto, replicaram: "Nós já temos as nossas provas. Não temos capacidade, nem financeira nem física, para entrar em provas adicionais — especialmente com um conjunto de regulamentações diferentes".

Ambos os lados, no entanto, estão convictos de que preferiam chegar a um compromisso de qualquer espécie.

"Quero que fique claro", disse o altamente respeitado tri-campeão da PPG e proprietário Bobby Rahal, "e penso poder falar em nome de todos os proprietários de Teams, que queremos correr as 500 Milhas de Indianapolis. Este é o cenário ideal e para isso estamos trabalhando. Mas se lá formos será somente na base de uma competição aberta, como tem acontecido até hoje".

Triste, mas inevitavelmente, toda esta retórica tendeu de certa forma a ensombrar uma temporada verdadeiramente magnífica. A competição foi a melhor disputada de sempre. A tensão das provas foi intensa. Ao todo, houve nove vencedores diferentes em 17 corridas, igualando um recorde estabelecido em 1985. Houve quatro vencedores que o foram pela primeira vez — um novo máximo numa temporada — e nove diferentes pilotos nas poles, o que é também recorde. Um total de 21 pilotos comandou pelo menos uma volta da PPG, enquanto que nada menos que 17 teve honras de pódio final. Mais dois recordes.

As simples estatísticas testemunham a extraordinária qualidade da competição em 1995. Confirmam também até que ponto foi elevado o nível, em comparação mesmo com 1994, quando o Team Marlboro/Penske dominou com o seu chassis PC24.

O consenso geral antes da temporada sugeria que os fornecedores privados dos chassis Lola e Reynard elevariam o nível das suas apostas a fim de combater a Penske. E assim se provou. Perguntem só a Stefan Johansson, que em 1995 com um dos todo-ganhadores Penske do ano anterior lutou bravamente para acompanhar os carros privados. " Raios!, em Toronto fiquei a nove décimos (de segundo) da pole e fui 18º. na grelha" — afirmou. "No ano passado fiquei a um segundo da pole e fui sétimo na grelha. E foi assim em todas as provas ".

O grau de competitividade assegurou um nível de imprevisibilidade sem paralelo em nenhuma outra categoria maior da competição automóvel. Cada um dos três fabricantes de motores experimentou as honras da vitória, incluindo a Honda, que deu um enorme salto em frente nesta sua temporada após a estreia; e para 1996 as perspectivas são ainda mais aliciantes, com a Toyota bastante avançada nos planos para entrar na guerra e desafiar o poder estabelecido da Ford/Cosworth, Mercedes e Honda.

De um modo geral, o nível dos pilotos também alcançou um máximo de sempre, evidenciado pelas preferências de Gil de Ferran, André Ribeiro e Christian Fittipaldi ao trocarem carreiras prometedoras na Europa por uma oportunidade de conduzir na PPG num Team competitivo. Robby Gordon e Scott Pruett juntaram-se ambos ao rol dos vencedores durante 1995, enquanto que Bryan Herta e Jimmy Vasser estiveram por perto. Talvez a sua chance seja em 1996. Promete vir a ser um show dos diabos.

Jeremy Shaw
Columbus, Ohio
Setembro 1995

Memorial

Henry Banks, lutador incansável por assuntos de segurança nos seus muitos anos de USAC, morreu a 18 de dezembro de 1994 com 81 anos. Banks, cuja família imigrou de Inglaterra quando ele era criança, começou a correr em 1932 até conseguir em 1950 ganhar o título no AAA National Championship. Deixou de pilotar em 1954 mas voltou ao esporte em 1959 para suceder a Duane Carter como segundo Diretor de Competição no USAC. Deu entrada no Auto Racing Hall of Fame de Indianapolis em 1985, um ano após finalmente se retirar da organização USAC.

Bobby Grim, que morreu a 14 de junho em Indianapolis após doença prolongada, será lembrado como uma das mais populares estrelas de "dirt track". Após vencer quatro campeonatos IMCA sucessivos entre 1955 e 1958, Grim mudou-se para o USAC e ganhou honras de estreante do ano em 1959. Grim venceu uma corrida do USAC em Syracuse Mile em 1960, e correu nove vezes em Indianapolis. Retirou-se em 1971 com 199 vitórias. Tinha 70 anos.

Rouem " Haff " Haffenden, chefe mecânico com enorme experiência em Fórmula 1 e circuitos Indy, morreu a 26 de fevereiro. Haffenden, nascido no Sussex, Inglaterra, trabalhou com Dan Gurney na Europa antes de se mudar para a Califórnia em finais dos anos 60. Tornou-se chefe mecânico no Team Indy de Gurney e preparou o Eagle em que Jerry Grant alcançou o primeiro recorde de sempre de volta acima de 320 km/h no Ontário Motor Speedway em 1972. Haffenden, de 55 anos, também trabalhou nos Teams Interscope, Psachie/Garza - Kraco Racing Car de Vel-Parnelli Jones.

Nick Kranz, diretor geral do Dick Simon Racing, morreu subitamente em casa a 29 de junho. Kranz, amigo íntimo de Simon por mais de 25 anos, correu em stock cars nos anos 60, e ele próprio patrocinou os esforços de Simon em Indianapolis nos primeiros anos 70. Mais recentemente tinha sido responsável pela conclusão do negócio para trazer o mexicano Carlos Guerrero e o patrocinador Herdez para o Team Simon em 1995. Kranz tinha 52 anos.

Bernie Myers, universalmente amado e admirado como membro eventual da tripulação da Payton-Coyne Racing, para a qual os seus 3 filhos Bernie (Jr.), Doug e Mark trabalharam durante anos, morreu repentinamente a 11 de junho. O mais velho dos Myers, de sua profissão chapeador, decidira não assistir à corrida de Detroit e, em vez disso, estava trabalhando nas novas instalações do Team em Plainfield, Illinois, quando morreu. Contava 59 anos.

Chuck Stevenson, que alcançou duas das quatro vitórias da sua carreira, Milwaukee e DuQuoin, durante o AAA National Championship de 1952, morreu a 21 de agosto. Tinha 75 anos. Correu nove vezes em Indianapolis, entre 1951 e 1965, estabelecendo o recorde de seis melhores resultados, em 1961. Após a trágica morte de Clay Smith, seu chefe mecânico, em 1954, o que muito o impressionou, ganhou a primeira de todas as corridas de stock cars sancionada pelo USAC em Saugus, Cal, em 1956, e por duas vezes ocupou lugares de honra na Carrera Panamericana em stock cars.

Charlie Thompson, que foi associado da Indianapolis Motor Speedway desde 1958 e sucedeu a Clarence Cagle como Supervisor de Campo em 1994, sucumbiu a um cancro em 3 de agosto. O bem amado e respeitado Thompson, que residira toda a sua vida em Indianapolis, Indiana, tinha 56 anos.

PPG
BOSCH
BOSS
Marlboro
TURBO
GARRETT
Marlboro
MOVIDO A TALENTO.

O MINISTÉRIO DA SAÚDE ADVERTE:
FUMAR PROVOCA DIVERSOS
MALES À SUA SAÚDE.
GOODYEAR
EAGLE
Marlboro

A TEIA DA INDY CAR EM TODO O MUNDO

O Campeonato PPG IndyCar é agora verdadeiramente internacional - e mais forte que nunca. A participação dos melhores pilotos de todo o mundo trouxe uma audiência maciça a nível mundial a qual, por sua vez, originou o envolvimento de ainda mais e maiores patrocinadores e fornecedores internacionais.

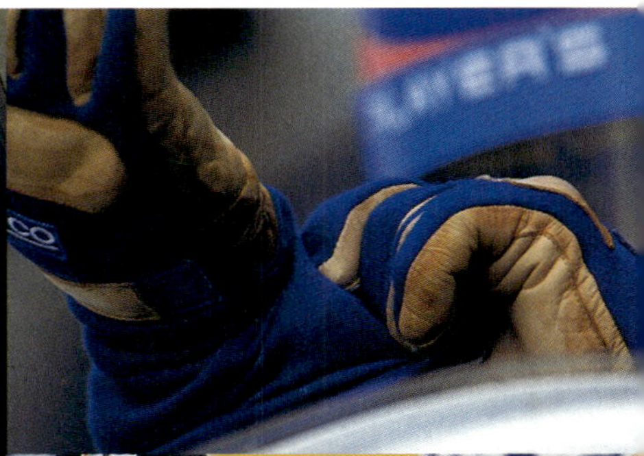

Em tempos, o Campeonato PPG IndyCar foi uma reserva da competição internacional — onde as estrelas envelhecidas da Fórmula 1 iam passar uns tempos, os condutores falhados da Fórmula 1 iam ganhar a vida, e os promissores talentos americanos e canadenses encontravam um beco sem saída, embora algumas vezes lucrativo.

Mas já não é assim. Pela segunda vez nos últimos quatro anos, o campeão da Indy assinou por uma equipe de topo da F1. A IndyCar detém agora maiores audiências televisivas a nível mundial que qualquer outro campeonato anual. E o Campeonato PPG IndyCar tornou-se no destino - e não mais uma reserva - dos condutores que despontam de todos os cantos do globo.

Uma das razões para a crescente influência da IndyCar na cena internacional é a existência de um sensato e estável conjunto de regras que assegura aos condutores talentosos, bem como às próprias equipes, terem pelo menos tanta influência no resultado das corridas como a última das inovações tecnológicas. Para além de alguns ajustes ao máximo admissível na pressão dos turbos, as regras para os motores IndyCar pouco mudaram nos últimos dez anos. Durante este mesmo período os regulamentos para chassis evoluíram duma forma lógica, passo a passo, constituindo a segurança a preocupação máxima.

Os legisladores da IndyCar aprenderam uma lição com a Fórmula 1 nos anos 80 quando evoluções tais como freios de carbono, supensões ativas e equipamentos eletrônicos dignos duma nave espacial levaram os custos a níveis da estratosfera, prejudicando a competição. Assim, suspensões ativas, controlo de tração, freios de carbono, bem como materiais ultra-sofisticados ao nível do motor foram banidos das competições IndyCar.

No entanto, a moderna IndyCar não está na Idade da Pedra. Os chassis atuais da Penske, Lola e Reynard não dispensam o túnel de vento e os mais avançados materiais compósitos de construção, enquanto que a Ford/Cosworth, a Honda e a Illmor/Mercedes-Benz têm vindo a desenvolver ultra-sofisticados sistemas de controlo e gestão, bem como de aquisição de dados.

Deste modo, a IndyCar utiliza a alta tecnologia suficiente para atrair os construtores e patrocinadores, mas também bastante senso comum para impedir a tecnologia de disparar loucamente. Com Ford, Honda, Mercedes e, a partir de 1996, Toyota metidos até ao pescoço na IndyCar, o Campeonato PPG beneficia de um nível de envolvimento dos construtores de automóveis sem precedentes na história de 80 anos do campeonato nacional.

"Há um bom equilíbrio entre a tecnologia e o controlo de custos", diz Tom Elliott, Presidente da American Honda, Inc. "Existem as limitações suficientes no aspecto tecnológico para que toda a gente tenha de trabalhar no duro a fim de encontrar alguma coisa mais. Gastar pura e simplesmente mais dinheiro não é garantia de sucesso.

"Pode se ter uma vantagem num ano e perdê-la no seguinte. É constatar o que sucedeu à Penske em 1994 quando ganhou tudo: estimulou todos para fazerem melhor. Como resultado 1995 foi muito mais competitivo".

A temporada de 1995 também assistiu ao regresso da Firestone à IndyCar após 20 anos de ausência, num gesto que se compreende à luz da sua tradição de sucessos nas 500 Milhas de Indianapolis, mas que também se entende como resultado dos regulamentos da Indy.

"Antes de tudo, pretendemos voltar a dar força ao nome Firestone", diz Al Speyer, diretor de competição da Firestone. "Sentimos que a melhor maneira de mostrar que a Firestone está viva e bem viva seria voltar à IndyCar, onde dispomos de uma herança de grandes resultados.

"No entanto, o fato de a IndyCar ter uma fórmula tão razoável para equilibrar as conflictuais finalidades da alta tecnologia com o controlo de custos fez com que a nossa decisão de voltar à IndyCar fosse muito fácil de tomar".

Nos últimos anos a guerra dos pneus devastou a Fórmula 1 e a Nascar. Mais uma vez a IndyCar aprendeu com os erros dos outros. Em cooperação com a Goodyear e a Firestone, estabeleceu um adequado conjunto de regras que desencorajou as despesas extravagantes e assegurou uma boa margem de funcionamento a ambos os fabricantes.

Talvez como consequência destas regras de estabilidade e de custos ajustados persista um ambiente nas corridas da IndyCar de notável distensão. Poderá ser que a camaradagem entre os pilotos também seja resultado de se correr a 300 Km/h, em que não há lugar a antipatias. Sejam quais forem as razões, o Campeonato PPG IndyCar há muito que goza da reputação de manter as corretas prioridades: a disputa é feroz, mas ao fim do dia continua sempre a ser só e simplesmente um esporte.

Houve um certo delírio quando os refugiados da Fórmula 1 Teo Fabi, Derek Daly e Raul Boesel apareceram na IndyCar nos primórdios dos anos 80, mas somente quando Emerson Fittipaldi ganhou o Campeonato Indy e as 500 Milhas de Indianapolis em 1989 é que o mundo começou a prestar maior atenção. Eis um homem que tinha ganho por duas vezes o Campeonato Mundial de Fórmula 1 e se retirava desgostoso em 1980, após ver destruídos os seus sonhos de uma equipe brasileira de Fórmula 1.

Fittipaldi descobriu uma fonte de juventude nas corridas IndyCar, e não se envergonhou de proclamar as suas virtudes ao resto do mundo.

"Na América, quando me estou a

por David Phillips

Fotos: Michael C. Brown

preparar para uma prova, sei que não é o fim do Mundo", disse Fittipaldi logo após ganhar as 500 Milhas de Indianapolis. "Tenho tempo para correr e tempo para estar com os meus amigos. Isto não existe na Fórmula 1. A mentalidade aqui é completamente diferente".

Não só o mundo começou a ouvir, como também a presença de Fittipaldi chamou a atenção do Brasil para a IndyCar — e com ele grande parte da América do Sul. A vinda de Fittipaldi para a IndyCar deu início aos acontecimentos que levaram os mercados da televisão internacional da IndyCar a crescer do praticamente zero até níveis que fazem hoje inveja no desporto mundial.

O grande passo seguinte foi nos princípios dos anos 90, quando os planos da IndyCar para correr na Austrália originaram uma questão surda com a FISA, devido à colocação da IndyCar no calendário internacional. Organização trânsfuga aos olhos do mundo desde que abandonara o USAC em 1979, a IndyCar enfrentou a ameaça de sanções até ter delineado um acordo com a FISA. A IndyCar concordou em que a maior parte do seu esquema se desenvolveria na América do Norte e que todas as provas no exterior seriam disputadas somente em pistas ovais.

Estas evoluções foram o princípio de um admirável encadear de acontecimentos que viram o então coroado Campeão Mundial de Fórmula 1, Nigel Mansell virar as costas à F1 para conduzir para a Newman-Haas Racing em 1993. Mansell teve uma temporada com mais altos e baixos que uma montanha russa até conseguir ganhar o Campeonato PPG. Mas significativamente, a sua presença foi uma benção para o perfil internacional das corridas IndyCar.

Graças à enorme popularidade de Mansell, os fãs correram a ver as corridas IndyCar em 1993.

Em 1992, último ano da "era pré-Mansell", as corridas IndyCar foram televisionadas para uns 90 países fora da América do Norte. Este número saltou para mais de 130 em 1993 e para bem acima dos 150 em 1994. Mais ainda: a IndyCar calcula que 11% das credenciais de imprensa concedidas em 1994 foram para publicações que não teriam feito cobertura do desporto sem Mansell.

Ninguém que tenha assistido em 1993 à corrida das 200 Milhas de New England, quando Mansell, Fittipaldi e Paul Tracy trocavam constantemente de posições a 300 Km/h abrindo caminho por entre o restante tráfego, alguma vez o esquecerá. E embora esta lua de mel de Mansell tenha chegado rapidamente ao fim na temporada seguinte, a semente tinha sido lançada. Quando Mansell voltou para a Fórmula 1 (por pouco tempo) em 1995, o mundo continuou a ver as corridas IndyCar em números crescentes.

Mansell foi também um marco de viragem na medida em que se tornou no primeiro de alguns outros tops europeus que voltaram as costas à Fórmula 1 a favor da IndyCar. Embora Mansell tenha voltado à F1, uma dessas jovens estrelas já confirmara a sua intenção de se voltar na direção contrária: nada menos que Christian Fittipaldi após um período de três anos na F1 com os Teams Minardi e Footwork, e que chegou à IndyCar em 1995 para conduzir para a Walker Racing.

Como o seu tio, Christian rapidamente se adaptou ao ambiente de competição e desportivismo da IndyCar.

"Nós rimos e brincamos, mas quando toca a correr todos nós damos o máximo, em todas as circunstâncias" diz Fittipaldi. "Mas só porque a corrida é um assunto sério não é preciso estar sempre de má cara. Acreditem em mim, que acabei de sair da Fórmula 1 e cheguei mesmo agora à Indy: o verdadeiro espírito desportivo é aqui".

Fittipaldi não estava sozinho. Foi seguido pelo seu colega brasileiro Gil de Ferran, terceiro no Campeonato Internacional FIA 1994 da Fórmula 3000, e aceitou conduzir para o Hall Racing Team. De Ferran não teve quaisquer problemas ao tomar a sua decisão de vir para a América.

"Na IndyCar tenho hipóteses de ganhar, é tão simples quanto isso. Da forma como a regulamentação e o campeonato estão estruturados existem 10 ou 15 pilotos que podem ganhar uma corrida — e as estatísticas deste ano provam-no. Naquilo em que estou mais interessado como desportista é poder competir num campo em que o meu desempenho se venha a refletir nos resultados".

As coisas vão dar uma volta em 1996 quando Villeneuve entrar para a Williams na Fórmula 1. Como filho de um dos mais adorados heróis da Fórmula 1 Villeneuve levará uma pesada herança, mas também a reputação da IndyCar sobre os seus jovens ombros.

Mas Villeneuve não estará sozinho a publicitar o perfil da IndyCar a nível internacional. Num dos mais empolgantes acontecimentos na história recente da IndyCar, o Campeonato PPG Indy fará a sua estreia internacional num circuito oval em março no Brasil, numa oval especialmente construída no circuito de Jacarepaguá, perto do Rio de Janeiro.

A enorme popularidade das corridas IndyCar no Brasil, juntamente com o fato de que mais de um terço dos concorrentes serão brasileiros, virtualmente assegura que o evento será um sucesso. E com a Honda, a Firestone e a Toyota em luta será só uma questão de "quando" — e não só "se" — as corridas Indy chegarão ao Japão.

Pode ser que tenha levado a maior parte dos seus 80 anos, mas as corridas IndyCar tornaram-se num marco na cena internacional de velocidade automóvel. E o que é mais importante: Vieram para ficar.

AVENTURE-SE.

Aventura é chegar aonde poucos chegam. É olhar por cima das nuvens sem pegar avião. É ouvir o que poucos ouvem. É ver o que poucos vêem. É ser o que ninguém mais pode ser: você mesmo.

QUEM EXPERIMENTA, GOSTA.

SN Publicidade

CAMPEONATO MUNDIAL PPG INDY CAR 1995

PILOTOS: OS DEZ MAIS

Escolhidos pelo Editor, Jeremy Shaw, tendo em consideração as suas prestações nas corridas e o equipamento ao seu dispor

Fotografias de Michael C. Brown

1

Jacques Villeneuve

Data de nascimento: 9 de abril de 1971
Residência: Indianápolis, Indiana e Monte Carlo, Mônaco
Número de provas na Indy em 1995: 17
Posição na tabela PPG: 1.º
Vitórias: 4; Poles: 6; Pontos: 172

Aos 24 anos, Villeneuve tornou-se no homem mais jovem de sempre a conquistar a Copa PPG. Ele conseguiu este título graças a uma precocemente amadurecida combinação de velocidade, confiança, agressividade, inteligência e consistência. Também, crucialmente, durante um ano que revelou uma igualdade sem paralelo na história da Copa PPG entre carros e equipes, ele teve a sorte do seu lado — pelo menos até às últimas etapas da temporada, e por essa altura a coroa já estava ao seu alcance.

Muito do sucesso de Villeneuve deveu-se à organização do Team Green, que lhe proporcionou excelente equipamento e também elevado apoio técnico e moral. Seu relacionamento com o dono da equipe, Barry Green — e com o respeitado engenheiro de corrida Tony Cicale — foi baseada no mútuo respeito, desenvolvendo-se num daqueles raros casamentos esportivos que parecem destinados a dar fruto.

Após vencer a prova inaugural em Miami, graças mais à persistência do que à velocidade pura, Villeneuve manteve-se firme até meio da temporada na briga pelo título com diversos pilotos. Então veio sua primeira pole em Portland. Coincidiu com uma dramática melhoria de andamento e deu aos observadores o primeiro vislumbre da sua rara capacidade em produzir uma volta extraordinariamente rápida mesmo no final da qualificação. O seu recém-descoberto talento foi exemplificado por seis poles, alcançadas no espaço de apenas nove corridas. Depois disso, ele esteve quase sempre na frente do grid, exceto em New Hampshire, onde, depois de largar somente em 15º, conseguiu a enorme satisfação de terminar em 4º depois de uma pilotagem enérgica, o que efetivamente lhe deu uma pontuação que ninguém podia alcançar.

jacques VILLENEUVE

2

al UNSER jr.

Uma temporada de altos e baixos! O ano de Unser começou pessimamente, com a Penske desesperada com a falta de competitividade em Miami, embora alguns testes-extra assegurassem uma melhoria de forma. Venceu facilmente em Long Island. Depois veio o descalabro em Indianápolis, onde Unser, não conseguiu qualificar-se. Como se não bastasse, uma vitória categórica em Portland foi-lhe retirada depois de seu carro ser reprovado na vistoria técnica.

Ganhou em Mid-Ohio, assistido por um golpe de sorte e novamente em Vancouver, onde as capacidades de precisão de Unser sempre assumiram uma importância primordial. Finalmente, após o desfecho da temporada, um tribunal de apelo devolveu-lhe a vitória em Portland.

Unser também esteve perto da vitória em Milwaukee e, em Michigan, onde liderou até às últimas centenas de metros antes de sucumbir perante Pruett. Detroit também poderia ter ido para ele, se as bandeiras amarelas tivessem aparecido em outras alturas. Pareceu que enquanto tudo funcionou a seu favor em 1994, desta vez, no baralho do destino saíram-lhe tantos ases como jokers.

A capacidade de Unser em corrida permaneceu inalterada. Seu maior problema foi o PC24 raramente lhe permitir uma boa qualificação; e mesmo a sua singular combinação de astúcia e agressividade não podiam superar aquele gênero de desvantagem numa Indy Car cada vez mais competitiva. A frustração de Unser brilhou nomeadamente em Toronto, onde a sua tentativa para passar Rahal se revelou desastrosa. Mais tarde, o seu espírito animou-se pela perspectiva ganhadora do apelo da sua equipe contra a injustiça ocorrida em Portland. Unser, nunca deixou de dar o seu melhor.

Al Unser Jr.

Data de nascimento: 19 de abril de 1962

Residência: Albuquerque, Novo México

Número de provas na Indy em 1995: 16

Posição na tabela PPG: 2º

Vitórias: 4; Poles: 0; Pontos: 161

Michael Andretti

Data de nascimento: 5 de outubro de 1962
Residência: Nazareth, Pennsylvania
Número de provas na Indy em 1995: 17
Posição na tabela PPG: 4º
Vitórias: 1; Poles: 3; Pontos: 123

3

Ninguém teria ficado surpreendido se Andretti tivesse ganho pelo menos meia dúzia de corridas em 1995. Uma solitária vitória — depois de liderar 12 das 17 provas — pode ser considerado uma caricatura da justiça.

Andretti começou o ano impressionantemente, tirando partido de um carro regulado nos testes de inverno. Qualificou-se na pole três vezes nas quatro primeiras corridas, sempre em circuitos citadinos; e nas 12 sessões de treinos oficiais e qualificações dessas provas, ele só foi batido duas vezes. Mas um conjunto de calamidades conspiraram para o manter afastado da Victory Lane. Em Miami, um componente da suspensão quebrou-se 20 voltas depois de ele ter dado um toque em outro carro; em Surfers Paradise cometeu um erro na última volta, indo além dos seus limites num esforço vão para levar a melhor sobre uma segunda marcha quebrada; e em Long Beach ele estava novamente super-ansioso. Despistou-se, também, em Indianápolis, acelerando na Curva Quatro mesmo quando Maurício Gugelmin abrandara à sua frente, preparando-se para um pit-stop.

Pode ser argumentado que a impetuosidade, sua imagem de marca, custou-lhe caro. Talvez. Mas só um dos contratempos se deveu a um erro flagrante; e olhando para ele de uma perspectiva ligeiramente diferente, com um pouco de sorte, as consequências poderiam não ter sido tão severas.

Mais tarde, problemas de motor custaram-lhe legítimas esperanças de vitória em corridas consecutivas em Cleveland, Michigan e Mid-Ohio. Problemas de transmissão puseram-no de fora em Vancouver. Apesar dos azares, Andretti exibiu uma recém-descoberta tranquilidade ao enfrentar a adversidade. Cuidado com ele em 1996.

michael ANDRETTI

4

Gil de Ferran

Data de nascimento: 11 de novembro de 1967
Residência: Indianápolis, Indiana
Número de provas na Indy em 1995: 17
Posição na tabela PPG: 14º
Vitórias: 1; Poles: 1; Pontos: 56

Antes do início da temporada, muitas pessoas perguntavam, "Gil, quê?" Agora, já não o fazem. Arrancado da Fórmula 3000 pelo iluminado veterano-piloto-agora-dono de equipe Jim Hall, seguindo a recomendação de Adrian Reynard e Rick Gorne, De Ferran impressionou a equipe na primeira vez que se sentou no carro. Ele era confiante, comunicativo e agradável — mas acima de tudo era rápido. De Ferran aprendeu imenso acerca do mundo bastante diferente da Indy Car durante um extenso e produtivo programa de testes no inverno. Depois despertou a atenção de toda a gente na prova de abertura em Miami, onde tirou vantagem do tempo fresco na segunda sessão de qualificações na 6ªfeira para assegurar a pole provisória no seu Pennzoil Reynard-Mercedes.

A problemática transmissão Reynard invalidou os seus esforços na primeira corrida, e novamente em Surfers Paradise depois de ter largado em 6º foi vítima de uma falsa penalização por queimar a largada. Também esteve bem em Phoenix, na sua estreia em ovais, até abandonar por rodada, depois de ter sido apanhado pelo seu próprio entusiasmo. Depois em Long Beach ele foi empurrado contra o muro por Paul Tracy. Incrivelmente, a sua temporada prosseguiu numa toada semelhante, uma série de prestações prometedoras interrompidas por problemas. De Ferran manteve a compostura e a sua equipe nunca perdeu fé na sua capacidade. Finalmente, nas duas últimas corridas, tudo foi ao seu lugar. De Ferran foi 2º em Vancouver, seguido com uma soberba — e universalmente popular — vitória em Laguna Seca. Nada mais merecido.

gil de FERRAN

5

paul TRACY

As duas corridas de abertura proporcionaram um barômetro preciso de como a temporada de Tracy iria progredir. Em Miami, teve problemas insolúveis de freios, o que lhe causou inúmeras saídas de pista, incluindo uma batida final no começo da corrida. Duas semanas depois, Tracy conquistou uma vitória antológica na Austrália. Disposto a aguardar a sua hora após largar em 9º, foi subindo enquanto os outros baixavam devido a ultrapassagens ou a problemas.

Antes da temporada, algumas pessoas esperavam problemas entre Tracy e o seu colega de equipe da Newman-Haas, Andretti. Na realidade, eles mantiveram uma relação razoavelmente harmoniosa, sem qualquer animosidade. A maior surpresa foi Tracy ser consistentemente batido por Andretti nas qualificações, ficando o canadense na frente apenas em cinco das 17 vezes. Só duas vezes conseguiu ficar na primeira fila do grid. Porém, pelo menos nas corridas, Tracy geralmente igualava-se ao seu colega de equipe, embora evidenciasse a sua nítida falta de testes que severamente o impediram de extrair o potencial máximo dos seus chassi Lola. Ele também ficou cada vez mais frustrado devido a uma série de problemas com os motores Ford-Cosworth XB Série II que estragaram pelo menos duas corridas potencialmente fortes.

Por vezes, a sua própria impetuosidade também lhe custou caro, nomeadamente em Long Beach e Toronto, embora tenha conquistado outra excelente vitória em Milwaukee e ainda acrescentou um trio de segundos lugares, incluindo uma excelente performance em Laguna Seca para fechar o ano.

Paul Tracy

Data de nascimento: 17 de dezembro de 1968

Residência: Scottsdale, Arizona

Número de provas na Indy em 1995: 17

Posição na tabela PPG: 6º

Vitórias: 2; **Poles:** 0; **Pontos:** 115

6

Bobby Rahal

Data de nascimento: 10 de janeiro de 1953
Residência: New Albany, Ohio
Número de provas na Indy em 1995: 17
Posição na tabela PPG: 3º
Vitórias: 0; Poles: 0; Pontos: 128

O Sr. Consistência da Indy Car viveu à sombra da sua reputação em 1995. Depois de ter adotado uma estratégia de "regresso à estaca zero", que incluiu o abandono do pacote de motor Honda e a opção, em vez disso, pelo provado conjunto da Mercedes-Benz e Ilmor Engineering, Bobby Rahal não ficou satisfeito com os resultados. Incrivelmente, pelo terceiro ano consecutivo, ele não conseguiu vencer uma corrida, nem sequer ser pole. Ele liderou apenas duas voltas durante uma temporada de 17 corridas: uma em Long Beach e outra em Indianápolis. Ele só se qualificou três vezes entre os cinco primeiros. Contudo, nos dias das corridas fez quase sempre progressos, terminando três vezes em segundo e duas em terceiro. Em Long Beach ele também se evidenciou até que foi detido por uma falha de transmissão.

À semelhança de 1994, a prova mais forte de Rahal foi em Toronto, onde fez a volta mais rápida e pressionou Andretti na parte final, embora tenha evitado fazer uma tentativa de ultrapassagem devido ao seu próprio instinto de sobrevivência, e porque o seu motor sobreaquecia alarmantemente. Ironicamente, numa das poucas ocasiões que Rahal se tentou afirmar, em Mid-Ohio, onde sabia que precisava de bater Villeneuve para se manter na corrida para o título, um toque de rodas com o seu rival no campeonato enviou o Miller Genuine Draft Lola de Rahal de encontro às barreiras.

A sua longa ausência da Victory Lane — agora já em 50 corridas — claramente exaspera o sempre competitivo Rahal, e para 1996 ele tem firmes planos para quebrar este jejum.

bobby RAHAL

7 jimmy VASSER

Com seis corridas, Vasser teve só os cinco pontos de um atribulado 8º lugar em Miami. Na realidade, a seguir à prova de abertura, ele não conseguiu terminar em cinco corridas consecutivas, apesar de se encontrar entre os dez primeiros em todas essas ocasiões. Quatro vezes foi vítima de problemas mecânicos, enquanto em Indianápolis, após passar para o comando de uma corrida na Indy Car pela primeira vez na sua carreira, foi vítima de uma agressiva ultrapassagem por Pruett e bateu no muro.

Vasser, claro, estava desapontado por perder a sua hipótese de vitória, mas, de certa forma, provou ser um ponto de viragem, pois demonstrou a si próprio, à sua equipe e a toda a gente que era capaz de se misturar com os grandes. Ele nunca olhou para trás. Vasser permaneceu um sério candidato, alcançando um 2º em Detroit, o melhor resultado da sua carreira, onde foi auxiliado por uma inspirada chamada estratégica ao box, e depois, seguida de uma excelente pilotagem e da desqualificação provisória de Unser, sendo-lhe atribuída — temporariamente — a sua primeira vitória em Portland.

Vasser, sendo um verdadeiro esportista, não ficou pesaroso quando a decisão foi revogada. "Na minha cabeça nunca fui o vencedor," disse ele. Não obstante terminou em 3º em Road America e Cleveland, e foi embaraçado por mais uma série de infortúnios mecânicos, nomeadamente em Vancouver quando o seu lugar na primeira fila do grid foi anulado. Pelo final da temporada ele tinha mostrado o seu potencial, ao alcançar a terceira melhor média de posição de largada — 8,05 — batido apenas por Villeneuve e Andretti. Sua hora chegará.

Jimmy Vasser

Data de nascimento: 20 de novembro de 1965

Residência: Puyallup, Washington e São Francisco, Califórnia

Número de provas na Indy em 1995: 17

Posição na tabela PPG: 8º

Vitórias: 0; Poles: 0; Pontos: 92

8

Robby Gordon

Data de nascimento: 2 de janeiro de 1969
Residência: Orange, Califórnia
Número de provas na Indy em 1995: 16
Posição na tabela PPG: 5º
Vitórias: 2; Poles: 2; Pontos: 121

Gordon aguentou um sombrio início de ano quando um acelerador preso lhe causou um acidente em Miami. Abandonou novamente na Austrália, devido a um problema elétrico. A sua sorte mudou em Phoenix, onde obteve uma vitória magnífica. Depois, em Long Beach, abandonou devido a uma falha de motor após andar, invulgarmente, no fundo do pelotão. O seu ano continuou de maneira similarmente desordenada.

Qualificou-se na pole e foi 4º em Nazareth, depois acrescentou um 5º em Indianápolis, tendo pilotado impressionantemente desde o fundo do pelotão após problemas elétricos antes da largada. Em Milwaukee foi novamente 5º. A seguir veio Detroit, onde evidenciou a sua habitual energia ao conquistar outra pole. Gordon teve dificuldades na primeira parte da corrida, depois saltou de novo para a contenda devido à estratégia de boxes da Derrick Walker. Gordon encarregou-se do resto, mantendo-se calmo sob a intensa pressão e conquistou a segunda vitória.

A meio da temporada, ele estava firme na luta pelo título PPG. Tudo parecia correr bem. Mas então as rodas pareceram soltar-se. Ele qualificou-se no meio do pelotão para as corridas citadinas de Portland e Road America, batido confortavelmente nessas vezes pelo rookie seu colega de equipe, Christian Fittipaldi. Depois, após uma carga louca em Cleveland trazer um desapontador 6º em vez de um pódio, a quebra de um componente da suspensão atirou-o contra o muro em Michigan e efetivamente pôs um fim às suas pretensões.

robby GORDON

9

Scott Pruett

Data de nascimento: 24 de março de 1960
Residência: Roseville, Califórnia
Número de provas na Indy em 1995: 17
Posição na tabela PPG: 7º
Vitórias: 1; Poles: 0; Pontos: 112

Scott Pruett foi uma revelação no início da temporada. Ele obteve de longe a vitória mais espetacular do ano, batendo Unser numa torturante batalha de perspicácia na última volta no Michigan International Speedway.

Pruett começou o ano com grandes esperanças no seu regresso à Indy Car, na sequência de uma forçada ausência. Ele manteve uma sólida relação com o gerente/engenheiro Steve Newey e trabalhou arduamente em 1994 no desenvolvimento de uma nova geração de pneus Firestone Firehawk na preparação para o regresso tanto da Firestone como de Pat Patrick. Pruett excedeu todas as expetativas ao terminar em 4º no seu regresso em Miami, onde também estabeleceu a volta mais rápida, e em 3º em Surfers Paradise. Ele foi igualmente competitivo na oval de Phoenix até perder tempo com um pit stop não programado, após um toque em Tracy. Depois somou um excelente 2º em Long Beach. Naquela altura, contra todas as probabilidades, um carro Firestone estava na liderança da Copa PPG!

Além disso, com menos de 20 voltas para o final da Indianapolis 500, Pruett e o outro piloto Firestone Scott Goodyear brigavam pela liderança, confortavelmente na frente do pelotão... até um vento crescentemente tormentoso ter causado a saída de Pruett na Curva Dois.

As suas pretensões ao campeonato foram mitigadas por dois problemas mecânicos, algumas prestações decepcionantes em circuitos citadinos (devido sobretudo aos pneus) e a um acidente em New Hampshire. Mesmo assim, Pruett mostrou que ele e a Firestone estão de volta com vontade de se vingarem.

scott PRUETT

10

teo FABI

Para um homem despedido por Jim Hall no final de 1994 e supostamente acabado, Fabi fez um diabo de um trabalho, particularmente dado ter sido relegado para o fundo com uma nova equipe. Como sempre, o seu ponto forte foram as qualificações, especialmente nas ovais. Ele mereceu a pole em Milwaukee, fugiu-lhe por pouco em Nazareth e foi também segundo no grid de Michigan. Mas ele foi igualmente rápido nos circuitos citadinos, 5º no grid de Surfers, 3º em Detroit e 4º em Mid-Ohio e Laguna. Por alguma razão, porém, ele parecia atacado por gremlins quando surgia o dia da corrida. Na Austrália, por exemplo, momentos depois de tomar a liderança, teve um tubo de escapamento quebrado; em Detroit envolveu-se num incidente no pit-lane; em Road America cometeu um erro e saiu da pista; em Cleveland, após ter tomado novamente a liderança graças a um pit stop super-rápido, teve outro problema de escapamento; em New Hampshire perdeu tempo considerável no box devido a uma falha na pistola de ar; em Vancouver rodou e depois sucumbiu devido a sobreaquecimento do motor; e finalmente em Laguna Seca quase foi posto fora da corrida por um retardatário. Puxa!

Como sempre, porém, Fabi permaneceu impassível. Ele conseguiu sempre manter o seu temperamento latino controlado. E entre as desilusões, alcançou um 3º em Long Beach, somando quartos lugares em Milwaukee, Toronto e Michigan. Poderia ter sido bem melhor mas representou um começo sólido para a ambiciosa equipe Forsythe. No próximo ano, talvez, existam mais motivos para celebrar.

Teo Fabi

Data de nascimento: 9 de março de 1955

Residência: Milão, Itália

Número de provas na Indy em 1995: 17

Posição na tabela PPG: 9º

Vitórias: 0; Poles: 1; Pontos: 83

A GUERRA DOS PNEUS NA INDY CAR

MAL COMEÇ

Uma das mais complexas disputas no Campeonato PPG IndyCar 1995 foi entre a Goodyear e a Firestone na primeira guerra de pneus nas corridas Indy. A Firestone voltava às corridas Indy após uma ausência de 21 anos, período em que ditara leis durante os anos 20, 30, 40, 50 e 60 ao ganhar, entre outras, 43 vezes de seguida as 500 Milhas de Indianapolis. Por outro lado, a Goodyear tinha utilizado as corridas Indy como rampa de lançamento para uma situação de quase monopólio mundial dos Grandes Prêmios nos anos 70, 80 e 90, e conseguira em 1995 uma série seguida de vitórias em 300 GP.

A seguir à sua saída em 1974, a Firestone viu pura e simplesmente a sua imagem de líder desvanecer-se. Mas logo após a Bridgestone do Japão comprar a Firestone em 1990, foi tomada a decisão de voltar à competição a fim de dar nova vida à marca Firestone. Em 1991 a Firestone entrou na Indy Lights tanto como patrocinador como a nível de fornecedor exclusivo. Dois anos mais tarde a Firestone anunciou que iria iniciar um programa-teste de uma temporada com a Patrick Racing e Scott Pruett, como preparação para a temporada de 1995 do Campeonato PPG IndyCar.

"O nosso regresso às corridas resulta das exigências do mercado", diz Rick Bangs, diretor do departamento de marketing e vendas da Firestone.

Com a Comptech, a Payton-Coyne e as recentemente formadas Arciero-Wells e Tasman Motorsports alinhando a seu lado no início da campanha de 1995, a Firestone dispôs de um quadro de equipes muito capaz, embora em número reduzido.

A Goodyear continuaria a fornecer pneus ao "Who's Who" da IndyCar, incluindo Galles, Newman-Haas, Penske e Rahal-Hogan, vencedores de todos os Campeonatos PPG dos anos 90. E a Goodyear não encarou o desafio da Firestone de ânimo leve.

"Uma das coisas que se aprende depois de se ter monopolizado por um período longo é a não menosprezar ninguém", disse Leo Melh, Director-Geral do departamento de corridas da Goodyear. "Quando a Goodyear deu início à sua divisão de corridas no princípio dos anos 60 nós éramos por todo o lado o parente pobre. Eu, pessoalmente, prefiro ser uma companhia bem estabelecida e com grande experiência de vitórias".

Conquanto a maioria dos observadores concordava que a briga serviria para espicaçar o perfil das corridas IndyCar, também subsistiam temores de que uma guerra desenfreada viesse a ter impacto negativo. Durante mais de duas décadas a Goodyear gozara de um monopólio nas corridas IndyCar, o que em si mesmo tinha como positivo o fato todos os concorrentes em todas as provas disporem de pneus iguais.

Naturalmente que existiu a preocupação de que as companhias de pneus fossem tentadas a abusar do fator segurança, em busca de maiores performances. Não era necessário mais de que recordarmo-nos do Verão de 1994 quando a Hoosier substituiu a Goodyear nas provas da Winston Cup e a confiança nos pneus começou a sofrer à medida que as velocidades iam aumentando.

Outras preocupações iam para o fato de, no caso de a Goodyear ou Firestone tomarem demasiado avanço sobre o seu adversário, isso poder alterar o delicado equilíbrio das provas da PPG. E o pior era que uma guerra sem limites no campo dos pneus poderia levar a uma escalada dramática no custo dos pneus.

Felizmente que todos estes receios foram infundados e a segurança nunca constituiu problema. Embora ambas as companhias experimentassem alguns problemas com eventuais defeitos nos seus pneus em algumas ocasiões, nunca foi patente a hipótese de falha catastrófica dos pneus resultante de causas que não de fragmentos de materiais na pista ou contato com adversários.

"É importante notar que de nenhum dos lados se verificou mesmo qualquer insinuação à hipótese de falta de segurança", disse-nos Al Speyer, diretor da Bridgestone/Firestone.

E, para além do mais, Firestone e Goodyear — e talvez o mais importante, a própria IndyCar — aprenderam bem a sua lição sobre as inconveniências de uma guerra de pneus sem limites, não só pelas guerras de pneus da IndyCar nos anos 60 e 70, mas também do confronto Goodyear/Michelin em Fórmula 1 nos finais de 70, bem como da recente confrontação das marcas Goodyear/Hoosier na NASCAR.

"Quando competíamos há 20 anos não existiam regras ", diz Mehl. A IndyCar observou, no entanto, o que acontecia na NASCAR e criou algumas boas regras. Penso que é bem visível para todos o que acontece se não existir nenhum controlo.

Na estação baixa, a IndyCar, juntamente com a Goodyear e a Firestone, estabeleceu um sensato conjunto de regulamentos para orientar a competição, que deixou margem suficiente a cada companhia para poder experimentar diferentes compostos e métodos de construção.

As regras da IndyCar estipulavam que cada construtor teria de providenciar no sentido de poder suprir pelo menos 50% de 30 carros. A cada

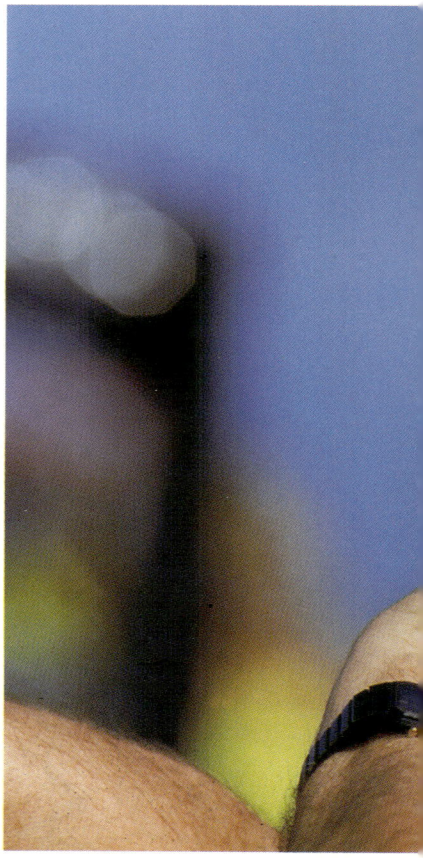

Fotos: Michael C. Brown

J A DIVERSÃO

por David Phillips

companhia era permitido trazer um pneu principal e um opcional em termos de construção/compostos para cada prova, com cada concorrente gerindo a utilização de 28 pneus por fim de semana (exceção feita às provas de 500 Milhas) mais quatro de reserva que só poderiam ser utilizados após o condutor ter trocado os pneus principais. Aos concorrentes era permitido trocar tipos e marcas de pneus em qualquer momento durante os treinos, mas estavam restringidos a um único tipo e marca por cada sessão de qualificação; e cada mudança de tipo ou marca de uma sessão de qualificação para a seguinte anularia todos os tempos de qualificação anteriores.

No respeitante às provas propriamente ditas, os carros teriam de iniciar as provas em circuito com um dos conjuntos de pneus usados no qualifying.

Nas provas em ovais teriam de iniciar a corrida com o mesmo conjunto usado na sessão individual de qualificação. Após a largada, aos concorrentes era permitido mudar entre pneus principais e opcionais, mas era interdito trocar de marcas.

A Firestone estava a postos desde o início, com André Ribeiro da Tasman com o segundo tempo nos treinos de abertura em Miami e Scott Pruett com um sólido 4º lugar e a volta mais rápida. Na realidade, Pruett tirou um 3º lugar na Austrália e 2º em Long Beach, começando o mês de maio em Indianapolis na liderança do Campeonato PPG.

Pese embora todas as promessas demonstradas pela Firestone, a Goodyear tinha arrebatado as primeiras quatro poles e respectivas corridas, para além de ter liderado em todas as voltas. É claro que as vitórias da Goodyear não constituíam títulos de primeira página: afinal ela contava já com uma série de 308 provas vitoriosas no decorrer de maio.

"Quando se tem a imagem da Goodyear, quando se ganha tudo o que é possível durante tanto tempo, sabemos muito bem que o que constitui notícia é quando aparece uma derrota", diz Mehl.

Ou quase derrota. Conquanto a Goodyear arrecadasse os dois primeiros lugares do qualifying devido aos Lola com mecânica Menard conduzidos por Scott Brayton e Arie Luyenduk, a Firestone conseguiu o lado de fora da linha da frente, ironicamente com um segundo registo da Tasman conduzido por Scott Goodyear. E a 50 milhas do final tudo indicava que a Goodyear —falando de pneus — iria ter um terrível pesadelo, enquanto Goodyear — falando agora de Scott — comandava a prova com Pruett a centésimos. Mas todavia uma série de acontecimentos digna dum "O Inacreditável Acontece" viu Pruett acidentar-se, Scott Goodyear penalizado por ultrapassar o pace car durante uma neutralização, e o jovem Jacques Villeneuve salvou a honra da família Goodyear Tire & Rubber Co.

As coisas correram bem à Goodyear em junho e a maior parte de julho e, francamente, a Firestone esteve mais que na sombra em Milwaukee e Portland. Em Michigan, no entanto, a Firestone voltou à sua forma de Indianapolis ganhando a pole com Parker Johnstone no Comptech Reynard/Honda e comandando com facilidade primeiramente com Johnstone e depois com Ribeiro, até estes serem postos fora de combate por problemas mecânicos. Isto, porém, só criou as condições para um espetacular duelo entre Pruett e Al Unser Jr. nas voltas finais, o qual acabou por ser decidido a favor da Firestone na última curva da última volta, com uma magríssima vitória por 0,056 s.

"Não é possível imaginar o orgulho e excitação da vitória em Michigan", disse Speyer. "Foi um momento muito especial para todo o mundo na nossa companhia".

Mas se o confronto foi mais que cerrado em Michigan, em New Hampshire a diferença foi incontestável. Aí Ribeiro ganhou a sua primeira pole e após discutir a primeira metade da prova passou Michael Andretti e arrebatou a primeira vitória para si e para a Honda.

A Goodyear voltou às vitórias com Unser em Vancouver e com Gil de Ferran em Laguna Seca, indo buscar o primeiro lugar no Campeonato PPG, complementando belamente uma temporada de 15 vitórias com outras tantas poles, e liderando 1870 das 2194 voltas.

"A tática da Goodyear neste ano foi de introduzir novos produtos em quase todas as provas", disse Mehl. "Concentrámo-nos nos compostos, nos moldes e na construção. Quando nós antigamente estávamos sozinhos o nosso objetivo principal era fornecer um produto igual e de boa qualidade a todos os concorrentes, tentando ao mesmo tempo manter as suas despesas com pneus ao nível mais baixo.

"Considerando que estivemos em competição contra outra das maiores companhias internacionais de pneus, é muito agradável para nós olhar para uma temporada IndyCar em que ganhamos Indy 500, o Campeonato PPG IndyCar e 15 das 17 provas".

A Firestone não conseguiu igualar os números da Goodyear. Pruett foi 7º no campeonato e Ribeiro 17º, os carros calçados por Firestone responsáveis por duas vitórias e duas poles, além de terem comandado 324 voltas.

"Realizamos tantas coisas, que nos é lícito pensar que o ano não podia ter corrido de melhor forma", disse Speyer. "No princípio o nosso objetivo era somente conseguir ser competitivos, e ultrapassamos largamente as expectativas. Rapidamente apareceu o estado de espírito de não nos sentirmos satisfeitos senão com uma bandeirada de xadrez.

"Estamos desejosos de que venha 1996. Estamos incansavelmente à procura de Teams para correrem com os nossos pneus, temos um programa concreto para a estação baixa e para a nova temporada".

Chamem-lhe guerra dos pneus, competição de pneus, simplesmente mera diversão; o Round Número Dois de Firestone versus Goodyear começa no fim de semana de 3 de março de 1996 no novo complexo de Homestead Motorsports.

A ferozmente disputada guerra dos pneus entre os Eagles da Goodyear (cimo esquerda) e os Firehawks da Firestone (acima) deram às corridas IndyCar uma nova dimensão em 1995 e os generais comandantes dos exércitos rivais, Leo Mehl (esquerda) e Al Speyer (topo esquerda), colaboraram com a IndyCar a fim de assegurar que o esporte não sairia prejudicado.

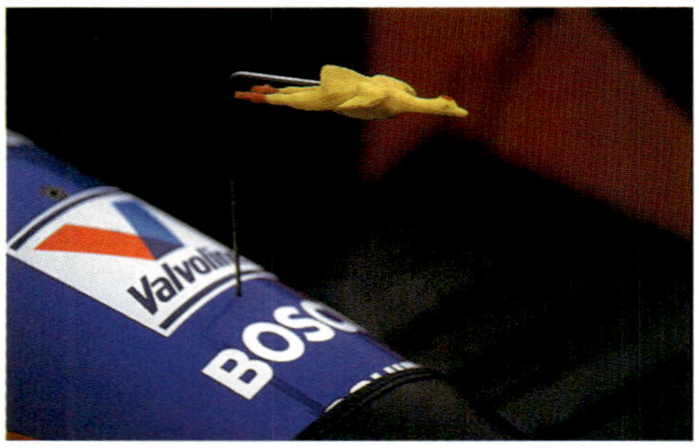

ANÁLISE DE EQUIPES

No Campeonato Mundial de Indy Car de 1995, estiveram envolvidos 56 pilotos, 34 dos quais, representando 21 equipes, pontuaram. Nas páginas que se seguem, Jeremy Shaw avalia os prós e os contras de cada equipe.

Fotos: Michael C. Brown

rlboro
GOODYEAR
Mobil 1

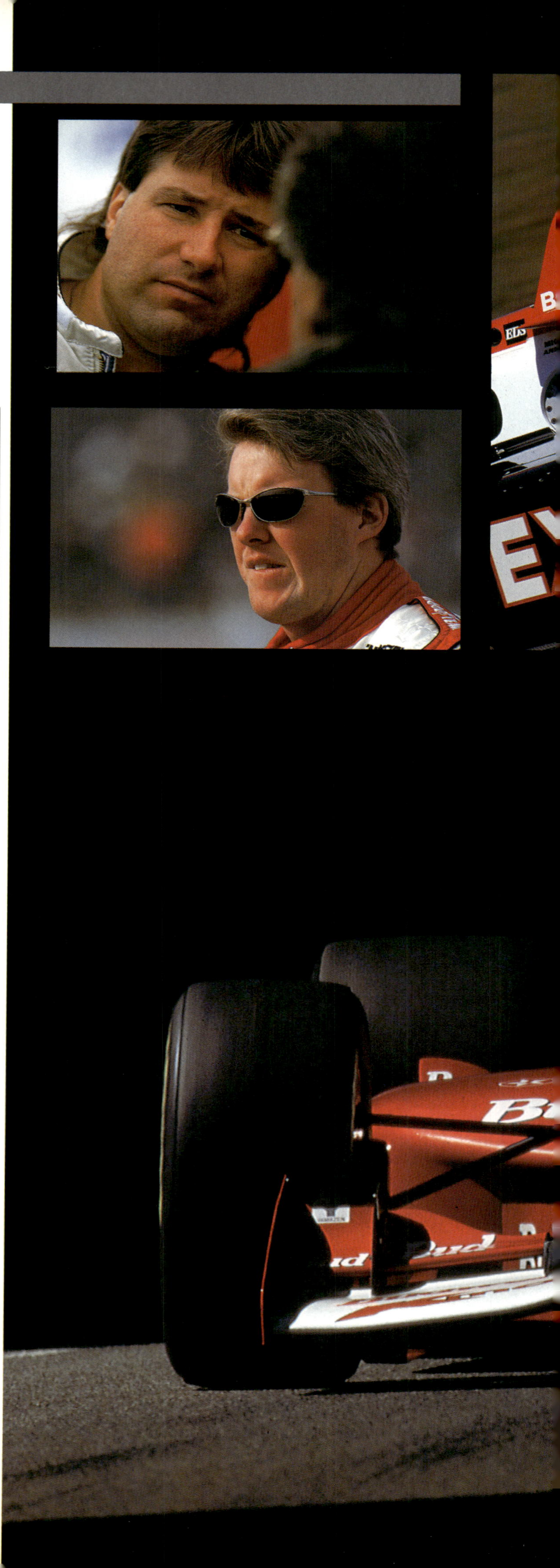

Newman-Haas Racing
Sede: Lincolnshire, Illinois
Pilotos: Michael Andretti, Paul Tracy
Patrocinadores: Kmart, Texaco Havoline, Budweiser
Chassis: Lola T95/00
Motor: Ford/Cosworth XB
Pneus: Goodyear
Vitórias: 3 (Tracy 2, Andretti, 1); Poles: 3 (Andretti)
Pontos na PPG Cup: 238
Andretti, 123 (4º), Tracy, 115 (6º)

A Newman-Hass começou bem a temporada, com três poles nas primeiras quatro corridas. Por diversas razões, Andretti não as conseguiu converter em vitórias e foi Tracy — vindo da Penske — que quebrou o mais longo jejum da equipe (18 corridas) ao vencer em Surfers Paradise.

De fato, a equipe estava a colher os frutos de um intensivo programa de testes durante o inverno, mas rapidamente as outras equipes alcan-çaram — e ultrapassaram mesmo — o rendimento do Lola quase de fábrica.

Curiosamente, dada a reputação de Tracy como piloto ensaiador, a Newman-Hass empreendeu relativamente poucos testes após o começo da temporada e, enquanto eram desenvolvidas grandes quantidades de novos componentes, poucos eram realmente testados e aperfeiçoados.

De resto, a equipe sofreu de alguns problemas a nível de motores, sobretudo no final do campeonato. Também nestes casos pode-se apontar a falta de testes, muito embora os problemas não tenham sido eliminados quando Paul Newman e Carl Hass decidiram trocar a versão mais recente do motor Ford Cosworth XB pela mais fiável primeira série.

Lee White substituiu Jim McGee como team manager e, após alguns choques iniciais, ele acabou por se adaptar. Certamente que a sua presença não foi estranha à performance de Andretti em Toronto, onde o piloto conseguiu a sua única vitória da temporada.

Fotos: Michael C. Brown

Mesmo com três vitórias foi uma temporada frustrante para as estrelas Paul Newman (visto na foto conversando com Chip Ganassi e Roger Penske) e Carl Haas (no topo, à direita), donos da equipe.Os Lolas da Newman-Haas pareceram muito rápidos no começo do ano, mas a promessa falhou...

Foto principal: Paul Tracy lidera o colega Michael Andretti, em Vancouver. Andretti (topo) liderou mais voltas que qualquer outro piloto, mas conseguiu só uma vitória, apesar dos sábios conselhos de seu pai Mário (topo, esquerda). Tracy (centro esquerda) foi suplantado em qualificação, mas não em corrida

Kmart
Bud
Havoline

Kmart
Budweiser
maxell
Uniden
EXIDE
BRAUN
Bud
BOSCH
ANDERSEN CONSULTING

Ao lado, de cima para baixo: Depois de um 1994 de notável domínio, o champanhe perdeu bastante gás para Al Unser Jr e Emerson Fittipaldi, Roger Penske, o conselheiro de pilotos Rick Mears e o resto da equipe Penske em 1995.

Para grande pena do projetista Nigel Bennett (direita), o novo PC24 demonstrou não se adaptar aos novos pneus Goodyear, dando aos pilotos um considerável handicap em qualificação. Em um dos maiores traumas da história da competição, Fittipaldi (centro direita) e Unser falharam a qualificação para Indfianapolis, e excessivo desgaste de pneus deixou o brasileiro (extremo direito) se arrastando na cauda do pelotão na segunda metada do ano. No entanto, Unser lutou para suplantar esta desvantagem, deixando seu colega para trás (acima) à medida que lutava pelo título. Quatro vitórias foram a recompensa pelos seus esforços.

Pág. 48: Fittipaldi em rotina de box. O trabalho de box da Penske, combinado com astutas estratégias de corrida, permitiram por vezes recuperar alguns lugares nas provas.

Marlboro Team Penske
Sede: Reading, Pennsylvania
Pilotos: Al Unser Jr., Emerson Fittipaldi
Patrocinadores: Marlboro
Chassis: Penske PC24
Motor: Mercedes-Benz IC108
Pneus: Goodyear
Vitórias: 5 (Unser 4, Fittipaldi, 1); Poles: 0
Pontos na PPG Cup: 228
Unser 161 (2º), Fittipaldi 67 (11º)

Sendo a Penske uma equipe que se auto-nivela por elevados parâmetros, a temporada de 1995 foi de desilusão. Entre os vários desaires, a não-qualificação para Indianapolis representou o maior choque, especialmente depois da equipe ter dominada de uma forma muito convincente a corrida do ano anterior. Mesmo assim, a Penske conseguiu recuperar, alcançando cinco vitórias e Al Unser batido apenas por Villeneuve na pontuação final da PPG Cup.

O maior problema da Penske parece ter sido originado pela nova geração de pneus Goodyear. Não que os pneus fossem ruins, mas apenas porque nunca se adaptaram ao chassis PC24 projetado por Nigel Bennett.

Pelo menos é o que se pode concluir do comportamento da equipe nas sessões de qualificação. Contrastando com as dez poles do ano anterior, em 1995 a Penske não conseguiu uma única. Apenas por três vezes um Penske esteve na linha da frente do grid: uma vez com Unser, em Detroit, e duas vezes com Fittipaldi nas ovais de Phoenix e Milwaukee.

Nas corridas, porém, as coisas foram bem diferentes, com Emerson Fittipaldi obtendo por duas vezes a volta mais rápida (Phoenix e Nazareth) e Unser ocupando quase sempre um importante lugar entre os pilotos da frente.

Contudo, sair lá do fundo do grid acabou sempre por constituir um obstáculo — Unser teve uma média de posições de largada de 9.19 e Fittipaldi de 10.94 — especialmente para Fittipaldi que não conseguiu suplantá-lo. Na segunda metade da temporada, ele nunca se qualificou acima de 14º e obteve apenas dois quintos lugares finais.

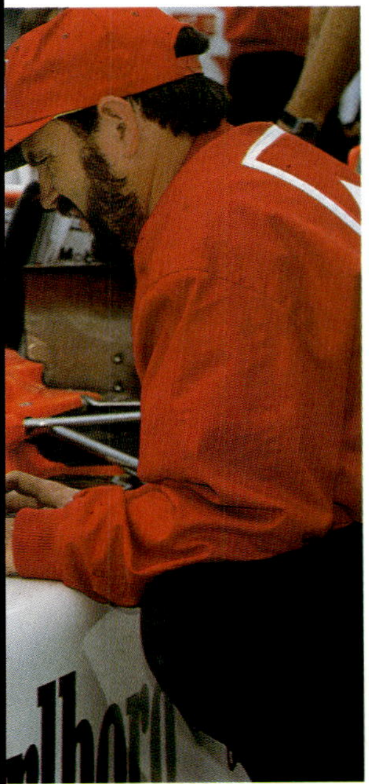

Fotos: Michael C. Brown

Rahal/Hogan Racing

Sede: Hilliard, Ohio
Pilotos: Bobby Rahal, Raul Boesel
Patrocinadores: Miller Genuine Draft, Duracell
Chassis: Lola
Motor: Mercedes-Benz IC108
Pneus: Goodyear
Vitórias: 0; Poles: 0
Pontos na PPG Cup: 176
Rahal 128 (3º), Boesel 48 (16º)

Fotos: Michael C. Brown

Para a temporada de 1995, as expectativas criadas em redor da equipe eram enormes e excelentes, mas nem a troca de motores Honda por motores Mercedes ou a substituição de Mike Groff por Raul Boesel melhoraram os resultados.

Rahal e Boesel começaram o ano no grupo de favoritos, estatuto o que comprovaram logo na primeira corrida da temporada. Em Miami — apesar de uma demorada parada no box para reparar uma asa dianteira — Boesel largou do 3º lugar do grid e terminou em 6º, enquanto Rahal chegou em 3º. Apesar deste bom começo, Boesel e Rahal só terminariam entre os seis primeiros apenas mais duas vezes: em Portland e Toronto.

Mais tarde, enquanto que Rahal continuava a pontuar, Boesel teve uma onda de azar que trouxe grande problemas sempre que ele parecia estar á beira de um bom resultado.

Mantendo-se candidato ao título da PPG Cup até às últimas corridas, Rahal acabou por ser traído por fracas performances nas pistas ovais de uma milha.

No final da temporada, Rahal e Carl Hogan envolveram-se num conflito que levaria os dois a trabalharem separadamente em 96. Apostando na mudança, Rahal já garantiu o fornecimento de chassis Reynard, deixando de parte, portanto, o chassis Lola.

Os donos de teams Bobby Rahal (topo) e Carl Hogan (meio, esquerda) decidiram terminar sua sociedade.

Rahal (esquerda) de novo não ganhou nada, mas, consistente e regular como sempre, terminou em 3º no campeonato PPG.

Meio: Raul Boesel pilotou o segundo carro com patrocínio Duracell, mas o brasileiro (acima) teve pouca sorte.

Robby Gordon venceu em Phoenix (abaixo à direita) e Detroit (ao lado) mas um enorme acidente em Michigan terminou definitivamente com as suas aspirações ao título.

Com a contratação do bem cotado piloto de F1 Christian Fittipaldi para alinhar ao lado de Gordon, parecia que Derrick Walker estava preparado para juntar à primeira fila dos proprietários de equipes. Os Reynards da Walker Racing (abaixo) tiveram uma apresentação mas os resultados não corresponderam às expetativas.

Walker Racing
Sede: Indianapolis, Indiana
Pilotos: Robby Gordon, Christian Fittipaldi (R)
Patrocinadores: Valvoline, Cummins, Marlboro,Chapecó, Bardhal
Chassis: Reynard 95I
Motor: Ford Cosworth XB
Pneus: Goodyear
Vitórias: 2 (Gordon); Poles: 2 (Gordon)
Pontos na PPG Cup: 175
Gordon 121 (5º); Fittipaldi 54 (15º)

Depois de trocar o chassis Lola por um Reynard, organizar longas sessões de testes e contratar o promissor piloto brasileiro Christian Fittipaldi para acompanhar Robby Gordon, a equipe dirigida por Derrick Walker parecia preparada para a sua melhor temporada de sempre. E, de fato, assim aconteceu, muito embora Walker e Gordon esperassem melhoras mais significativas no rendimento da equipe.

Antes da primeira corrida, porém, veio o primeiro contratempo: Tim Wardrop, um dos engenheiros da Walker Racing, anunciou a sua saída. Recém-promovido a engenheiro-chefe, Rob Edward foi muito bem assistido por David Cripps, Damon Chandler, Diane Holl e Ron Ruzewski (especialista em eletrônica), mas todos eles, apesar de excelentes técnicos, não possuíam grande experiência na Indy Car. Mais importante ainda, eles não conseguiam dar continuidade ao trabalho de Wardrop nem tinham, como ele, uma relação privilegiada com Gordon.

Após três temporadas na F1, C.Fittipaldi adaptou-se bem ao seu novo habitat e impressionou todo o mundo ao terminar em 5º logo na primeira corrida, em Miami. Aliás, o jovem piloto brasileiro impôs-se a Gordon durante todo o fim-de-semana, apesar de ter testado muito menos. Fittipaldi consegui vencer alguns receios iniciais e alcançou um brilhante 2º lugar em Indianapolis, enquanto Gordon teve um comportamento irregular. Por isso, a sua posição na PPG Cup ficou comprometida, principalmente nas últimas corridas.

Fotos: Michael C. Brown

Apesar do Team Green ter usado um chassis Reynard standard (abaixo), a química entre Barry Green (direita), o piloto Jacques Villeneuve (extremo direito) e os outros membros da equipe, deram-lhe o que provou ser uma vantagem decisiva sobre a oposição.

Team Green

Sede: Indianapolis, Indiana
Piloto: Jacques Villeneuve
Patrocinadores: Player's Ltd, Klein Tools, Raybestos
Chassis: Reynard 95I
Motor: Ford Cosworth XB
Pneus: Goodyear
Vitórias: 4; Poles: 6
Pontuação na PPG Cup: 172 (1º)

A tempestuosa saída de Jerry Forsyte, ainda durante o Inverno, não parece ter afetado minimamente o rendimento da equipe de Barry Green, que revelou um excelente desempenho durante toda a temporada. Com Kim Green (irmão de Barry) como manager, Tony Cicale como engenheiro-chefe e Kyle Moyer dirigindo os mecânicos, o Team Green consegui reunir de uma forma perfeita as vantagens da juventude e da experiência. Toda a equipe se mostrou extremamente unida e coesa, incluindo o piloto, revelando-se cada elemento um especialista na sua área ou função. A ajudar, o equipe teve em Jacques Villeneuve o piloto mais dinâmico e ambicioso que a Indy viu nos últimos anos.

Sem dispor de grandes truques e contando com um orçamento reduzido mas muito bem gerido, o Team Green aproveitou todas as potencialidades do chassis Reynard 95I. As sessões de testes — muito estruturadas — foram extremamente proveitosas para Villeneuve, cujas excelentes relações com Cicale permitiram que o engenheiro-chefe transformasse todos os dados transmitidos pelo piloto em resultados.

Os testes em Mid-Ohio, realizados em junho, foram particularmente benéficos. Villeneuve disse que esses testes marcaram o ponto de viragem, pois permitiram novas regulagens em prova, além de lhe ter trazido uma boa dose de autoconfiança.

Nas sete corridas que se seguiram, em pista ou em circuito de citadino, Villeneuve obteve seis poles e o vice-campeonato.

A progressão da sua performance sofreu alguns atrasos devido a problemas mecânicos, nomeadamente na Austrália e em Long Beach — onde a transmissão Reynard mostrou fragilidade — e em Portland (quebra do ancoramento de um amortecedor). No Michigan, Villeneuve — bem como outros pilotos — teve de lutar com problemas nos rolamentos da roda traseira do lado direito, mas o excelente trabalho dos mecânicos permitiu-lhe voltar à pista e terminar em 10º lugar e acumular pontos.

Das 17 provas, a equipe pontuou em 15, inclusive em cada uma das últimas 13.

Fotos: Michael C. Brown

Chip Ganassi (centro) fez fé no talento jovem e foi recompensado com várias promissoras performances, mesmo sem ter obtido a vitória que esperava.

Direita: Bryan Herta a caminho do 5º lugar em Mid-Ohio. Apesar dele (abaixo à direita) ter ocasionalmente mostrado impressionante velocidade em qualificação, seus esforços foram prejudicados por falta de fiabilidade e um relacionamento difícil com o seu engenheiro de pista, o muito experiente Mo Nunn (rodapé).

O colega Jimmy Vasser (abaixo extremo direito), por contraste, formou eficiente parceria com Julian Robertson (abaixo) e foi infeliz ao terminar o ano sem ganhar sua primeira corrida (abaixo, à direita).

Target/Chip Ganassi Racing

Sede: Indianapolis, Indiana
Patrocinadores: Target, Scotch Video, STP
Chassis: Reynard 94I/95I
Motor: Ford Cosworth XB
Pneus: Goodyear
Vitórias: 0; Poles: 1 (Herta)
Pontuação na PPG Cup: 122
Vasser 92 (8º), Herta 30 (20º)

Ao contratar Brian Herta e Jimmy Vasser, dois dos mais talentosos jovens pilotos da América, Ganassi deixou bem clara a agressividade reservada para 1995. Porém, de uma forma ou de outra, ficou a sensação de que a equipe não utilizou totalmente as suas potencialidades. Além disso, um número desproporcionado de avarias técnicas comprometeu o rendimento dos pilotos.

A contratação de Vasser foi concluída relativamente tarde deixando-lhe muito pouco tempo para testes e ambos os pilotos foram confrontados e problemas de transmissão, logo no início da temporada.

Apenas com oito corridas anteriormente feitas na Indy, Herta confirmou as expectativas e alcançou a pole em Phoenix. Mais tarde, porém, depois de várias abandonos, dois acidentes ligeiros e um mais grave (Indianapolis) em que Herta sofreu ferimentos graves, Morris Nunn seu engenheiro de pista questionou as possibilidades do piloto. A partir daqui a relação entre os dois degra-dou-se, o que não impediu Herta de ser 2º em Cleveland (depois de ter saído em 3º do grid) e de se qualificar na 1ª fila em Mid-Ohio e Laguna Seca.

Vasser, por seu lado, desenvolveu uma excelente relação com o engenheiro Julian Robertson e começou a despontar como piloto de topo.

Fotos: Michael C. Brown

Direita: Maurício Gugelmin começou o ano em estilo, com um segundo lugar em Miami, mas sofreu um período negro a meio da temporada.

Dominic Dobson (abaixo, à direita), Tom Armstrong (abaixo extremo direita) e seus parceiros podem recordar o ano de franco progresso da equipe Pac West.

O antigo campeão PPG, Danny Sullivan (abaixo à direita) foi incapaz de repetir glórias passadas ao volante do Reynard VISA (abaixo à esquerda). Uma grave contusão que cortou a temporada de Sullivan permitiu que Juan Manuel Fangio II (abaixo) pudesse demonstrar seu considerável potencial.

PacWest Racing Group

Sede: Indianapolis, Indiana
Pilotos: Danny Sullivan, Mauricio Gugelmin, Juan Fangio II
Patrocinadores: VISA Bank of America, Hollywood
Chassis: Reynard 95I
Motor: Ford Cosworth XB
Pneus: Goodyear
Vitórias: 0; Poles: 0
Pontuação na PPG Cup: 118
Gugelmin 80 (10º), Sullivan 32 (19º), Fangio 6 (26º)

Formada em 1994 por Bruce McCaw, Tom Armstrong, Wes Lematta e Dominic Dobson, a PacWest Racing mostrou grandes capacidades na sua primeira temporada na Indy Car. A contratação de pilotos experimentados como Sullivan e Gugelmin ajudou a afirmar sua imagem.

A temporada começou bem, com Gugelmin terminando em 2º na primeira corrida. Sullivan também andou nos três primeiros lugares mas acabou por perder muito tempo com uma parada no box e com uma rodada.

Ao longo da primeira metade da temporada, Gugelmin manteve-se no grupo dos pilotos da frente — liderando durante várias voltas em Indianapolis — mas seu rendimento decresceu nas últimas provas.

Tentando tirar o máximo da regulagem dos carros, a PacWest exagerou bastante nas exigências aos seus pilotos e só depois de um violento acidente de Sullivan no Michigan, esta política foi abandonada. Repentinamente, Gugelmin regressou à boa forma em Vancouver, onde andou muitíssimo bem até ser embrulhado num acidente com que nada teve a ver. Na prova seguinte, em Laguna Seca, o brasileiro terminou num excelente 3º.

Enquanto que, mesmo antes do acidente, Sullivan já tinha demonstrado uma performance algo decepcionante, Juan Fangio II impressionou bastante logo na sua estreia, em Mid-Ohio, tendo também feito uma excelente estreia numa oval, em Loudon.

Fotos: Michael C. Brown

Patrick Racing

Sede: Indianapolis, Indiana
Piloto: Scott Pruett
Patrocinadores: Firestone, Pennzoil, Nike Canada
Chassis: Lola T95/00
Motor: Ford/Cosworth XB
Pneus: Firestone
Vitórias: 1; Poles: 0
Pontuação na PPG cup: 112 (7t.º)

Após uma ausência de três anos, Pat Patrick regressou em força, juntamente com a Firestone, que, por sua vez, estava ausente desde 1974. A Patrick Racing surgiu fortemente motivada após um extenso programa de desenvolvimento durante 1994 em que Pruet fez quase 20.000 km de testes. Mesmo assim, quando a temporada arrancou em Miami, muito poucos acreditavam que Pruet fosse competitivo. Ele competiu com os líderes e terminou a prova num honroso quarto lugar, com pouco mais de 2 s que o vencedor e conseguiu também a volta mais rápida. Depois disto, ficou provado que Patrick, Pruet e a Firestone estavam mesmo de volta!

A equipe manteve um rendimento regular durante toda a temporada e Pruet só por cinco vezes falhou os dez primeiros do grid. Se houve algo em que o piloto da Patrick Racing falhou foi na obtenção de uma supervolta de qualificação, pelo que, por vezes, largou muito mais para trás do que seria de esperar.

Apesar de tudo, para o primeiro ano de plena atividade, Patrick realizou um excelente trabalho. Uma boa parte deste resultado deve-se, contudo, ao director-geral Jim McGee e ao team manager/engenheiro de prova Steve Newey. A coroa de glória da equipe surgiu, no Michigam, quando Pruett ultrapassou Unser na última curva e alcançou a sua (e da Firestone) primeira vitória.

Acima: De novo com o chefe de equipe Jim McGee (direita), Pat Patrick teve um bom regresso à Indycar, enquanto Pruett (acima à esquerda) coroou uma destemida recuperação de ferimentos ameaçadores da sua carreira, com uma brilhante temporada no Lola Firestone (abaixo).

Fotos: Michael C. Brown

Procurando emular o sucesso tido mais de uma década antes, o dono de equipe Jerry Forsythe (abaixo à esquerda) recreou sua parceria com o veterano piloto Teo Fabi (esquerda) e o antigo dono da March, Robin Herd (abaixo). É um erro comum tentar repetir o passado, mas com o experiente engenheiro de pista Lee Dykstra (centro) também se juntando à equipe, Fabi qualificou-se bem algumas vezes, apesar de ter tido performances inferiores em corrida. Milwaukee (abaixo), onde o italiano foi pole, mas terminou em quarto, foi típico.

Forsythe Racing

Sede: Indianpolis, Indiana
Piloto: Teo Fabi
Patrocinadores: Combustion Engineering, Indeck, ABB
Chassis: Reynard 95I
Motor: Ford Cosworth XB
Pneus: Goodyear
Vitórias: 0; Poles: 1
Pontuação na PPG Cup: 83 (9º)

Como parte do acordo estabelecido com seu ex-sócio Barry Green, Jerry Forsythe conseguiu rentabilizar alguns dos melhores bens que a antiga sociedade possuía e montar a sua própria equipe para 1995. A organização da nova equipe ficou a cargo de Tony Brunetti, enquanto que Neil Micklewirght ficou encarregue, mais tarde, como responsável operacional.

Para piloto, Forsythe contratou Teo Fabi, reeditando a dupla que brilhou em 1983. Robin Herd —responsável pelo projeto do chassis March com que Fabi e Forsythe ganharam quatro corridas na sua primeira temporada — também se juntou à equipe, o mesmo acontecendo com Tino Belli, ex-responsável pela aerodinâmica na March e ex-associado de Herd na GenTech. A meio da temporada, Lee Dykstra, um dos mais experientes engenheiros de corrida, passou também a integrar a Forsythe Racing.

Um interessante conjunto de alhetas aerodinâmicas, tipo Fórmula 1, apareceram no carro, junto com várias outras alterações. O pequeno italiano conseguiu sempre contrapor uma enorme classe, mesmo que em prova os seus esforços ficassem comprometidos devido a este a ou aquele problema, Teo Fabi conseguiu excelentes médias em termos de voltas e quilômetros percorridos ao longo do campeonato.

Fotos: Michael C. Brown

Galles Racing International

Sede: Albuquerque, Novo México
Pilotos: Adrian Fernandez, Marco Greco
Patrocinadores: Tecate, Quaker State, Brastemp
Chassis: Lola T95/00
Motor: Mercedes-Benz IC08
Pneus: Goodyear
Vitórias: 0; Poles: 0
Pontuação na PPG Cup: Fernandez 66 (12º)

A perda de Al Unser Jr. no final de 1993 foi invevitavelmente um duro golpe para Rick Galles (acima à esquerda) mas o jovem mexicano Adrian Fernandez (ao lado) manteve o seu progresso regular com o Tecate/Quaker State Lola (abaixo) enquanto o brasileiro Marco Greco (acima) foi um respeitável segundo piloto

Ao contrário de equipes como a Walker ou a PacWest, a equipe de Rick Galles trocou o chassis Reynard por um Lola, embora as experiências que se seguiram indicassem que os carros com chassis Reynard se comportassem melhor.

Adrian Fernandez, um dos pilotos da equipe, demorou algum tempo a adaptar-se às diferentes caracteristicas do Lola, mas manteve uma progressão constante e frequentou com regularidade o top ten.

Antes dos acidentes em New Hampshire, pontuou consecutivamente durante oito provas, incluindo um bom terceiro lugar no Michigan e um quarto lugar em Mid-Ohio. Em Cleveland, Fernandez esteve nos cinco primeiros até abandonar nas últimas voltas, com o motor quebrado.

Greco, por seu lado, nas 9 corridas que fez, mostrou ser um piloto prometedor, mas grande parte das vezes os seus esforços foram traídos pela instabilidade do câmbio de seu carro.

Fotos: Michael C. Brown

Bettenhausen Motorsports

Sede: Indianapolis, Indiana
Piloto: Stefan Johansson
Patrocinador: Alumax Aluminum
Chassis: Penske PC23/Reynard 94I
Pneus: Goodyear
Motores: Mercedes-Benz IC08/Ford Cosworth XB
Vitórias: 0; Poles: 0
Pontuação na PPG Cup: 60 (13º)

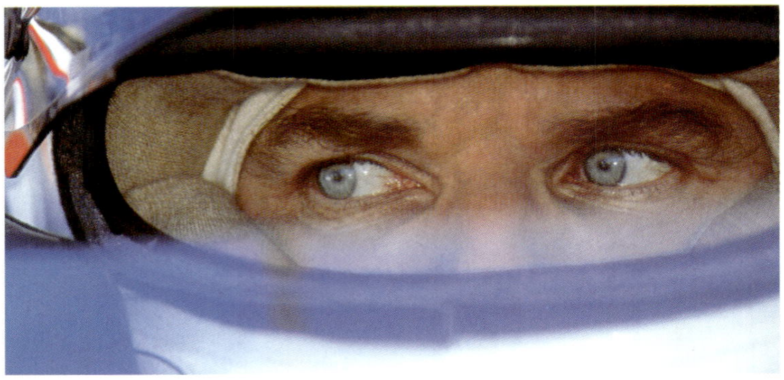

Tony Bettenhousen iniciou a temporada cheio de otimismo, armado dos vitoriosos chassis Penske PC23 de 1994. Infelizmente, a sua equipe viveu precisamente os mesmos problemas de Roger Penske, isto é, falta de rendimento e inadaptação do carro face aos novos pneus Goodyear. Além disso, o fato da PPG Cup ter ganho uma enorme competitividade nos últimos anos, tornou a tarefa mais difícil para Bettenhausen e seus homens. Mesmo assim, Stefan Johansson conseguiu resultados ao nível do ano anterior (também com um chassis antigo) e pontuou regularmente. Só que agora existem mais carros e mais pilotos capazes de disputar os lugares da frente.

Em 1995, Johansson pilotou como nunca, mas foi vítima de um azar desesperante em Surfers Paradise, quando o câmbio quebrou numa altura em que o 2º lugar era seu. A recompensa surgiu com o 3º lugar em Nazareth e com um excelente desempenho em Indianapolis, onde, após Bettenhousen reconhecer ser inútil tentar qualificar com o chassis PC23, contou com um chassis Reynard. Por ironia, nos momentos finais desta corrida, Johansson bateu em Emerson Fittipaldi, pondo-o fora de prova.

Em resumo, um bom trabalho de Stefan Johansson: terminou cinco vezes nos seis primeiros lugares e pontuou mais que em 1994, o que demonstra o valor dos seus esforços.

Tony Bettenhausen (abaixo) naturalmente esperava que a compra de um par de conquistadores Penske PC23, permitiriam à sua equipe discutir a vitória. O popular sueco Stefan Johansson (acima à direita) liderou em Surfers Paradise (topo) e partilhou o pódio com o eventual campeão PPG Jacques Villeneuve em Nazareth (acima), mas os carros foram geralmente batidos por equipamentos mais modernos. No entanto, Johansson teve, de fato, satisfação em liderar Fittipaldi no Penske de '95 em Mid-Ohio (direita).

Fotos: Michael C. Brown

Christian Danner foi um belo 7º em Miami no Lola-Ford de '93, depois que um problema de motor deixou o novo Lola de '94 de lado (abaixo). Outros pilotos que correram para a equipe foram o pouco-conhecido austríaco Hubert Stromberger (centro) e o francês Franck Freon (fundo).

Project Indy

Sede: Brownsburg, Indiana
Pilotos: Christian Danner, Buddy Lazier, Franck Freon, Johnny Parsons, Hubert Stromberg (Rookie),Jeff Wood, Mimmo Schiattarella (Rookie)
Patrocinadores: No Touch, Van Dyne, Marcello Group
Chassis: Lola T93/00 e Reynard 94I
Motor: Ford Cosworth XB
Pneus: Goodyear
Vitórias: 0; Poles: 0
Pontuação na PPG Cup: 6 Danner (24º)

Christian Danner, co-proprietário da equipe, foi o símbolo de um ano de desilusão para um projeto ambicioso mas financeiramente carenciado. Mesmo assim, o arranque foi bom, com Danner obtendo o 7º lugar na primeira prova, em Miami, onde utilizou o Lola de 1993 em vez do recém-adquirido Reynard ex-Villeneuve.

A não concretização de patro-cínios deixou a equipe numa situação difícil e deve-se apenas a Andreas Leberle a equipe ter conseguido participar em tantas provas. Johnny Parsons, um veterano, não passou o teste em Indianapolis devido a um acidente ainda antes das sessões de qualificações, enquanto Buddy Lazier não teve tempo de se adaptar ao carro.

Infelizmente, os grandes limites impostos pelo fraco orçamento impediram a obtenção de resultados que, indiscutivelmente, a equipe pode alcançar.

Team Menard

Sede: Indianapolis, Indiana
Pilotos: Arie Luyendik, Scott Brayton, Buddy Lazier
Patrocinadores: Glidden Paints, Quaker State
Chassis: Lola T95/00
Motor: Menard/Buick V6
Pneus: Goodyear
Vitórias: 0; Poles: 1 (Brayton)
Pontuação na PPG Cup:7
Luyendik 6 (25º), Brayton 1 (33º)

Ainda não foi este ano que John Menard concretizou um dos seus maiores sonhos: vencer as 500 Milhas de Indianapolis. Mas, a sua equipe deu um grande passo ao qualificar os pilotos Brayton e Luyendyk na 1ª fila do grid da mais famosa corrida do mundo. A confirmarem-se os rumores, Menard terá gasto seis milhões de dólares numa única corrida. O seu investimento nas 500 Milhas incluiu um programa de desenvolvimento constante do motor, que ganhou potência e se tornou mais fiável, graças a um sistema de gestão de alimentação concebido pela TAG Electronics.

Um dos problemas dos carros sempre foram os consumos, principalmente quando comparados com outros carros. No final, pequenos problemas não deixaram Luyendik subir mais que o 7º lugar , enquanto que Brayton nunca chegou a estar em destaque e terminou dez lugares abaixo do seu colega. Um 3º carro, pilotado por Lazier, não chegou a terminar a corrida.

Sem um carro regular o vencedor da Indy 500 de 1990 Arie Luyendyk (acima), foi recrutado pela Menard. O colega de equipe do holandês Scott Brayton (ao lado em baixo), foi pole mas, não se incluiu entre os líderes na corrida.

A equipe de Jim Hall deu um grande passo em frente com a creativa decisão de contratar Gil de Ferran (abaixo à direita). O talentoso brasileiro deu uma signicativa contribuição para o desenvolvimento do Reynard Pennzoil (extremo direito e oposto) e provou ser um valioso corredor. Ele até conseguiu fazer o dono da equipe sorrir (direita)!

Abaixo: De Ferran é felicitado pelo compatriota Christian Fittipaldi depois de conquistar a tão esperada primeira vitória na Indycar em Laguna Seca - uma vitória que lhe permitiu sacar a Fittipaldi o troféu de Rookie of the Year.

Hall Racing

Sede: Midland, Texas
Piloto: Gil de Ferran
Patrocinador: Pennzoil
Chassis: Reynard 95I
Motor: Mercedes-Benz IC108
Pneus: Goodyear
Vitórias: 1; Poles; 1
Pontuação na PPG Cup: 56 (14º)

Embora a pontuação final não o indique, a equipe de Jim Hall progrediu em 1995.O estreante De Ferran provou ser um importante reforço para o rendimento da equipe, trazendo uma lufada de ar fresco e uma atitude técnica muito positiva, além de ser muito rápido. Envolvendo-se em diversos incidentes no início da temporada — quase nenhum por sua culpa — o piloto brasileiro, de 27 anos, foi, por vezes, um pouco mal tratado pela sua equipe, nomeadamente em Road America (trabalho ruim no box) e em Toronto (problemas de embreagem). O seu carro mostrou também diversos problemas no motor e na transmissão.

De Ferran aprendeu com os seus erros e transmitiu muita confiança à equipe, fazendo mesmo sorrir o habitualmente sisudo Jim Hall, principalmente quando ganhou em Laguna Seca — a primeira vitória da equipe desde que John Andretti ganhou na Austrália, na estreia da equipe em 1991. A vitória de De Ferran em Laguna Seca valeu-lhe o troféu Jim Trueman de «Rookie do Ano».

Fotos: Michael C. Brown

PENNZOIL
HALL RACING
PENNZOIL
PENNZOIL
GOODYEAR
PENNZOIL
8
PENNZOIL
PENNZOIL
PENNZOIL
HALL RACING

Esquerda: O experiente canadense Scott Goodyear chegou desesperadamente perto de ganhar a Indy 500 para a equipe estreante. O dono da equipe Steve Horne, diante do carro no pit lane.

O estreante brasileiro André Ribeiro (abaixo) confirmou a promessa mostrada com a Tasman no campeonato PPG-Firestone Indylights em 1994.

Abaixo: O Reynard LCI International com motor Honda foi especialmente impressionante nas ovais.

Steve Horne sabe como por um equipe a mexer. Há mais de dez anos, com a Truesports, ele desenvolveu uma fórmula vencedora, que voltou a aplicar na Indy Lights para dominar durante dois anos com o então recém-criado equipe Tasman. Em 1995, Horne entrou na PPG Cup e, com mais um pouquinho de sorte, teria contabilizado pelo menos mais duas vitórias além da conseguida em New Hampshire pelo estreante André Ribeiro.

Jeff Eischen — braço direito de Steve há longos anos — assegurou, com o seu habitual pulso de ferro uma excelente gestão da equipe, contando com o engenheiro Don Halliday para cimentar as ótimas relações com Ribeiro na Indy Lights.

Juntamente com os bastante desenvolvidos motores Honda, Ribeiro provou ser capaz de elevadas performances, tendo mesmo rubricado a segunda volta mais rápida em Miami, embora uma série de incidentes tenham contribuído para ensombrar a sua progressão no início da temporada. Sua primeira grande oportunidade surgiria em Indianapolis.

Scott Goodyear tornou-se no centro das atenções ao largar nos lugares da frente, mas acabou a corrida mais cedo depois de se envolver num acidente com o pace car, um pouco antes do final da prova. Ribeiro tinha tudo ao seu alcance, mas uma ruptura na ligação do acelerador custou-lhe a vitória. No Michigan, um pequeno incêndio foi a causa de seu abandono quando tinha a vitória à vista.

Provando que a combinação dos motores Honda com os pneus Firestone foi uma escolha acertada. A temporada de 1996 promete ainda mais.

Tasman Motorsports Group
Sede: Hillard, Ohio
Pilotos: André Ribeiro (Rookie), Scott Goodyear
Patrocinadores: LCI International, Marlboro, CNN, Motorola
Chassis: Reynard 95I
Motor: Honda Indy V8
Pneus: Firestone
Vitórias: 1 (Ribeiro); Poles: 1 (Ribeiro)
Pontuação na PPG Cup: 39
Ribeiro 38 (17º), Goodyear 1 (34º)

Fotos: Michael C. Brown

Parker Johnstone pagou a confiança dos donos da Comptech Doug Peterson (esquerda) e Don Erb ao fazer a pole em Michigan com o Reynard-Honda e liderar a corrida até problemas com um rolamento de roda intervirem (abaixo à esquerda). Em Laguna Seca (fundo à esquerda) parecia que ele conseguia dominar o carro em circuitos de rua.

O Reynard supervisionado por Franck Arciero (direita) foi imaculadamente preparado, mas Hiro Matsushita (abaixo à direita) mostrou poucos indícios de se tornar num piloto competitivo.

O veterano Roberto Guerrero (fundo à direita) conquistou um ponto do campeonato para a Pagan Racing com um 12º em Indianapolis.

Comptech Racing

Sede: El Dorado Hill, California
Piloto: Parker Johnstone
Patrocinador: Motorolla Cellular
Chassis: Reynard 95I
Motor: Honda Indy V8
Pneus: Firestone
Vitórias: 0; Poles: 1
Pontuação a PPG Cup: 6 (27º)

Arciero-Wells Racing

Sede: Rancho Santa Margarita, California
Piloto: Hiro Matsushita
Patrocinadores: Panasonic, Duskin, YKK
Chassis: Reynard 94I e 95I
Motor: Ford Cosworth XB
Pneus: Firestone
Vitórias: 0; Poles: 0
Pontuação na PPG Cup: 5 (28º)

Após um ano infeliz em 1994, a Competch Racing levou a cabo um extenso programa de testes em colaboração com a Honda e voltou à luta com uma agenda limitada a sete corridas, começando em Detroit. Parker Johnstone, que já trabalha com Doug Peterson e Don Erb (os donos da equipe) há mais de oito anos, revelou-se particularmente à vontade nas pistas ovais. A sensacional pole no Michigan não obteve correspondência na corrida, pois Johnstone desistiu com problemas numa das rodas do Reynard/Honda.

Nas circuitos citadinos, Johnstone sentia mais dificuldade em afirmar-se. Mesmo assim, pontuou em Road America e Cleveland (2ª e 3ª provas da equipe) e nas duas últimas corridas a sua tarefa foi facilitada pela vinda dos experientes engenheiros John Bright e Tim Wardrop para o ambicioso projeto da Comptech Racing.

A aliança entre a família Arciero — bem conhecida na Indy Car — e Cal Wells, mais conhecido pela brilhante carreira em provas fora-de-estrada, deu excelentes resultados no primeiro ano de atividade. A equipe apresentou sempre uma imagem sem mácula e o Reynard/Ford deixou bem clara uma elevada dose de fiabilidade, apesar das insuficiências de pilotagem demonstradas por Hiro Matsushita. O piloto japonês, que cumpriu a sua sexta temporada, teve seu melhor resultado em Indianapolis, estreando um chassis Reynard 95I, qualificando-se em 10º e terminando a corrida no mesmo posto.

Para a próxima temporada, a Arciero-Wells tem projetos mais ambiciosos que passam pela adoção do novíssimo motor Toyota.

Fotos: Michael C. Brown

Pagan Racing

Sede: Inidianapolis, Indiana
Pilotos: Dennis Vitolo, Roberto Guerrero
Patrocinadores: Charter America, Carlo Enviromental, Upper Deck, General Components
Chassis: Reynard 94I
Motor: Mercedes-Benz IC108
Pneus: Goodyear
Vitórias: 0; Poles: 0
Pontuação na PPG Cup: 1 Guerrero (32º)

Como forma de preparação para as 500 Milhas de Indianapolis, Jack e Allan Pagan decidiram levar a equipe a duas corridas, primeiro em Miami, com Dennis Vitolo, e depois com Roberto Guerrero, em Phoenix. Esta estratégia deu bons resultados, com Vitolo qualificando-se confortavelmente para a Indy 500 (num Reynard ex-Ganassi com motor Mercedes da Ilmor) e Guerrero terminando em 12º lugar, apesar de se ter perdido duas voltas durante a grande confusão inicial.

Fotos: Michael C. Brown

O relacionamento entre a lenda da Indycar, A.J.Foyt (direita) e o emocional piloto Eddie Cheever (abaixo à direita) pareceu sempre terminar em lágrimas. Cheever teve boas performances no início do ano no Lola Copenhagen (abaixo) e quase ganhou em Nazareth, mas, depois disso foi só decaindo.

A.J. Foyt Enterprises

Sede: Houston, Texas
Pilotos: Eddie Cheever, Scott Sharp, Brian Till, Fredrik Ekblom (Rookie)
Patrocinadores: Copenhagen
Chassis: Lola T95/00
Motor: Ford Cosworth XB
Pneus: Goodyear
Vitórias: 0; Poles: 0
Pontuação na PPG Cup: 33 Cheever (18º)

Dick Simon Racing

Sede: Indianapolis, Indiana
Pilotos: Eliseo Salazar (Rookie), Dean Hall , Arie Luyendyk, Carlos Guerrero, (Rookie), Lyn St. James, Davy Jones, Marco Greco
Patrocinadores: Cristal, Mobil 1, Copec, Subway, WavePhore, Herdez, Bufalo, McCormick, Withlock Corp., Bryan Heating & Cooling, Jonathan Byrd's Cafeteria, Brastemp
Chassis: Lola T94/00 e T95/00
Motor: Ford Cosworth XB
Pneus: Goodyear
Vitórias: 0; Poles: 0
Pontuação na PPG Cup: 25
Salazar 19 (21º), Guerrero 2 (29º), Greco 2 (30º), Hall 2 (31º)

A maior supresa na Foyt deve ter sido o fato de Eddie Cheever ter ficado na equipe até duas provas do fim do campeonato. Para sua frustração, Cheever nunca foi um sério adversário nas sessões de qualificação, a não ser nas provas em que ele demonstrava uma forte determinação em chegar aos lugares da frente. De resto, o piloto estava convencido de que o seu insucesso estava ligado à insistência de Foyt em não adotar um engenheiro de corrida.

De qualquer modo, o azar perseguiu Cheever em diversas ocasiões. Em Long Beach, perdeu um lugar no pódio quando, na última volta, se acabou a gasolina mas, mesmo assim, terminou em 4º lugar. Em Nazareth, Foyt apostou muito no planeamento do combustível e quando parecia que ia alcançar a primeira vitória desde 1981, o carro de Cheever ficou, de novo, sem gasolina apenas a duas voltas do fim e o 5º lugar obtido nem serviu de consolação.

Indianapolis foi um autêntico desastre. Cheever envolveu-se no dramático acidente ocorrido na 1ª volta e Sharp também não escapou. A partir daí, a equipe nunca mais se reencontrou, apesar de Cheever ter andado entre os três primeiros no Michigan, até desistir com avaria na caixa de velocidades.

A saída de Raul Boesel e de um grande sponsor como a Duracell para a Rahal/Hogan Racing, deixaram Dick e Dianne Simon sem um bom piloto e um bom patrocinador. Assim, não admira que não se esperassem grandes resultados de Dean Hall — há quatro anos ausente das pistas — e Eliseo Salazar, piloto estreante na Indy Car.

Contudo, graças à orientação de Simmon, a performance de Salazar, teve pontos altos nas pistas ovais. Em Indianapolis, o chileno terminou em 4º e só não alcançou o pódio porque teve de poupar gasolina após o caótico recomeço da corrida. Nazareth, Michigan e New Hampshire testemunharam, igualmente, boas exibições de Salazar, já quarentão.

Depois do sponsor prometido por Hall se ter evaporado, o estreante Carlos Guerrero juntou-se à equipe e, ocasionalmente, a sua performance tornou-se notada, muito embora os seus esforços ficassem comprometidos devido a diversos acidentes.

Nas duas corridas que fez pela

O estreante chileno Eliseo Salazar (centro) foi bem nos ovais com o Lola (abaixo esquerda) e seu 4º lugar em Indianapolis foi um ponto alto da temporada para Dick Simon (extremo esquerda) e sua equipe. O mexicano Carlos Guerrero (esquerda) foi promissor, mas seu Lola (esquerda) envolveu-se em demasiados acidentes, enquanto Lyn St.James (abaixo) foi habitualmente regular.

Os Alessandro Zampedri (centro direita) e Eric Bachelart (fundo à direita) foram pilotos confiáveis para o dono da equipe Dale Coyne e seu novo sócio Walter Payton (direita). O nono lugar de Zampedri em Vancouver com o carro Mi-Jack (abaixo à direita) foi especialmente notável.

Michael C. Brown

Fotos: Michael C. Brown

Payton-Coyne Racing
Sede: Plainfield, Illinois
Pilotos: Alessandro Zampedri, Eric Bachelart, Buddy Lazier, Ross Bentley e Franck Freon
Patrocinadores: Mi-Jack, Agfa
Chassis: Lola T94/00
Motor: Ford Cosworth XB
Pneus: Firestone
Vitórias: 0; Poles; o
Pontuação na PPG Cup: 23
Zampedri 15 (22º), Bachelart 8 (23º)

equipe, Greco obteve o seu melhor resultado (11º) em Portland mas o dia dourado de Simmon estava reservado para Indianapolis, quando, em grande contraste com a equipe Penske, os seus quatro pilotos (Salazar, Guerrero, Jones e St. James) se qualificaram para a prova.

O pior foi quando três dos carros abandonaram devido a acidentes, um dos quais logo na primeira volta. No total, os pilotos de Dick Simmon estiveram envolvidos em nada menos de 24 acidentes!

Apesar da crescente competitividade na atual cena da PPG Cup, a pequena equipe de Dale Coyne continuou a progredir. O maior avanço surgiu no Inverno quando Coyne juntou forças com Walter Payton. A nova associação cedo mostrou ser absolutamente credível, embora não tenha atraído o tão ansiado grande sponsor.

Mesmo assim, Zampedri (piloto promissor logo no seu primeiro ano) e Bachelart (regressado à Indy Car após uma ausência superior a dois anos) mostraram um bom rendimento nos Lola de 94. Oitavo em Long Beach (onde Bachelart foi 7º), Zampedri terminou mais duas provas no top-10 (Cleveland e Vancouver) apesar do curtíssimo orçamento da equipe.

Quando Bachelart teve de regressar à Europa para cumprir provas com a Peugeot, o seu lugar foi ocupado por Buddy Lazier, que deu boa conta de si em Nazareth e Michigan. Com efeito, o jovem piloto do Colorado — tal como os seus colegas — merecia um carro melhor.

CHASSIS

A estrela dos Midget (esquerda) ficou gravemente ferido num terrível acidente na primeira volta em Indianapolis, mas felizmente está em franca recuperação.

Michael Greenfield (abaixo à esquerda), o escocês Jim Crawford (fundo esquerdo) e a antiga estrela de motocross Jeff Ward (abaixo) correram em Indianapolis mas juntaram-se a Al Unser Jr. e Emerson Fittipaldi no banco dos não-qualificados.

Sem pontos, mas tentando...

Supreendentemente, todos as vinte equipes que entraram em pelo menos uma prova da PPG Cup — mais o Team Menard que apenas esteve em Indianapolis — pontuaram no campeonato. Como é habitual, algumas equipes optaram por alinhar apenas no Speedway, mas só a Beck Motorsports e a Hemelgran Racing ganharam destaque.

Greg Beck, que colaborou ocasionalmente com Dick Simon, fechou contrato com o piloto estreante Hideshi Matsuda, cuja performance foi muito aceitável para o tempo que ele conseguia estar em pista no Lola-Ford de 94, nunca utilizado em prova e ex-Patrick Racing. Com este bem preparado carro, Matsuda terminou em 15º.

A mesma sorte não teve a Hemelgarn Racing. O pequeno Stan Fox fez a habitual peregrinação à pista de Indianapolis e, num novíssimo Reynard, qualificou-se confortavelmente.

Na corrida, o acidente da primeira volta desfez as aspirações da equipe. Miraculosamente e apesar da violência da batida, que fazia temer o pior, Fox aos ferimentos e sua recuperação é, hoje em dia, um fato consumado.

Davey Hamilton também tentou a sua qualificação, mas, durante a primeira semana de treinos, saltou uma roda do seu Hemelgran Reynard e a saída, seguido de choque com o muro, foi inevitável. Hamilton partiu um tornozelo mas tentou tudo para alinhar na prova, sem o conseguir.

Franck Freon, por seu lado, tentou desesperadamente melhorar os resultados do Lola-Menard/Buick de 92 preparado pelo Autosport Racing Team de Steve Erickson, enquanto que Jeff Ward (ex-estrela do motocross) deu excelentes indicações para quem não tem qualquer experiência de Indy Car. Contudo, Ward não conseguiu a qualificação do seu Lola de 94, inscrito por Jeff Sinden e Joe Kennedy.

Tripulando um Lola de 93 com motor GC209T (concebido pelo seu pai), Michael Greenfield não tinha grandes hipóteses de sucesso, ao passo que Jim Crawford nunca conseguiu obter a velocidade máxima do pouco potente Lola-Buick de 92 de Grant Adcox.

Mesmo sem terem planejado participar na corrida, Dick Simon, Tero Palmroth e Mike Groff (subitamente desempregado) tiveram a oportunidade de fazer algumas voltas em Indianapolis.

Fotos: Michael C. Brown

Reynard

Sede: Bicester, Inglaterra

Carros construídos em 1995: 25

Vitórias: 8 (Villeneuve 4, Gordon 2, Ribeiro 1, de Ferran 1);

Poles: 13 (Villeneuve 6, Gordon 2, Herta 1, Fabi 1, de Ferran 1, Johnstone 1, Ribeiro 1)

O projetista-chefe Malcolm Oastler usou a vasta experiência adquirida durante a primeiro ano na Indy Car com a Reynard para aperfeiçoar o chassis 95I. Esteticamente, o carro é muito parecido com o seu antecessor, pelo menos no que respeita ao chassis. Um ênfase muito especial foi dado à configuração aerodinâmica, onde, devido a limitações no timing, a Reynard reconheceu existirem falhas. De fato, o 94I não correspondeu às expectativas e tanto pilotos como projetistas sentiram enormes dificuldades em obter regulagens que proporcionassem um comportamento regular. Como comprovam os resultados finais, o 95I mostrou ser muito melhor neste aspecto.

Com a colaboração da Xtrac, câmbio e transmissão foram também alvo de sucessivos melhoramentos, pois, no início do ano, o seletor de velocidades apresentou inúmeros problemas.

Na generalidade, o chassis Reynard de 95 é fácil de pilotar. O seu comportamento foi extremamente regular mesmo quando se utilizaram pneus tão diferentes como os Goodyear e os Firestone e as várias motorizações disponíveis.

Porém, devido aos melhoramentos entretanto já introduzidos para 96, o fornecimento de componentes durante a época de 95 foi, para algumas equipes, pura ilusão.

Lola

Fábrica: Huntingdon, Inglaterra
Carros construídos em 1995: 27
Vitórias: 4 (Tracy 2, Andretti 1, Pruett 1);
Poles: 4 (Andretti 3, Brayton 1)

A passagem, durante o Inverno, das equipes Walker e PacWest para a Reynard, juntamente com os fracos resultados obtidos em 94, obrigaram a Lola Cars a produzir algo de verdadeiramente válido e que servisse de alternativa. Grande parte deste objetivo foi conseguido por John Travis e a sua equipe.

Quando comparado com o T94/00, o novo carro é substancialmente diferente, especialmente nas zonas laterais e no bico. Os pontões laterais são mais altos, enquanto que os braços de suspensão foram levantados três polegadas por forma a permitir um maior fluxo de ar para os pontões laterais.

Curiosamente, o Lola pareceu especialmente sensível às alterações térmicas, comportando-se frequentemente melhor durante as sessões de treinos matinais que nas sessões durante o resto do dia.

Como sempre, o serviço que a Lola dispensa aos clientes — organizado pela Carl A. Haas Automotive — foi excelente e, para 96, parece evidente que a divisão entre clientes Lola e Reynard vai permanecer igual à deste ano. A passagem do Team Rahal para a Reynard é compensada pela vinda do Team Tasman (com sede no Ohio) para a Lola e as contas ficam certas.

Penske

Fábrica: Poole, Inglaterra
Carros produzidos em 1995: 6
Vitórias: 5 (Unser 4, Emerson Fittipaldi 1);
Poles: 0

Fotos: Michael C. Brown

Fazer evoluir o PC23, absolutamente dominador em 1994, não era tarefa fácil para Nigel Bennett. Como sempre, para Bennett e sua equipe, o novo carro representou uma evolução lógica e natural e, tanto Unser como Fittipaldi, expressaram a sua satisfação após os primeiros testes em Firebird. Só na primeira corrida, em Miami, começaram os problemas. Em primeiro lugar — conforme Bennett previra — a Lola e a Reynard progrediram muito durante o Inverno, minimizando, dessa forma, a vantagem anteriormente detida pela Penske. Mas esta explicação não era suficiente para justificar a fraca performance dos Penske.

Depois da corrida em Miami, todo o staff se reuniu para analisar e tentar explicar os defeitos do PC24. Um teste comparativo com um PC23 foi apressadamente organizado em Firebird e surgiram os mesmo problemas. Felizmente, a partir daqui, foram feitos progressos significativos e os carros ficaram muito mais competitivos.

Aparentemente, ficou provado que os novos Goodyear Eagle, que a Penske estava contratualmente obrigada a usar, eram menos compatíveis com o PC24 do que com os concorrentes. E o mistério em redor deste problema permance. Caso contrário, os engenheiros teriam conseguido solucionar o problema. Seja como for, ficou provado que o desenho dos pneus (perfil mais alto e tela mais fléxivel) afetava a estabilidade direcional do Penske, especialmente nas qualificações.

Existiu ainda outro problema em Indianapolis, onde não há regulagem suficiente para aumentar a velocidade nas curvas. A única solução foi incrementar a carga aerodinâmica, mas, assim, perdia-se velocidade nas retas. Os Penske, como esperavam os mais pessimistas, não se qualificaram.

Ford/Cosworth

Fábrica: Northampton, Inglaterra; Torrance, California
Vitórias: 10; Poles: 13

Para a Ford e a Cosworth, a coroa de glória na temporada surgiu em Indianapolis, quando, finalmente, bateram a arqui-rival Ilmor Engineering, dominadora desde 1988 com vários motores.

Quatro equipes contribuíram para que os motores Ford ganhassem 10 corridas, sendo sete das vitórias obtidas por clientes normais, como o Team Green, que utilizou motores XB absolutamente standard e da primeira série, com excelentes resultados a nível da fiabilidade.

Durante grande parte da temporada, porém, as duas equipes favoritas da Ford, a Newman-Haas e a Target/Chip Ganassi Racing, receberam versões desenvolvidas (Série II) do motor XB, disponível desde 1992. O XB Série II apresentou cilindros redesenhados e um novo sistema de admissão e os primeiros testes no dinamômetro e em pista foram positivos, mas depois surgiram várias dificuldades que originaram diversas avarias.

Com estes problemas, a equipe Ganassi não conheceu vitórias e decidiu mudar de fornecedor em 1996, passando a receber motores Honda. Por outro lado, das três vitórias da Newman-Haas, apenas uma foi conseguida com um motor XB Série II.

Mercedes-Benz

Fábrica: Brixworth, Inglaterra
Vitórias: 6; Poles: 1

Em termos de potência pura, o motor Mercedes-Benz IC08, desenvolvido pela Ilmor Engineering, parecia ser inferior face ao Ford e ao Honda. As limitações eram mais notadas em pistas super-rápidas, como Indianapolis e Michigan, onde nenhum dos carros animados pelo motor Mercedes alcançou sucesso. Nos circuitos citadinos, contudo, onde a motricidade e o torque eram mais importantes, os três motores apresentavam comportamento semelhante, na versão utilizada em prova.

Como sempre, a equipe Penske utilizou motores exclusivamente assistidos nas suas próprias oficinas em Reading (Pennsylvania), enquanto que os motores-cliente das equipes Rahal/Hogan, Hall e Galles foram fornecidos pela VDS Engines, de Midland (Texas).

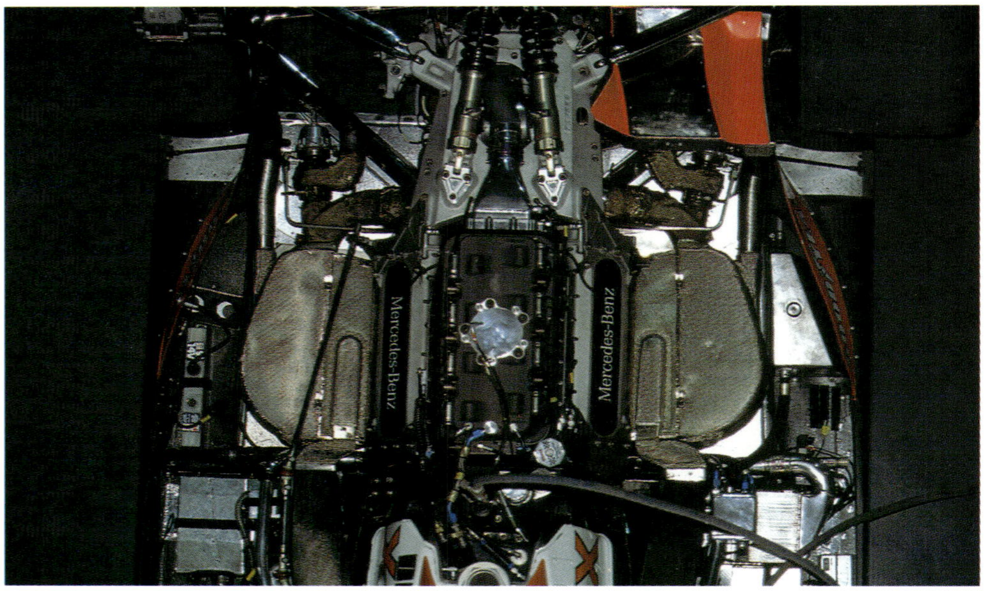

Fotos: Michael C. Brown

Honda

Fábrica: Santa Clarita, California
Vitórias: 1; Poles: 2

Os maiores progressos registados este ano em termos de desenvolvimento de motores foram feitos, indubitavelmente, pela Honda Performance Development. A versão original do motor HRX foi substancialmente modificada durante o Inverno, recebendo uma nova admissão, uma câmara de combustão totalmente redesenhada e cilindros melhorados. Depois de longamente testado dinamicamente pela equipe Comptech, o motor Honda provou a sua competitividade logo na primeira corrida da temporada, em Miami, embora a inexperiência de Andre Ribeiro tenha acabado por adiar a concretização da promessa.

Mais tarde, em Indianapolis, a Honda introduziu o novo HRH, que beneficiava de todas as correções e melhoramentos feitos no HRX e estreava o bloco em alumínio. Scott Goodyear, numa segunda aparição na equipe Tasman, qualificou-se na primeira fila do grid (na frente de todos os outros pilotos com carros de motor multiválvulas) e tudo apontava para uma vitória histórica quando o piloto foi penalizado com uma parada no box na fase final da corrida.

Muito cedo, o motor Honda mostrou ser competitivo em todo o tipo de traçado, exibindo fiabilidade a toda a prova: a equipe Tasman, por exemplo, não teve de fazer uma troca de motores não-programada. De tempos a tempos, a sofisticada eletrônica da Honda deu problemas, mas a eficácia do conjunto era tanta que mal se percebeu a evolução nas passagens de câmbio em total aceleração que, no final do ano, eram bastante mais rápidas que as dos carros com motores Ford ou Mercedes.

CALENDÁRIO DO CAMPEONATO MUNDIAL DE PPG INDY CAR 1996

3 de março	Homestead Motorsports Complex, Miami, Florida
17 de março	Nelson Piquet International Raceway, Rio de Janeiro, Brasil
31 de março	Surfers Paradise Street Circuit, Queensland, Australia
14 de abril	Long Beach Street Circuit, California
28 de abril	Nazareth Speedway, Nazareth, Pennsylvania
2 de junho	Milwaukee Mile, West Allis, Wisconsin
9 de junho	Belle Isle Park Street Circuit, Detroit, Michigan
23 de junho	Portland International Raceway, Portland, Oregon
30 de junho	Burke Lakefront Airport Circuit, Cleveland, Ohio
14 de julho	Exhibition Place Circuit, Toronto, Ontario, Canada
28 de julho	Michigan International Speedway, Brooklyn, Michigan
11 de agosto	Mid-Ohio Sports Car Course, Lexington, Ohio
18 de agosto	Road America, Elkhart Lake, Wisconsin
1 de setembro	Concord Pacific Place Circuit, Vancouver, British Columbia, Canada
8 de setembro	Laguna Seca Raceway, Monterey, California

Jeremy Shaw fala com Tony Cicale, o engenheiro

UMA COMBINAÇÃO

Jacques Villeneuve disputou apenas duas temporadas do Campeonato PPG Indy Car antes de se transferir para a Fórmula 1, mas deixou uma marca indelével.

Durante 1995, o franco-canadense de 24 anos demonstrou todo os pergaminhos de um meritório campeão. Foi rápido e agressivo, contudo a sua velocidade era equilibrada com consistência. Villeneuve sabia escolher o momento certo. Transformou-se num piloto terrível nas qualificações, conquistando seis poles nas últimas nove corridas. Aguentava-se bem sob pressão. Os erros foram raros e bem espaçados — e nunca se viu em situações de conflito.

Mas nem sempre foi assim. Em 1994, durante a sua campanha bem sucedida de rookie, desenvolveu uma reputação no início da temporada como sendo bastante louco. Não se evidenciava particularmente bem nas qualificações; de fato, ele não alcançou a sua primeira pole até Portland, em junho 1995.

O homem a quem geralmente se dá mais crédito pelo desenvolvimento das capacidades de Villeneuve nos últimos três anos é o bem experiente chefe de equipe/proprietário Barry Green, que, juntamente com Jerry Forsythe, o seu sócio nos dois primeiros anos, foi responsável por ir buscar Villeneuve ao Campeonato Japonês de Fórmula 3 e por arranjar um patrocínio de longo prazo junto da Player's Ltd. Na verdade, toda a organização Team Green trabalhou arduamente para adestrar as capacidades de Villeneuve, começando no Campeonato Player's Ltd. Toyota Atlantic em 1993, mas ninguém trabalhou tão intimamente com ele ou teve um efeito tão profundo no seu amadurecimento como o engenheiro-chefe Tony Cicale.

A combinação de Villeneuve e Cicale parece ter sido um casamento feito no céu (com Barry Green a desempenhar também um papel essencial). O jovem Villeneuve tinha claramente talento de sobra. Era ambicioso e tinha vontade de aprender. E em Cicale encontrou o professor perfeito. Um antigo reitor que não era propriamente um incompetente atrás do volante de um carro de corrida, Cicale estabelecera uma reputação invejável nos últimos 15 anos como perito em aerodinâmica e, ultimamente, como um engenheiro de corrida particularmente astuto.

Quando a equipe Forsythe-Green foi fundada, antes da temporada de 1993, Cicale quase que tinha abandonado as corridas. Deixara a Newman-Haas em 1991 após muitos anos de sucessos, trabalhando sobretudo com Mario Andretti e desfrutava o seu recém-descoberto tempo de lazer. O wind-surf tinha usurpado as corridas de automóveis como a sua

de corridas de Jacques Villeneuve no Team Green

GANHADORA

paixão permanente, e Cicale dedica-va-se ao esporte com a sua habitual energia e vigor — e competitividade. Mas a oferta de Green cativou o seu interesse.

"Nunca, jamais, trabalhara com um jovem piloto inexperiente," aponta Cicale. Todos os pilotos com quem tinha trabalhado eram pessoas muito, muito experientes, competitivas, como o Mario e Michael Andretti, Geoff Brabham, Kevin Cogan, Alan Jones. Por isso, pensei que seria algo interessante, fazer Formula Atlantic, que era um bom tipo de carro para começar; e trabalhar com pilotos pouco experientes."

Cicale achou o risco satisfatório e aprazível. Os seus pilotos, Villeneuve e Claude Bourbonnais, não conquistaram o campeonato, como fora esperado, mas venceram muitas das corridas.

"Gostei do campeonato, gostei dos carros," recorda ele. "Senti prazer em trabalhar com o Jacques, e penso que meu maior gozo foi, pela primeira vez em muito tempo, ter começado a ter alguma satisfação pessoal. Senti que a minha presença ali fazia a diferença, mas não senti que eu fosse importante ou vital. Mas trabalhando com Jacques e Claude no primeiro ano, senti realmente que estava a contribuir para o seu crescimento em competição. E para mim, isso trouxe-me muita satisfação pessoal."

Cicale é uma pessoa cativante. Assemelha-se ao arquétipo do cientista estudioso e de óculos. Ele está muito à vontade no seu pequeno escritório/salão dentro do motorhome do Team Green, onde geralmente pode ser encontrado debruçado sobre dados de computador ou conferindo com Villeneuve ou/e o analista de dados, Scott Graves. Fala facilmente e sorri frequentemente. Fala calma mas deliberadamente, com autoridade e confiança, e sem traços de arrogância.

"A combinação que se parece ter desenvolvido entre mim e o Jacques resultou," diz ele. "Nós filosoficamente progredimos exatamente da mesma maneira. Posso honestamente dizer que em três anos de trabalho com ele, jamais, trocamos uma palavra desagradável e sempre, nos respeitamos a 100% e escutamos atentamente."

"Filosoficamente, ambos sentimos as mesmas coisas. Não só acerca das corridas, mas acerca de muitas, coisas. Acerca da forma de ir para as corridas. E quais são as coisas críticas nas corridas? O que realmente estamos a fazer? E quando devemos parar o desenvolvimento do carro e quando devemos testar e quando não devemos testar. Engrenamos em tantas maneiras, que essa é a razão que, penso eu, tornou a nossa relação muito especial.

Cicale não deixa dúvidas quanto à sua admiração pelo jovem. Quando inquirido para apontar os maiores dotes de Villeneuve, Cicale não hesita: "Ele é muito inteligente. É um jovem muito brilhante. Isso é o número um. Penso, em segundo lugar, que ele é uma pessoa muito positiva, que em muitas maneiras é diferente de mim, mas eu gosto de estar rodeado de pessoas muito positivas; e porque estive perto de Jacques tornei-me muito mais positivo. Assim, quando não tínhamos o carro certo ou íamos na direção errada, ou considerávamos que isso tinha pouca importância ou gracejávamos, mas nunca nos deixávamos ir abaixo."

"Dizíamos sempre, 'Bem, OK, amanhã faremos uma coisa diferente e será melhor.' Nós simplesmente éramos muito positivos sobre aquilo que achávamos que ambos poderíamos fazer. Tinha confiança que o Jacques pudesse fazer uma boa volta e o Jacques tinha confiança que eu regulasse bem o carro, para que ele pudesse fazer um bom tempo. E penso que foi esta confiança que cada um de nós depositava no outro que acabou por dar certo."

"Muitas vezes simplesmente forçamos isso com trabalho. Havia muita manipulação artística em vez de manipulação científica, que, penso eu, é do que se trata mesmo as corridas. É muito mais artístico do que científico. Não necessariamente no lado do design mas, certamente, o lado da engenharia de corrida é muito artístico, um esforço de manipulação, e é muito, muito importante que o piloto e o engenheiro tenham ambos uma enorme dose de confiança um no outro — e claro que a equipe permita ao piloto e ao engenheiro progredir na direção em que eles se sintam confortáveis.

"Nós não gostávamos de ser influenciados por pessoas do exterior. Eu e o Jacques não nos importavamos com aquilo que os outros tivessem (nos seus carros). Não nos interessava que se o Robby (Gordon) fosse pole e nós 18º no grid com um acerto totalmente diferente. Nós simplesmente mantínhamos o nosso plano. E a equipe permitiu-nos fazer isso. E isso é muito importante."

Cicale, obviamente, está orgulhoso dos resultados do Team Green neste ano. Aponta rapidamente, também, que Villeneuve não beneficiou de equipamento especial. Ele usava de série o motor Ford/Cosworth XB e o chassis Reynard 95I.

"Sempre pensei que os engenheiros de corrida estão demasiado apressados em mudar alguma coisa que na verdade não compreendem," afirma ele. "Gastam muito tempo, muito dinheiro e muitos recursos a refazerem aquilo que não estão verdadeiramente certos que esteja errado. Descobri que me demora pelo menos dois terços ou três quartos da temporada a realmente compreender quais são as forças e as fraquezas que o carro possa ter, e a tomar a direcção que desejamos para o desenvolver."

"A minha filosofia foi sempre, primeiro, compreender aquilo que temos. Porque existe uma enorme quantidade de permutações que são fornecidas com o carro de série. Quero dizer, temos três diferentes bitolas dianteiras, duas diferentes bitolas traseiras, três diferentes configurações de asas dianteiras e traseiras, quatro ou cinco diferentes geometrias traseiras, três ou quatro diferentes geometrias dianteiras, dois ou três diferentes balanceiros dianteiros — além de todas as combinações de suspensões e amortecedores, todos os dados aerodinâmicos que têm de ser absorvidos, acumulados e compreendidos."

Pelo contrário, Cicale concentra-se em aprender tudo o que pode acerca do carro, otimizando-o depois para o adequar ao estilo de Villeneuve.

"Não estávamos realmente interessados em tentar desenvolver o carro num míssil mostruário tecnológico, diz ele. "Concentrem-se apenas no essencial."

A estratégia funcionou perfeitamente. Villeneuve pontuou em todas as corridas exceto em duas e era consistentemente rápido, especialmente na segunda metade da temporada. Só Al Unser Jr. e, com brevidade, Bobby Rahal, ambos reconhecidos como modelos ideais de confiança, foram capazes de acompanhar o andamento quando ele atacou em direção ao título.

O próprio Villeneuve aponta o teste a meio da temporada em Mid-Ohio como o ponto de viragem na sua temporada. E certamente as estatísticas aparecem para coincidir com essa percepção. Antes do teste de junho, Villeneuve nunca se qualificara na pole. Fê-lo na corrida seguinte, Portland, e repetiu o feito em cinco das oito provas seguintes.

"Sim, o infame teste de Mid-Ohio," diz Cicale com um riso abafado. "Sabe, na realidade, foi uma combinação de fatores. Fizemos um bom teste. Aprendemos muito acerca do carro que o podem ter tornado um pouco mais agradável e confortável de dirigir."

"Eu e ele falamos em Mid-Ohio acerca das suas aspirações na Fórmula 1. Foi então, na realidade, que toda a sua perspectiva mudou. Mesmo que ainda não tivesse feito o teste de F1 (com a Williams-Renault), penso, lá no fundo, ele dizia: 'Se eu pudesse ser pole, talvez pudesse arranjar um lugar na Fórmula 1." Por isso julgo que a semente foi plantada no teste de Mid-Ohio e desenvolveu-se através do curso natural dos aconte-cimentos — alguns físicos, alguns mentais e alguns por pura sorte."

"Sabem, o Jacques é uma personagem engraçada. Ele continua sempre a surpreender-me. As corridas de Toronto e Vancouver são bons exemplos. Ele adora ser suave (no carro). Adora adquirir velocidade em direção à curva e dentro da curva. Tende a tentar e a construir aceleração através da curva, sendo por isso que Portland e Road America tendem a assentar-lhe bem. Não gosta mesmo de circuitos urbanos porque temos de ser maldosos e agressivos com o carro para andar rapidamente. Não tendo causado boa impressão nessas corridas no ano passado, ele queria provar que poderia andar bem nos circuitos urbanos."

"É o mesmo com as qualificações. Nunca pensei, até Portland, que ele iria ser particularmente bom nas qualificações. Pensei que ele seria um pouco como o Al Jr. e se o carro estivesse verdadeiramente espetacular ele estaria na primeira fila ou na pole, mas nunca pensei que ele iria ser inerentemente bom nas qualificações, como o Michael (Andretti), por exemplo. Mas agora mudei completamente de opinião. Ele é espetacular nas qualificações. Tem a capacidade de sair e extrair o máximo do carro num período de tempo muito curto."

"Ele é do gênero de fazer aquilo que pensamos que é o seu limite e dizemo-lhe, 'Jacques, tens a certeza que isto é o teu limite? Seguramente podes frear 50 metros mais à frente ou carregar no acelerador um pouco mais cedo ou virar um pouco mais tarde?' E ele dirá: 'OK, vou fazê-lo.' E ele sai e fá-lo!"

"É extremamente impressionante. Tenho de lhe dar muito crédito pelo sucesso desta temporada. Sim, tínhamos uma boa equipe e uma boa relação; mas penso de muitas maneiras que ele é verdadeiramente espetacular. E penso que vai ter muito, muito sucesso na Fórmula 1."

ENTREVISTA DE TONY CICALE

FATOS & NÚMEROS

Os pilotos reunidos para a foto de família antes da corrida de encerramento do campeonato. *Em pé, da esq. para a dir.*: Tracy, Fangio, Greco, Ekblom, Villeneuve, Johnstone, Boesel, Zampedri, Gordon, Matsushita, Schiattarella, Vasser, de Ferran e Christian Fittipaldi. *Sentados:* Ribeiro, Gugelmin, Herta, Emerson Fittipaldi, Andretti, Unser, Rahal, Pruett, Fernandez, Salazar, Carlos Guerrero e Fabi.

À direita: Vencedor do troféu PPG, Villeneuve ergue-o em celebração.

Líderes em voltas *(Nº. de corridas)*

1	Michael Andretti	478	(12)
2	Al Unser Jr.	419	(7)
3	Jacques Villeneuve	280	(10)
4	**Andre Ribeiro**	**164**	**(2)**
5	**Gil de Ferran**	**127**	**(4)**
6	**Emerson Fittipaldi**	**116**	**(2)**
7	Teo Fabi	103	(6)
8	Paul Tracy	91	(6)
9	**Mauricio Gugelmin**	**70**	**(4)**
10	Robby Gordon	69	(4)
11	Scott Pruett	66	(2)
12	Parker Johnstone	52	(1)
13	Scott Goodyear	42	(1)
14	Eddie Cheever	40	(2)
15	Bryan Herta	30	(1)
16	Jimmy Vasser	20	(1)
17	**Christian Fittipaldi**	**10**	**(1)**
18	Arie Luyendyk	7	(1)
19	Stefan Johansson	6	(1)
20	Bobby Rahal	2	(2)
	Raul Boesel	**2**	**(1)**

Taça das Nações

1	Estados Unidos	290
2	Canadá	219
3	**Brasil**	**201**
4	Itália	90
5	México	68
6	Suécia	60
7	Chile	19
8	Bélgica	8
9	Alemanha	6
	Holanda	6
	Argentina	6
12	Japão	5
13	Colômbia	1

Campeonato de construtores

1	Ford	310
2	Mercedes-Benz	272
3	Honda	40
4	Menard	6

Taça de construtores (Chassis)

1	Reynard	286
2	Lola	264
3	Penske	197

Jim Trueman Rookie do Ano

1	**Gil de Ferran**	**57**
2	**Christian Fittipaldi**	**55**
3	**André Ribeiro**	**38**
4	Eliseo Salazar	19
5	Juan Fangio II	6
6	Carlos Guerrero	2

Classificação	Piloto	Carro	Pneus	Miami	Surfers Paradise	Phoenix	Long Beach	Nazareth	Indianapolis	Milwaukee	Detroit	Portland	Road America	Toronto	Cleveland	Michigan	Mid-Ohio	New Hampshire	Vancouver	Laguna Seca	Pontuação final
1	**Jacques Villeneuve** (CDN)	Team Green *Player's Ltd.* Reynard 95I-Ford	GY	**1**	20	**5**	25	**†2**	**1**	**6**	**9**	p20	**p†1**	**p3**	**1**	**10**	**p3**	**4**	**p12**	**p11**	**172**
2	**Al Unser Jr.** (USA)	Marlboro Team Penske Penske PC24-Mercedes	GY	**15**	**6**	**8**	**†1**	**13**	NTQ	**†2**	**5**	**†1**	28	26	18	**2**	**1**	**3**	**†1**	**6**	**161**
		Marlboro Team Penske Reynard 94I-Mercedes	GY	–	–	–	–	–	NTQ	–	–	–	–	–	–	–	–	–	–	–	
		Marlboro Team Penske Lola T95/00-Mercedes	GY	–	–	–	–	–	NQ	–	–	–	–	–	–	–	–	–	–	–	
3	**Bobby Rahal** (USA)	Rahal/Hogan *Miller Genuine Draft* Lola T95/00-Mercedes	GY	**3**	**2**	21	21	**6**	**3**	**13**	24	**3**	**5**	**2**	**4**	**8**	26	**10**	**5**	**7**	**128**
4	**Michael Andretti** (USA)	Newman-Haas *Kmart/Texaco Havoline* Lola T95/00-Ford	GY	p†20	p†9	**2**	**p9**	22	25	**3**	**4**	**4**	27	**†1**	**7**	25	†19	**2**	21	**4**	**123**
5	**Robby Gordon** (USA)	Walker *Valvoline/Cummins Special* Reynard 95I-Ford	GY	13	14	**1**	22	**p4**	**5**	**5**	**p†1**	**8**	26	**5**	**6**	NL	**8**	**9**	**3**	**15**	**121**
6	**Paul Tracy** (CDN)	Newman-Haas *Kmart/Budweiser* Lola T95/00-Ford	GY	27	**1**	**4**	28	26	24	**1**	**8**	18	**2**	**8**	26	23	**2**	23	**8**	**2**	**115**
7	**Scott Pruett** (USA)	Patrick Racing *Firestone* Lola T95/00-Ford	FS	**4**	**3**	**9**	**2**	**8**	19	**12**	**3**	**13**	**7**	25	16	**1**	**11**	24	**6**	**5**	**112**
8	**Jimmy Vasser** (USA)	Ganassi *Target/STP* Reynard 95I-Ford	GY	**8**	24	23	23	24	22	**9**	**2**	**2**	**3**	17	**3**	**7**	**9**	**6**	27	**8**	**92**
9	**Teo Fabi** (I)	Forsythe Racing *Combustion Engineering/Indeck* Reynard 95I-Ford	GY	16	**13**	**7**	**3**	**7**	**8**	**p4**	**7**	23	**9**	**4**	19	**4**	**17**	**12**	19	**9**	**83**
10	Mauricio Gugelmin (BR)	PacWest Racing Group Hollywood Reynard 95I-Ford	GY	**2**	**4**	**13**	**5**	**17**	**†6**	**14**	**15**	**7**	24	**12**	23	**11**	**6**	**11**	20	**3**	**80**
11	Emerson Fittipaldi (BR)	Marlboro Team Penske Penske PC24-Mercedes	GY	24	18	**†3**	20	**1**	NTQ	23	**10**	21	**15**	**10**	25	**5**	21	**5**	**7**	**16**	**67**
		Marlboro Team Penske Penske PC23-Mercedes	GY	–	–	–	–	–	NTQ	–	–	–	–	–	–	–	–	–	–	–	
		Marlboro Team Penske Lola T95/00-Mercedes	GY	–	–	–	–	–	NQ	–	–	–	–	–	–	–	–	–	–	–	
12	**Adrian Fernandez** (MEX)	Galles *Tecate/Quaker State* Lola T95/00-Mercedes	GY	**11**	26	**12**	**18**	**9**	21	**10**	**6**	**9**	**6**	**7**	12	**3**	**4**	26	22	**10**	**66**
13	**Stefan Johansson** (S)	Bettenhausen *Alumax Aluminum* Penske PC23-Mercedes	GY	22	17	24	**6**	**3**	A	A	**11**	6	**10**	**14**	**8**	**6**	23	25	**4**	**14**	**60**
		Bettenhausen *Alumax Aluminum* Reynard 94I-Ford	GY	–	–	–	–	–	**16**	–	–	–	–	–	–	–	–	–	–	–	
		Bettenhausen *Alumax Aluminum* Penske PC22-Mercedes	GY	–	–	–	–	–	–	**21**	–	–	–	–	–	A	–	–	–	–	
14	*Gil de Ferran (BR)	Hall Racing Pennzoil Special Reynard 95I-Mercedes	GY	25	16	**11**	27	19	29	**8**	**16**	**10**	21	16	p†14	12	24	**7**	**2**	**†1**	**56**
15	*Christian Fittipaldi (BR)	Walker Marlboro/Chapeco Special Reynard 95I-Ford	GY	**5**	25	**10**	14	20	**2**	**7**	**17**	**12**	**8**	**9**	24	**9**	25	**8**	24	24	**54**
16	Raul Boesel (BR)	Rahal/Hogan Duracell Charger Lola T95/00-Mercedes	GY	**6**	**8**	**6**	**16**	**10**	20	**11**	NS	**5**	22	**6**	20	24	20	**18**	**10**	**12**	**48**
17	*André Ribeiro (BR)	Tasman Motorsports LCI International Reynard 95I-Honda	FS	21	23	26	**12**	**11**	**18**	25	18	**14**	**4**	**13**	27	†21	27	**p†1**	23	26	**38**
18	**Eddie Cheever** (USA)	A.J. Foyt *Copenhagen Racing* Lola T95/00-Ford	GY	**14**	**7**	**14**	4	5	31	A	25	25	**17**	**11**	22	19	**10**	**17**	–	–	**33**
		A.J. Foyt *Copenhagen Racing* Lola T94/00-Ford	GY	–	–	–	–	–	–	26	–	–	–	–	–	–	–	–	–	–	
19	**Danny Sullivan** (USA)	PacWest Racing Group *VISA* Reynard 95I-Ford	GY	**9**	**5**	27	**10**	**18**	**9**	**17**	**12**	22	25	18	**5**	16	–	–	–	–	**32**
20	**Bryan Herta** (USA)	Ganassi *Target/Scotch Video* Reynard 95I-Ford	GY	**10**	D	p20	26	23	**13**	A	27	26	**14**	27	**2**	16	**5**	**19**	**16**	25	**30**
		Ganassi *Target/Scotch Video* Reynard 94I-Ford	GY	–	15	–	–	–	–	24	–	–	–	–	–	–	–	–	–	–	
21	***Eliseo Salazar** (RCH)	Simon *Cristal/Mobil 1/Copec* Lola T95/00-Ford	GY	17	**10**	**15**	A	**12**	**4**	**16**	20	**15**	**18**	21	**10**	18	**13**	**13**	**13**	NQ	**19**
		Simon *Cristal/Mobil 1/Copec* Lola T94/00-Ford	GY	–	–	–	24	–	–	–	–	–	–	–	–	–	–	–	–	–	
22	**Alessandro Zampedri** (I)	Payton-Coyne *The Mi-Jack Car* Lola T94/00-Ford	FS	23	**19**	**19**	**8**	**15**	**11**	**22**	26	**16**	**20**	23	**9**	13	**14**	**14**	**9**	**20**	**15**
23	**Eric Bachelart** (B)	Payton-Coyne *The Agfa Car* Lola T94/00-Ford	FS	19	22	**18**	**7**	–	28	–	23	**19**	**11**	22	21	–	**16**	–	–	–	**8**
24	***Juan Manuel Fangio II** (RA)	PacWest Racing Group *VISA* Reynard 95I-Ford	GY	–	–	–	–	–	–	–	–	–	–	–	–	–	**7**	**15**	28	**13**	**6**
25	**Christian Danner** (D)	Project Indy *Rial/No Touch/Van Dyne* Reynard 94I-Ford	GY	A	–	–	–	–	–	–	22	–	–	–	–	–	–	–	–	–	**6**
		Project Indy *Rial/No Touch/Van Dyne* Lola T93/00-Ford	GY	**7**	–	–	–	–	–	–	–	–	–	–	–	–	–	–	–	–	
26	**Arie Luyendyk** (NL)	Simon *Marlboro/WavePhore* Lola T95/00-Ford	GY	–	–	25	–	–	–	–	–	–	–	–	–	–	–	–	–	–	**6**
		Team Menard *Glidden/Quaker State* Lola T95/00-Menard	GY	–	–	–	–	–	**7**	–	–	–	–	–	–	–	–	–	–	–	
27	**Parker Johnstone** (USA)	Comptech *Motorola Cellular* Reynard 95I-Honda	FS	–	–	–	–	–	–	–	19	–	**12**	–	**11**	p22	28	–	**11**	**17**	**6**
28	**Hiro Matsushita** (J)	Arciero-Wells *Panasonic/Duskin/YKK* Reynard 94I-Ford	FS	26	**11**	22	**19**	NQ	–	–	–	–	–	–	–	–	–	–	–	–	**5**
		Arciero-Wells *Panasonic/Duskin/YKK* Reynard 95I-Ford	FS	–	–	–	–	–	**10**	**19**	**14**	**17**	**13**	19	**13**	20	**15**	**22**	17	**22**	
29	***Carlos Guerrero** (MEX)	Simon *Herdez/Viva Mexico!* Lola T95/00-Ford	GY	–	–	–	**11**	–	33	**15**	A	24	A	24	**17**	26	**18**	**16**	**15**	**18**	**2**
		Simon *Herdez/Viva Mexico!* Lola T94/00-Ford	GY	–	–	–	–	**14**	–	–	21	–	**19**	–	–	–	–	–	–	–	
30	Marco Greco (BR)	Galles Brastemp Lola T95/00-Mercedes	GY	–	–	–	**13**	**21**	NQ	–	**13**	–	–	20	**15**	–	**22**	20	25	**23**	**2**
		Simon Brastemp/Int. Sports Lola T95/00-Ford	GY	–	–	–	–	–	–	–	–	**11**	**23**	–	–	–	–	–	–	–	
31	**Dean Hall** (USA)	Dick Simon Racing *Subway* Lola T95/00-Ford	GY	**12**	**12**	**17**	**17**	**16**	NTQ	–	–	–	–	–	–	–	–	–	–	–	**2**
32	**Scott Goodyear** (CDN)	Tasman Motorsports *LCI/Motorola/CNN* Reynard 95I-Honda	FS	–	–	–	–	–	**14**	–	–	–	–	–	–	–	**12**	–	**14**	–	**1**
33	**Roberto Guerrero** (USA)	Pagan *Upper Deck/General Components* Reynard 94I-Mercedes	GY	–	–	**16**	–	–	**12**	–	–	–	–	–	–	–	–	–	–	–	**1**
34	**Scott Brayton** (USA)	Team Menard *Quaker State/Glidden* Lola T95/00-Menard	GY	–	–	–	–	–	**p17**	–	–	–	–	–	–	–	–	–	–	–	**1**
	Buddy Lazier (USA)	Project Indy *Phos/Conrad Jupiters* Reynard 94I-Ford	GY	–	21	–	–	–	–	–	–	–	–	**15**	–	–	–	–	–	–	**0**
		Project Indy *Phos/Conrad Jupiters* Lola T93/00-Ford	GY	–	A	–	–	–	–	–	–	–	–	–	–	–	–	–	–	–	
		Payton-Coyne *The Agfa Car* Lola T94/00-Ford	FS	–	–	–	–	25	–	**18**	–	–	–	–	–	**·14**	–	21	–	–	
		Team Menard *Glidden/Quaker State* Lola T95/00-Menard	GY	–	–	–	–	–	27	–	–	–	–	–	–	–	–	–	–	–	
	***Hideshi Matsuda** (J)	Beck Motorsports *Taisan/Zunne Group* Lola T94/00-Ford	FS	–	–	–	–	–	**15**	–	–	–	–	–	–	–	–	–	–	–	**0**
	***Franck Freon** (F)	Project Indy *No Touch/Van Dyne/Phos* Reynard 94I-Ford	GY	–	–	–	**15**	–	–	–	–	–	–	–	–	–	–	–	–	–	**0**
		Autosport Racing Team *Earl's* Lola T92/00-Menard	FS	–	–	–	–	–	NQ	–	–	–	–	–	–	–	–	–	–	–	
		Payton-Coyne *The Agfa Car* Lola T94/00-Ford	FS	–	–	–	–	–	–	–	–	–	–	–	–	–	–	–	–	NQ	
	***Hubert Stromberger** (A)	Project Indy *No Touch/Van Dyne/Marcelo* Reynard 94I-Ford	GY	–	–	–	–	–	–	–	–	–	**16**	–	–	–	NQ	–	–	–	**0**
	Lyn St. James (USA)	Simon *Whitlock Auto Supply* Lola T95/00-Ford	GY	–	–	–	–	–	32	A	–	–	–	–	–	17	–	–	–	–	**0**
		Simon *Whitlock Auto Supply* Lola T94/00-Ford	GY	–	–	–	–	–	–	**20**	–	–	–	–	–	–	–	–	–	–	
	***Mimmo Schiattarella** (I)	Project Indy *No Touch/Van Dyne/Marcelo* Reynard 94I-Ford	GY	–	–	–	–	–	–	–	–	–	–	–	–	–	–	–	**18**	**21**	**0**
	Dennis Vitolo (USA)	Pagan *Charter America/Carlo* Reynard 94I-Mercedes	GY	18	–	–	–	–	–	–	–	–	–	–	–	–	–	–	–	–	**0**
	***Fredrik Ekblom** (S)	A.J. Foyt *Copenhagen Racing* Lola T95/00-Ford	GY	–	–	–	–	–	–	–	–	–	–	–	–	–	–	–	–	**19**	**0**
	Davy Jones (USA)	Simon *Jonathan Byrd/Bryant Heating* Lola T95/00-Ford	GY	–	–	–	–	–	23	–	–	–	–	–	–	–	–	–	–	–	**0**
	Scott Sharp (USA)	A.J. Foyt *Copenhagen Racing* Lola T95/00-Ford	GY	–	–	–	–	–	26	–	–	–	–	–	–	–	–	–	–	–	**0**
	Brian Till (USA)	A.J. Foyt *Copenhagen Racing* Lola T95/00-Ford	GY	–	–	–	–	–	–	–	–	–	–	–	–	–	–	–	26	–	**0**
	Stan Fox (USA)	Hemelgarn *Delta Faucet/Bowling* Reynard 95I-Ford	FS	–	–	–	–	–	30	–	–	–	–	–	–	–	–	–	–	–	**0**
	***Davey Hamilton** (USA)	Hemelgarn *Delta Faucet/Alfa Laval* Reynard 94I-Ford	FS	–	–	–	–	–	NQ	–	–	–	–	–	–	–	–	–	–	–	**0**
	***Jeff Ward** (USA)	Arizona Motor Sports *Executive Air* Lola T94/00-Ford	FS	–	–	–	–	–	NQ	–	–	–	–	–	–	–	–	–	–	–	**0**
	Johnny Parsons (USA)	Project Indy *James Dean/Van Dyne* Reynard 94I-Ford	GY	–	–	–	–	–	NQ	–	–	–	–	–	–	–	–	–	–	–	**0**
	Mike Groff (USA)	Ganassi *Target/Scotch Video* Reynard 95I-Ford	GY	–	–	–	–	–	NTQ	–	–	–	–	–	–	–	–	–	–	–	**0**
	Jim Crawford (GB)	Adcox *Rain-X/Indiana Buick Dealers* Lola T92/00-Buick	FS	–	–	–	–	–	NTQ	–	–	–	–	–	–	–	–	–	–	–	**0**
	***Michael Greenfield** (USA)	Greenfield Industries Lola T93/00-Greenfield	FS	–	–	–	–	–	NTQ	–	–	–	–	–	–	–	–	–	–	–	**0**
	Tero Palmroth (SF)	Simon Lola T92/00-Buick	GY	–	–	–	–	–	NTQ	–	–	–	–	–	–	–	–	–	–	–	**0**
	Dick Simon (USA)	Simon *Jonathan Byrd/Bryant Heating* Lola T95/00-Ford	GY	–	–	–	–	–	NTQ	–	–	–	–	–	–	–	–	–	–	–	**0**
	Jeff Wood (USA)	Project Indy *No Touch/Van Dyne/Marcelo* Reynard 94I-Ford	GY	–	–	–	–	–	–	–	–	–	–	A	–	–	–	–	–	–	**0**
	Ross Bentley (CDN)	Payton-Coyne *The Agfa Car* Lola T94/00-Ford	FS	–	–	–	–	–	–	–	–	–	–	–	–	–	–	–	NQ	–	**0**

Os números a negro indicam carros em prova no final da corrida

* rookie (estreante)

† Líderou na maioria das voltas

p pole

A Abandonou

NQ Não se qualificou

NTQ Não tentou se qualificar

NL Não Largou

1 – VILLENEUVE | 2 – GUGELMIN | 3 – RAHAL

MIAMI

Vitória de Villeneuve. Gugelmin, 2º.

Jacques Villeneuve reafirmou a grande promessa que evidenciou durante seu ano de estréia em 1994 ao obter uma vitória clássica na abertura da temporada, o Marlboro Grand Prix of Miami, promovido pela Toyota.

O piloto de 23 anos não foi o concorrente mais rápido em nenhuma etapa do fim de semana. Não precisava de ser. Depois de se qualificar em oitavo no seu Reynard-Ford Cosworth Player's Ltd, Villeneuve manteve um andamento regular durante as 90 voltas. Não cometeu o mínimo erro e subiu subrepticiamente enquanto outros conjuntos mais rápidos caiam à sua volta.

Ainda mais crucialmente, o Team Green fez dois pit stops espetacularmente rápidos, que permitiram a Villeneuve assumir a liderança a 35 voltas do fim. O canadense tomou conta do resto, defendendo-se de um ataque determinado do Reynard-Ford PacWest de Mauricio Gugelmin para vencer pela escassa margem de um segundo.

"Tivemos um início de fim de semana difícil," admitiu o dono da equipe, Barry Green, aludindo a alguns problemas elétricos que flagelaram Villeneuve até ao fim da sessão de qualificação, "mas o pessoal permaneceu concentrado. Estou muito orgulhoso deles."

Gugelmin estava igualmente encantado por terminar em segundo, o melhor resultado até à data quer para ele quer para a emergente equipe PacWest.

Bobby Rahal partilhou o outro lugar do pódio depois de uma pilotagem tipicamente sensível no seu Lola-Mercedes Miller Genuine Draft, enquanto Scott Pruett assegurou excelente estréia para a Firestone ao terminar em quarto no Lola-Ford da Patrick Racing.

O regresso da Indy Car à Flórida foi um enorme sucesso, disfrutando o público, que lotava as bancadas, de uma corrida repleta de incidentes. Mauricio Gugelmin (página ao lado) deu à ambiciosa equipe PacWest o seu melhor resultado até à data — segundo —, enquanto o colega de equipe Danny Sullivan (à esquerda) fez um regresso impressionante à categoria após um ano sabático. Contudo, o rápido trabalho nos pits ajudou o Reynard-Ford Player's Ltd, de Jacques Villeneuve (abaixo) a vencer.

Photos: Michael C. Brown

TOYOT
Marlboro
15
CHAPECO
ASR

Marlboro
64 PHOS
TOYOTA TOYOTA

Christian Fittipaldi obteve o quinto lugar após uma estreia fértil em acontecimentos na Indy Car ao volante do Reynard-Ford com as vivas cores da Derrick Walker.

Um arriscada jogada tática no início da corrida ajudou o popular alemão Christian Danner (abaixo à esquerda) a alcançar o sétimo lugar no Lola Indy de há dois anos da Project.

Problemas para a Penske

Uma das maiores surpresas no fim de semana de Miami foi a prestação relativamente fraca do Team Penske Marlboro. Nem o campeão reinante Al Unser Jr. nem o veterano Emerson Fittipaldi se entenderam com seus novos Penske PC24, embora Unser tenha realizado uma rápida volta banzai na qualificação para chegar a 9º do grid com uma volta canhão final 0,7 s mais rápida do que o seu anterior máximo. Fittipaldi definhava em 16º.

"Ainda não descobrimos o que faz estes pneus trabalharem," admitiu o engenheiro-chefe Grant Newbury. "Não podia dizer, yeah, está subvirador, oh yeah, está solto," acrescentou Tom Brown, o engenheiro de Fittipaldi. "Pura e simplesmente não tinha aderência. Podíamos por um extremo do carro a trabalhar ou o outro, mas não os dois em simultâneo. E não houve nada que nós não experimentassemos!"

As coisas melhoraram um pouco na corrida, na qual Unser até chegou a 7º antes de ter um problema elétrico. Ele terminou fora dos pontos depois de fazer diversos pit-stops não programados. Fittipaldi subiu a 10º, largamente como resultado do atrito, antes do motor do seu Mercedes/Ilmor falhar.

QUALIFICAÇÃO

Michael Andretti chegou a Miami com a intenção de mostrar aos inúmeros prognosticadores da pré-temporada que se enganavam ao sugerirem que o PPG Indy Car World Series de 1995 iria ser um dos mais competitivos de sempre.

Andretti, que vencera a prova inaugural um ano antes em Surfers Paradise, comemorou o seu regresso à Newman-Haas Racing exatamente do mesmo modo em que partira no final da temporada de 1992 sendo pole. O Lola-Ford Cosworth Kmart/Texaco Havoline nº6 foi o mais rápido em todas as sessões livres e de qualificação, exceto numa, embora Andretti tivesse de recuperar durante a última meia-hora crítica depois de Raul Boesel ter anteriormente rubricado um excelente tempo com o Lola-Mercedes Duracell da Rahal/Hogan.

"Sabia que tinha de ir atrás dela," comentou Andretti depois de alcançar a 28ª pole da sua carreira, um recorde para os pilotos no ativo. "O carro está a trabalhar mesmo bem para mim."

Gugelmin também vasculhou fundo nas suas reservas de talento para apertar o seu compatriota Boesel nos momentos finais, e ao alcançar um lugar na primeira fila, obteve a sua melhor posição de sempre numa largada com um carro da Indy.

"Minha equipe me disse que o outro brasileiro era mais rápido; isso me motivou," afirmou o bem-parecido Gugelmin com um largo sorriso. "Tivemos um bom programa de testes no inverno. Descobrimos um bom equilíbrio para este tipo de circuito."

Boesel, que vive perto do circuito temporário Bicentennial Park, o palco da sua única vitória na IMSA GTP para a equipe Jaguar de Tom Walkinshaw em 1991, baixou para 3º no grid. Não obstante, ele estava razoavelmente satisfeito, tendo mudado para o carro reserva depois de danificar o seu primeiro Lola na tarde de 6ª feira.

Todavia, outro brasileiro que se estreou foi Gil de Ferran, ocupou o outro lugar na segunda fila com o Reynard-Mercedes Pennzoil do veterano proprietário Jim Hall. De Ferran, de fato, tinha sido a sensação na sexta-feira, tirando vantagem de condições meteorológicas francamente mais frescas no final da tarde para obter a pole provisória.

"Estou bastante satisfeito," disse ele. "Para ser honesto, esperava ser competitivo, porque nos preparamos bem para virmos aqui, por isso teria ficado desapontado se não tivessemos andamento. Mas nunca esperei estar na pole position."

Não durou muito, embora De Ferran tenha dado certamente a resposta perfeita para aqueles críticos mal-informados que questionaram a tática de Hall em empregar um rookie vindo da Fórmula 3000 em vez de alguém com uma experiência totalmente diferente no meio automobilístico norte-americano.

Paul Tracy não se cobriu propriamente de glória durante a sessão livre e de qualificação. De fato, a antiga estrela da Penske saiu de pista não menos de três vezes na mesma curva na 6ª feira numa estreia bastante medonha para a equipe Newman-Haas.

"O carro é bom", lamentou-se ele. "Eu puxei sempre mais por ele para dominar a ansiedade." Tracy, em sua defesa, queixou-se de um persistente problema de freios.

O veterano Danny Sullivan, pelo contrário, comemorou o seu regresso à Indy Car após um hiato forçado de um ano ao qualificar-se em sexto com o segundo Reynard da PacWest, seguido por outro impressionante estreante, Christian Fittipaldi, que eclipsou totalmente o seu bem cotado colega de equipe da Walker Racing, Robby Gordon.

CORRIDA

Mario Andretti pode ter-se aposentado da competição ativa da Indy Car no final de 1994 mas certamente não desapareceu completamente da ribalta. O promotor do evento Ralph Sanchez tratou disso ao convidar Andretti para ser Grand Marshall do Marlboro Grand Prix of Miami.

Mario estava feliz por lhe fazer a vontade e estava especialmente orgulhoso por ver o seu filho mais velho, Michael, na pole.

Ambos os homens reconheceram a importância de largar da primeira fila no traçado tortuoso de Bicentennial Park, e o foco principal de Michael era assegurar uma boa vantagem quando o pace car deixasse a pista.

"É difícil ultrapassar aqui," notou Michael. "A corrida vai basear-se inteiramente na posição detida na pista. Podemos ditar mais o que irá acontecer se estivermos na frente."

Fiel às suas palavras, Andretti acelerou na frente do pelotão de 27 carros em direção à Curva Um. Gugelmin respeitosamente manteve-se atrás, enquanto De Ferran mostrou a agressividade própria da juventude ao atacar Boesel por fora, na longa curva de 180º para a direita.

Boesel foi depois ultrapassado por Tracy, embora na 2ª volta o canadense tenha freado um pouco tarde demais na apertada chicane Biscayne Boulevard. Tracy falhou a tangência e a partir daí ele não foi mais do que um passageiro enquanto o seu Lola Kmart/Budweiser batia forte contra a barreira de pneus na parte esquerda da chicane e depois ricocheteou com igual força contra o muro do outro lado da pista.

Era o final de um fim de semana sombrio para Tracy. O acidente também soou a más notícias para Boesel, que vinha colado, caindo imediatamente para 7º e baixando depois para o fim do pelotão quando ele parou para reparar o bico do seu Lola.

Uma volta completa com bandeiras amarelas demonstrou ser um inconveniente menor para Andretti, que rapidamente ganhou vantagem na frente, mal as bandeiras verdes foram acenadas de novo no início da 7ª volta. Gugelmin atrás do líder, embora o repto de Ferran vacilasse quando o Pennzoil Reynard teve um problema de transmissão. Sullivan herdou o 3º lugar, tendo beneficiado ao máximo com o incidente de Tracy ao ultrapassar não só Christian Fittipaldi, que continuou a fazer uma excelente corrida com o seu Reynard-Ford Marlbo-ro/Chapeco, mas também Villeneuve e o enfraquecido Boesel.

Pela 20ª volta, Andretti demonstrara a sua superioridade e dilatou a sua vantagem sobre o duo da PacWest em quase 10 s. Fittipaldi, entretanto, tinha efetuado um pit stop não programado depois da estabilidade do seu Reynard se ter deteriorado rapidamente.

Fittipaldi reivindicou ter sofrido um furo devido a um pequeno toque na perseguição a Villeneuve. O canadense, porém, negou veementemente qualquer contato. O seu ponto de vista foi apoiado pelo fato de a equipe Walker não ter encontrado qualquer indício de falta de pressão.

As esperanças de Fittipaldi sofreram outro golpe quando, ao largar do box, inadvertidamente passou por cima das suas rodas descartadas, deixadas um pouco perto demais do carro. Foi um incidente inofensivo, embora Christian tenha sido forçado a fazer um novo pit stop para cumprir uma penalização stop & go.

As etapas intermédias da corrida foram marcadas por um conjunto de situações de bandeiras amarelas. As interrupções iriam ter sérias repercussões para Andretti. Ele continuava dominando, apesar do que parecera ser um contato menor com um carro mais lento imediatamente a seguir a um dos períodos de pace car.; mas depois, na 49ª volta, Andretti entrou inexplicavelmente na escapatória. Uma peça da suspensão enfraquecida pelo impacto anterior quebrara.

Gugelmin ainda detinha a faixa interior, uma posição onde se encontrava pela primeira vez na sua curta carreira na Indy Car.

Pouco atrás, porém, encontrava-se Villeneuve, que tinha passado para a frente de Sullivan durante a primeira série de pit stops, que tinham sido realizados, sob bandeiras amarelas, na 26ª volta. Pruett e Rahal fechavam os cinco primeiros após a 50ª volta, com Jimmy Vasser (Reynard-Ford Target/STP), um Fittipaldi em recuperação, Gordon e tambem Teo Fabi (Reynard-Ford Combustion Engineering/Indeck) igualmente a 9 s do líder.

"O nosso primeiro pit stop foi excelente," observou Villeneuve. "O segundo ainda foi melhor. Não creio que jamais tivessemos feito um pit stop tão bom como este, em todo o ano passado. O pit lane, à minha frente e atrás de mim, estava livre, por isso pude entrar e sair muito depressa, mal o reabastecimento foi terminado."

A paragem de Gugelmin foi igualmente boa, mas não tão rápida para impedir Villeneuve de assumir o comando. Ele bem que se esforçou nas últimas 35 voltas, mas não havia maneira de restabelecer o equilíbrio.

"Estavamos os dois a correr a fundo; por isso foi duro," disse Gugelmin. "Estava à espera de um erro. O circuito estava mudando um pouco, e as linhas fora das trajetórias eram terríveis, por isso não pudemos fazer mais nada. Mas estou bastante satisfeito. Um segundo lugar é bom. Penso que esta equipe vai longe."

Os pit stops também se revelaram cruciais para Rahal, que se qualificara em apenas 11º depois de não ter encontrado uma regulagem ótima para o seu Lola. O dia da corrida foi melhor, onde uma excelente segunda paragem lhe possibilitou passar Pruett e Sullivan, obtendo o 3º lugar.

Pruett foi outro que efetuou uma prestação sólida, proporcionando o californiano um grande prazer ao proprietário de sua equipe, Pat

Patrick, e a todo o contigente Bridgestone/Firestone ao terminar atrás de Rahal. Pruett fez igualmente a melhor volta.

"Penso que demos um bom testemunho" disse Pruett, que, tal como o gigante dos pneus, estava a fazer o seu regresso à Indy Car. "Tivemos alguns problemas nos treinos e poderiamos ter sido melhores nos pit stops, mas para a nossa primeira corrida penso que fizemos um trabalho excelente."

Fittipaldi também dirigiu bem para ganhar terreno após os seus atrasos iniciais. Uns breves soluços na 64ª volta permitiram a Vasser subir um lugar, embora Fittipaldi tenha readquirido a vantagem 15 voltas depois quando o americano começou a fugir de traseira à medida que seus pneus perdiam aderência.

Fittipaldi então aproximou-se do seu colega de equipe, Gordon, que todo o fim de semana se debatera em dificuldades no Reynard Valvoline/Cummins. Pior, Gordon lutava com um acelerador intermitentemente preso, que finalmente o levou ao muro, perdendo um bem-merecido 5º lugar a somente sete voltas do final. O carro ficou bastante danificado durante o embate a alta velocidade na Curva Sete, e Gordon teve muita sorte em sair ileso.

Isto permitiu a Fittipaldi escalar de novo para o 5º lugar final.

"Não foi um mau resultado numa corrida com tantos incidentes," notou Fittipaldi. "O carro estava excelente, mas ser demasiado rápido era só uma faceta; eu tinha também de me preocupar com as ultrapassagens."

Uma elevada taxa de desistências permitiu a Christian Danner terminar num excelente 7º lugar para a descapitalizada equipe Project Indy, da qual ele é co-proprietário. Danner começou o fim de semana ao volante de um recém-adquirido Reynard do ano passado, mas mudou para o carro-reserva, um fiável Lola de 93, quando um problema de motor se manifestou na 6ª feira.

Uma estratégia inteligente durante as etapas iniciais da corrida possibilitou a Danner, que se qualificou em 21º, permanecer em pista quando quase toda a gente fazia os primeiros pit stops. A tática fez subir Danner para 8º e ele aproveitou ao máximo essa posição na pista para se manter entre os dez primeiros.

Vasser, o último piloto na mesma volta do vencedor, levou para casa o 8º lugar, seguido por Sullivan, que baixou outra posição durante o segundo pit stop e depois de perder uma volta quando saiu de pista enquanto tentava forçar um pouco mais o andamento para recuperar o terreno perdido.

Más notícias e boas notícias

Fotos: Michael C. Brown

Um pensativo Michael Andretti afasta-se do Lola Kmart/Texaco Havoline com o qual dominara a corrida por 48 voltas.

Michael Andretti parecia preparado para ganhar depois de desfrutar de quase 10 segundos de vantagem nas primeiras 20 voltas e depois de restabelecer o seu avanço apesar do aparecimento de diversas situações de bandeiras amarelas. Foi no segundo restart, porém, que as coisas começaram a correr mal. Andretti ficou encurralado atrás de dois retardatários quando as bandeiras verdes foram mostradas.

Um deles, pensou ele, era Christian Fittipaldi. Mas não. Em vez dele era o estreante Eliseo Salazar, que nunca andou bem com o Lola de Dick Simon, pintado de forma semelhante.

"Se soubesse que era ele nem o teria tentado passar," lamentou-se Andretti. "Pensava que era o Christian e sabia que podia confiar nele, por isso empenhei-me em passá-lo por dentro... e depois pensei, oh, oh, ele não me viu e eu tenho de esperar."

Tarde demais. O contato foi inevitável. A câmara de bordo de Andretti revelou um leve toque de um lado com a roda traseira direita de Salazar, e do outro, com o muro, embora imediatamente a seguir não se vissem danos.

"Eu estava a suster o fôlego e pensei que talvez levasse a melhor e que aquele iria ser o meu dia," disse ele.

Não teve tanta sorte. 20 voltas depois, o braço inferior da suspensão dianteira direita cedeu. A sua corrida tinha acabado.

Andretti estava obviamente desapontado, mas em notório contraste com a sua disposição em relação a outros azares no passado, ele preferiu refletir acerca dos aspectos positivos do seu fim de semana.

"O carro era tão bom," declarou. "Quero dizer, era como andar num parque, a sério. Era pouco falso. Era agradável; divertido. Nem sequer suei. Isso é um bom sinal. A equipe está mesmo a trabalhar bem e eu sinto-me bem para o resto do ano. Mesmo bem."

Depois de um ano de 1994 muito desapontador com a Honda, Bobby Rahal (embaixo) teve um encorajador início de temporada, com um lugar no pódio com o Lola-Mercedes Miller Genuine Draft.

BREVES

• A primeira aparição da Copa PPG na Flórida desde 1988, quando o promotor Ralph Sanchez recebeu o último dos quatro eventos anuais em Tamiami Park, foi um enorme sucesso. Todos os bilhetes, incluindo os da geral, esgotaram vários dias antes da corrida.
O evento no Bicentennial Park, adjacente ao porto de Miami, existe desde 1983, quando Sanchez organizou pela primeira vez uma prova do campeonato IMSA Camel GT, embora para os carros da Indy, o circuito se dispute na direção oposta.

• O rookie André Ribeiro (acima à direita) demonstrou uma forma prometedora no Reynard-Honda LCI do Tasman Motorsports Group. O brasileiro, graduado da Indy Lights, foi o segundo mais rápido na sessão inaugural na 6ª feira, fazendo o melhor tempo até ser superado por

Andretti nas etapas finais. Finalmente, a inexperiência de Ribeiro esteve na origem dos acidentes nas qualificações e na corrida.

• O Presidente da IndyCar Andrew Craig conseguiu alargar o apelo da Copa PPG ao confirmar a constituição de um novo Campeonato de Fabricantes, Copa das Nações e Campeonato de Construtores, sendo os pontos acumulados a seguir a cada corrida.

• O dono da equipe Chip Ganassi poderia ser perdoado pelo seu ar pesaroso depois das qualificações, tendo notado que os seus dois pilotos de 1994, Michael Andretti e Mauricio Gugelmin, iniciariam a nova temporada na primeira fila do grid. Os novos membros da Ganassi Jimmy Vasser (abaixo) e Bryan Herta, que esteve de fora em quase toda a primeira qualificação devido a injetor de combustível defeituoso, alinharam em decepcionantes 12º e 20º lugares, embora na corrida ambos tenham reagido, terminando nos dez primeiros.

• Os canadenses disfrutaram de um fim de semana em grande em Miami. Além da vitória de Villeneuve no evento principal (que era apoiado pela Marlboro), os compatriotas Greg Moore e Patrick Carpentier também triunfaram nas respectivas provas de abertura dos campeonatos PPG Firestone IndyLights e Player's Toyota Atlantic. Todos os três, eram patrocinados pela Player's.

• Uma indicação do nível de competitividade foi dado pelo relatório oficial EDS das melhores voltas, que mostrou 17 pilotos a um segundo uns dos outros durante a corrida de Miami. Intrigantemente, o vencedor da prova, Villeneuve, ficou apenas em 13º com 1m06,657s em comparação com a melhor volta de Pruett em 1m05,892s.

• Christian Danner não esperava participar na prova inaugural. Depois de alguns projetados acordos de patrocínio não se terem concretizado para outros pilotos potenciais, o alemão recolheu o apoio do seu antigo apoiador na Fórmula 1, Gunter Schmid (Rial Wheels), que agora vive em Miami, para assegurar ao Project Indy uma posição no grid. A Marlboro alemã e a Hawaiian Tropic também contribuiram.

Fotos: Michael C. Brown

PPG INDY CAR WORLD SERIES • 1ª PROVA

MARLBORO GRAND PRIX OF MIAMI PRESENTED BY TOYOTA

BICENTENNIAL PARK, MIAMI, FLORIDA

5 DE MARÇO, 90 VOLTAS – 264,907 KM

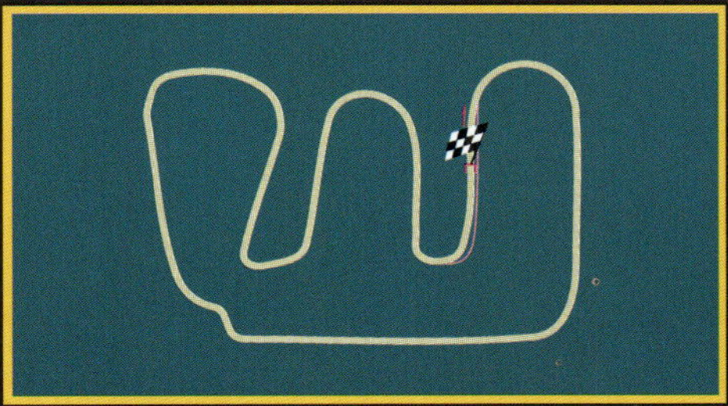

Clas.	Piloto (Nac.)	Nº.	Equipe/Patrocinadores Carro-Motor	Pneus	Vel. Qlf.	Tempo Qlf.	Pos.	Voltas	Tempo/Causa	Méd. km/h	Pts.
1	**Jacques Villeneuve (CDN)**	**27**	**Team Green *Player's Ltd.* Reynard 95I-Ford**	**GY**	**166,166**	**1m 04,257s**	**8**	**90**	**1h 59m 16,863s**	**133,251**	**20**
2	**Mauricio Gugelmin (BR)**	**18**	**PacWest Racing Group Reynard 95I-Ford**	**GY**	**167,790**	**1m 03,635s**	**2**	**90**	**1h 59m 17,885s**	**133,232**	**16**
3	**Bobby Rahal (USA)**	**9**	**Rahal/Hogan *Miller Genuine Draft* Lola T95/00-Mercedes**	**GY**	**165,321**	**1m 04,585s**	**11**	**90**	**1h 59m 18,214s**	**133,225**	**14**
4	**Scott Pruett (USA)**	**20**	**Patrick Racing *Firestone* Lola T95/00-Ford**	**FS**	**165,423**	**1m 04,546s**	**10**	**90**	**1h 59m 18,893s**	**133,214**	**12**
5	***Christian Fittipaldi (BR)**	**15**	**Walker *Marlboro/Chapecó Special* Reynard 95I-Ford**	**GY**	**166,269**	**1m 04,217s**	**7**	**90**	**1h 59m 21,945s**	**133,156**	**10**
6	**Raul Boesel (BR)**	**11**	**Rahal/Hogan *Duracell Charger* Lola T95/00-Mercedes**	**GY**	**167,648**	**1m 03,689s**	**3**	**90**	**1h 59m 22,093s**	**133,155**	**8**
7	**Christian Danner (D)**	**64**	**Project Indy *Rial/No Touch/Van Dyne* Lola T93/00-Ford**	**GY**	**161,498**	**1m 06,115s**	**21**	**90**	**1h 59m 32,583s**	**132,960**	**6**
8	**Jimmy Vasser (USA)**	**12**	**Ganassi *Target/STP* Reynard 95I-Ford**	**GY**	**165,275**	**1m 04,603s**	**12**	**90**	**2h 00m 11,309s**	**132,245**	**5**
9	**Danny Sullivan (USA)**	**17**	**PacWest Racing Group Reynard 95I-Ford**	**GY**	**166,509**	**1m 04,125s**	**6**	**89**	**Em prova**		**4**
10	**Bryan Herta (USA)**	**4**	**Ganassi *Target/Scotch Video* Reynard 95I-Ford**	**GY**	**163,314**	**1m 05,379s**	**20**	**87**	**Em prova**		**3**
11	**Adrian Fernandez (MEX)**	**10**	**Galles *Tecate/Quaker State* Lola T95/00-Mercedes**	**GY**	**164,272**	**1m 04,998s**	**17**	**86**	**Em prova**		**2**
12	**Dean Hall (USA)**	**99**	**Dick Simon Racing *Subway* Lola T95/00-Ford**	**GY**	**153,158**	**1m 09,715s**	**26**	**86**	**Em prova**		**1**
13	Robby Gordon (USA)	5	Walker *Valvoline/Cummins Special* Reynard 95I-Ford	GY	165,231	1m 04,621s	14	83	Acidente		
14	Eddie Cheever (USA)	14	A.J. Foyt *Copenhagen Racing* Lola T95/00-Ford	GY	160,447	1m 06,548s	22	81	Em prova		
15	Al Unser Jr. (USA)	1	Marlboro Team Penske Penske PC24-Mercedes	GY	165,777	1m 04,408s	9	79	Em prova		
16	Teo Fabi (I)	33	Forsythe *Combustion Engineering/Indeck* Reynard 95I-Ford	GY	163,717	1m 05,218s	18	72	Admissão do escape		
17	*Eliseo Salazar (RCH)	7	Dick Simon *Cristal/Mobil 1/Copec* Lola T95/00-Ford	GY	160,032	1m 06,720s	23	71	Incêndio no motor		
18	Dennis Vitolo (USA)	21	Pagan *Charter America/Carlo* Reynard 94I-Mercedes	GY	153,026	1m 09,774s	27	55	Motor		
19	Eric Bachelart (B)	19	Payton-Coyne The Agfa Car Lola T94/00-Ford	FS	158,269	1m 07,463s	24	54	Danos na suspenção		
20	Michael Andretti (USA)	6	Newman-Haas *Kmart/Texaco Havoline* Lola T95/00-Ford	GY	168,802	1m 03,254s	1	49	Danos na suspenção		2
21	***Andre Ribeiro (BR)**	**31**	**Tasman Motorsports *LCI International* Reynard 95I-Honda**	**FS**	**165,017**	**1m 04,705s**	**15**	**47**	**Acidente**		
22	Stefan Johansson (S)	16	Bettenhausen *Alumax Aluminum* Penske PC23-Mercedes	GY	165,247	1m 04,614s	13	46	Transmissão		
23	Alessandro Zampedri (I)	34	Payton-Coyne *The Mi-Jack Car* Lola T94/00-Ford	FS	163,537	1m 05,290s	19	34	Acidente		
24	**Emerson Fittipaldi (BR)**	**2**	**Marlboro Team Penske Penske PC24-Mercedes**	**GY**	**164,689**	**1m 04,834s**	**16**	**24**	**Motor**		
25	***Gil de Ferran (BR)**	**8**	**Hall Racing *Pennzoil Special* Reynard 95I-Mercedes**	**GY**	**167,428**	**1m 03,773s**	**4**	**14**	**Transmissão**		
26	Hiro Matsushita (J)	25	Arciero-Wells *Panasonic/Duskin* Reynard 94I-Ford	FS	156,430	1m 08,257s	25	10	Pressão do combustível		
27	Paul Tracy (CDN)	3	Newman-Haas *Kmart/Budweiser* Lola T95/00-Ford	GY	167,362	1m 03,798s	5	1	Acidente		

** piloto Rookie (estreante)*

Bandeiras amarelas: Voltas 1–5, acidente/Tracy; voltas 24–26, acidente/Fernandez e Ribeiro; voltas 28–30, acidente/Vitolo; voltas 36–41, acidente/Zampedri; voltas 54–58, acidente/Ribeiro; voltas 72–74, rebocado/Sullivan; voltas 80–82, acidente/Gordon. ***Total:*** sete em 28 voltas.

Líderes: Michael Andretti, 1–48 (48 voltas); Mauricio Gugelmin, 49–55 (7 voltas); Jacques Villeneuve, 56–90 (35 voltas). ***Totais:*** Andretti, 48 voltas; Villeneuve, 35 voltas; Gugelmin, 7 voltas,

Volta mais rápida: Scott Pruett, 1m 05,892s, 160,812 Km, na 15ª volta.

Classificações do campeonato: **1** Villeneuve, 20; **2** Gugelmin, 16; **3** Rahal, 14; **4** Pruett, 12; **5** C, Fittipaldi, 10; **6** Boesel, 8; **7** Danner, 6; **8** Vasser, 5; **9** Sullivan, 4; **10** Herta, 3; **11** Fernandez e Andretti, 2; **13** Hall, 1.

1 – TRACY | 2 – RAHAL | 3 – PRUETT

SURFERS PARADISE

1ª vitória de Tracy na Haas

A aura de imprevisibilidade que tradicionalmente se espalhar pela única prova além-mar da temporada manteve-se graças ao Kmart/Budweiser Lola-Ford/ Cosworth de Paul Tracy ter triunfado em Surfers Paradise, na Gold Coast de Queensland, Austrália.

Este ano, felizmente, a prova de 65 voltas foi completada confortavelmente à luz do dia, mas durante quase toda a tarde foi o colega de equipe da Newman-Haas de Tracy, Michael Andretti, que parecia preparado para reivindicar a vitória — pelo segundo ano consecutivo.

Andretti fez quase tudo certo. Qualificou-se na pole pela segunda vez como em tantas outras corridas e estabeleceu uma vantagem clara sobre o conjunto perseguidor. Tal como em Miami, Andretti parecia ter tudo sob controlo. Então ele perdeu a segunda marcha.

Mesmo assim recusou render-se à desvantagem, e, assombrosamente, antes da última volta, cedeu um só lugar, para Tracy, que tinha conduzido com mais regulariedade do que espetacularidade após a largada da quinta fila do grid.

"Tentei manter-me calmo e não cometer um erro," disse Tracy após obter a nona vitória da sua carreira e a sua primeira para a Newman-Haas. "Fiz figura de bobo em Miami, o que realmente não aumentou meu prestígio na equipe ou os meus patrocinadores. Esta vitória dá-me, muita confiança."

A sorte de Andretti esgotou-se totalmente quando bateu a menos de uma milha da linha de chegada, permitindo a Bobby Rahal (Miller Genuine Draft Lola-Mercedes) e Scott Pruett (Firestone Lola-Ford) ascenderem a segundo e terceiro.

Fotos: Michael C. Brown

Paul Tracy (abaixo) desforrou-se de um fim de semana desanimador em Miami para conquistar a sua primeira vitória para a Newman-Haas.

Ao lado: Claramente satisfeito por estar no pódio, um jubilante Tracy conta a Scott Pruett como assumiu a liderança, enquanto Bobby Rahal tem um ar de quem já ouviu aquilo tudo antes.

QUALIFICAÇÕES

Andretti continuou como deixara em Miami, batendo os adversários durante as sessões livres e de qualificação para a prova australiana. Ele foi o mais rápido em três das quatro sessões de 6ª feira e sábado.

"Tenho de tirar o chapéu à equipe Kmart/Caltex," afirmou Andretti. "Eles deram-me um carro ótimo."

Tracy sublinhou a eficácia do Lola T95/00 da equipe Newman-Haas quando, no sábado de manhã, se tornou no único piloto além de Andretti a liderar os tempos. Curiosamente, porém, na última qualificação, o canadense foi incapaz de igualar o seu anterior máximo de 1m36,697s, que iria ser a volta mais rápida do fim de semana.

"Tudo correu mal," lamentou Tracy depois de estabelecer o nono tempo. "Vi-me bloqueado em todas as voltas boas no meu primeiro jogo de pneus. Ninguém me deixou passar. Depois tive um segundo jogo de pneus ruim."

O compatriota Jacques Villeneuve suportou a sua dose de desapontamento na 6ª feira, completando o vencedor de Miami apenas 22 voltas devido a um problema persistente no seletor do câmbio no seu Reynard-Ford Pâlyer's Ltd. nº 27. O problema foi retificado na manhã seguinte, apenas para Villeneuve perder mais tempo na qualificação devido a uma falha na regulagem da suspensão. Ele regressou à pista a poucos minutos do final e prontamente pulou para a contenda ao conquistar um lugar na linha da frente do grid.

"As últimas três voltas, feitas nos limites, foram um pouco loucas," explicou o franco-canadense na sua própria forma inimitável. "Usamos os corretores e às vezes compensa."

Compensou certamente neste dia.

Miami tinha sido um desastre completo para a Marlboro Team Penske, todavia ninguém esperava que Al Unser Jr. ou Emerson Fittipaldi demorassem a ser competitivos. De fato, seguindo-se a uma sesão de testes realizada às pressas, o par de PC24s, melhoraram nitidamente, qualificando-se na segunda fila.

"Estivemos a trabalhar com os carros Marlboro e tentámos que eles 'trabalhassem para nós'", disse Unser depois de ser terceiro no grid. "Estamos satisfeitos como o comportamento que o carro nos dá. Estou muito orgulhoso dos meus rapazes por mostrarem que são verdadeiros campeões ao ultrapassarem os nossos problemas."

Teo Fabi escolheu concentrar-se nos pneus de "opção" da Goodyear, que incluia um piso com composição mais dura. O italiano foi o mais rápido do contigente Reynard, despromovendo Gil de Ferran da primeira fila provisória para sexto no grid depois do Reynard-Mercedes Pennzoil do brasileiro ter sofrido de uma falha de motor no início da qualificação.

Stefan Johansson também realizou uma boa prestação, sétimo no seu Penske PC23-Mercedes Alumax e claramente o mais rápido entre aqueles com equipamento com um ano, enquanto Jimmy Vasser acabava em oitavo apesar do seu Reynard Target/STP ter parado com problemas de transmissão.

CORRIDA

Céu limpo e temperaturas amenas na manhã da corrida ajudaram a atrair outra multidão recorde ao desafiador circuito citadino de Surfers Paradise. Para a tarde foram previstos aguaceiros, embora felizmente não se tenham materializado até após a conclusão da corrida.

O primeiro-ministro de Queensland Wayne Goss deu o sinal para se ligarem os motores, e à bandeira verde, Andretti e Villeneuve disputaram a liderança.

Villeneuve colocou-se à frente do seu adversário pela margem de um bico até que Andretti freou mais tarde para a primeira curva e reivindicou a vantagem. Unser seguia em terceiro até que numa tentativa otimista para passar Villeneuve pela linha exterior da Curva Marlboro permitiu a De Ferran e Fabi ascenderem uma posição.

Mais atrás, numa dramática volta inaugural, De Ferran aproveitou habilidosamente o cone de aspiração de Villeneuve na The Esplanade, subiu uma zebra no Esses Marlboro enquanto abria caminho à força para o 2º lugar.

"Não foi uma ultrapassagem, foi uma manobra de recurso," reivindicou De Ferran. "Ele freou cedo e eu na verdade não esperava que ele freasse. Eu estava colado no seu câmbio, por isso guinei para a esquerda tão depressa quanto pude, mas era a primeira volta e a pressão do pneu estava baixa e o carro bateu em baixo (na freada); por isso eu não consegui parar a tempo para a curva."

Com efeito, foi um erro de rookie.

Não obstante, o seu gozo do segun-

Falhas de transmissão prejudicam Reynards

Um ano depois de celebrar uma magnífica vitória na sua estreia na Indy, a Reynard Racing Cars começou a investigar porque é que uma praga de problemas de transmissão tinha levado vários dos seus clientes a ficarem fora de prova no mesmo circuito citadino de Surfers Paradise. Na verdade, os únicos Reynards a terminar nos dez primeiros foram os dois carros PacWest de Mauricio Gugelmin e Danny Sullivan, que, ironicamente, ultrapassaram dramas inumeráveis no sábado para alcançarem os 4º e 5º lugares graças a algumas artimanhas sagazes e técnicas compreensivas adotadas pelos pilotos.

Os testes iniciais do chassis 95I tinham revelado um potencial uso excessivo do anel e do pinhão, ainda que fosse aliviada por uma alteração menor no perfil dos dentes das engrenagens. Antes da prova inaugural em Miami, todos os componentes existentes foram modificados em apenas 15 dias pelo especialistas britânicos de transmissões, Xtrac, que tinham fabricado todo o sistema de transmissão em função de um desenho especificado pela Reynard.

Algumas deficiências adicionais no mecanismo de seleção de marcas foram detetadas em Miami, embora não fosse até Surfers Paradise que a real extensão do problema se tornasse evidente. Representantes da Xtrac e da Reynard encontraram-se a seguir à corrida na Austrália, e enquanto as falhas foram inicialmente atribuídas à produção não padronizada, foi subsequentemente descoberto que a verdadeira causa residia no próprio mecanismo seletor. Com efeito, mesmo quando permitia que uma marcha fosse trocada, o sistema estava simultaneamente a tentar desengrenar essa marcha, que resultava numa utilização desproporcionada dos carretos.

À direita: enquanto as ondas do Oceano Pacífico Sul avançam para a praia, Mauricio Gugelmin lidera na frente Bobby Rahal e Robby Gordon através da espetacular Foster's Chicane. O traçado foi modificado para a corrida deste ano com o objetivo de reduzir a velocidade e aumentar a segurança.

A vida começa aos 40. O estreante na Indy Car Eliseo Salazar levou um dos Lolas da Dick and Dianne Simon ao 10º lugar.

do lugar foi breve, porque a sua largada inicial foi considerada demasiado rápida. Foi-lhe imposta uma penalização stop & go por melhorar a sua posição antes da linha de largada.

Antes de Ferran ter tido a oportunidade de cumprir a sua sentença, foram mostradas bandeiras amarelas quando as tentativas de Adrian Fernandez de roubar o 10º lugar a Pruett terminaram com o Lola-Mercedes Tecate/Quaker State de Rick Galles estacionado firmemente contras as barreiras.

Atrás do pace car, Andretti encontrava-se na liderança, seguido por de Ferran, Fabi, Unser e Villeneuve, que subiu dois lugares na segunda volta, à custa primeiro de Fabi depois de bloquear os seus freios para a Queensland Chicane e depois de Unser, que, impressionantemente, tentara a mesma ultrapassagem por fora como na volta inaugural, e desta vez resultou.

Villeneuve depressa recuperou o terreno perdido quando a bandeira preta foi mostrada a De Ferran e a Unser. O campeão em título tinha passado Fabi momentos antes da bandeira verde ser agitada, significando o restart. Isso é proibido. Um Unser irado dilatou depois o seu atraso ao ultrapassar De Ferran na saída dos boxes — e ao fazê-lo excedeu o limite de velocidade no pit-lane. Outra penalização stop & go fê-lo baixar para 21º.

Mal a corrida finalmente se clarificou, Andretti detinha uma clara vantagem sobre Fabi, com Villeneuve, Vasser, Tracy e Emerson Fittipaldi distanciados entre si por um segundo.

Vasser, previsivelmente, foi o primeiro a cair, devido a mais uma falha de transmissão, na 19ª volta. Villeneuve sucumbiu depois a um problema idêntico, enquanto Fittipaldi ficou fora da contenda quando, surpreendentemente, se esqueceu de ativar o botão de controlo de velocidade enquanto deixava os boxes depois de ter realizado uma parada de rotina. Foi imposta a Fittipaldi uma penalização stop & go.

Andretti continuou no controlo das operações, e na 40ª volta, estabeleceu aquela que iria ser a volta mais rápida da corrida, apesar de ter trocado para pneus Goodyear mais duros no seu primeiro pit stop. Na vez seguinte, porém, Andretti causou tumulto quando parou de novo. Era cedo demais para uma paragem rotineira. Uma deficiência no equipamento de reabastecimento levara a que Andretti tivesse saído para a pista depois do seu primeiro pit-stop sem o tanque cheio de metanol. Por isso uma segunda paragem na 41ª volta. Era apenas um pequeno precalço, visto que Andretti não teria problemas em completar a distância sem a necessidade de uma paragem extra.

O pit antecipado de Andretti permitiu a Fabi a liderança, embora, isso nunca fosse revelado nas tabelas oficiais visto que o italiano foi forçado a ir à box na volta seguinte. O sistema de escape do seu Reynard se tinha quebrado.

"O carro estava muito bom e estavamos posicionandos para fazermos uma boa prova," disse um desapontado Fabi. "Penso que a nossa estratégia de usarmos pneus mais duros teria dado frutos se não tivessemos tido problemas."

Johansson herdou a liderança para a equipe Alumax de Tony Bettenhausen. O sueco tinha passado para a frente de Tracy sob circunstâncias algo bizarras na 31ª volta, quando o comissário oficial Jim Swintal deu todos os sinais de que iria exibir bandeiras amarelas. Johnny Rutherford então levou o pace car para a pista, até que momentos depois o Controlo da Corrida lhe disse que os seus serviços já não seriam necessários. Tracy tinha reconhecido a probabilidade de uma interrupção iminente e baixou a guarda por um momento, permitindo assim que Johansson se aproveitasse antes das bandeiras amarelas serem retiradas e o canadense ter compreendido o seu engano.

Tracy vingou-se durante a segunda série de pit-stops, emergindo das

Michael C. Brown

FOSTER'S
STAND 24

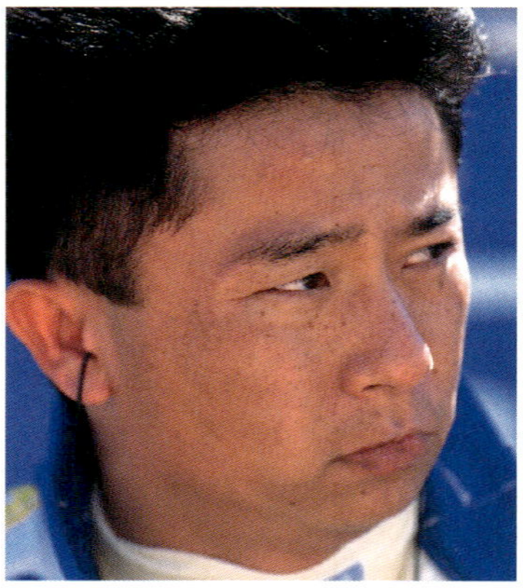

Fotos: Michael C. Brown

Os azares que aconteceram aos concorrentes mais rápidos ajudaram Hiro Matsushita (ao lado) e Dean Hall (à direita) a terminar nos pontos.

Problemas de câmbio custaram ao pole Michael Andretti (abaixo) a vitória numa corrida que ele dominara e o seu suplício ficou completo ao bater na última volta, quando era segundo, enquanto brigava para se manter na frente de Bobby Rahal.

boxes na 48ª volta na frente do seu adversário e agora estava no segundo lugar atrás de Andretti, que, claro, tinha parado sete voltas antes. Andretti, porém, andava lento, com uma segunda marcha quebrada.

"Era a pior marcha para perder," refletiu ele, "porque eu usava-a em todas as curvas menos numa."

Andretti continuou a liderar mas Tracy aproximava-se inexoravelmente. Johansson seguia num terceiro lugar altamente competitivo, até, infelizmente, se tornar na última vítima de uma pouco usual elevada taxa de abandonos. Mais uma vez, foi um câmbio quebrado a deixá-lo fora de prova.

"Sinto-me como se alguém tivesse dado uma alfinetada no coração," disse um destroçado Bettenhausen. "Estavamos a fazer o que queriamos fazer. Stefan poupara o equipamento. Eramos o primeiro Penske a liderar este ano e tambem o primeiro Mercedes a liderar. Não nos compensa mas ao menos dá-nos muita confiança para o futuro."

O abandono de Johansson mudou de novo o foco para a briga pelo comando. Andretti afrouxara, permitindo que Tracy se aproximasse demasiado. Depois de se mostrar durante uma volta, Tracy colocou-se ao lado de Andretti na The Esplanade antes de assumir pela primeira vez o comando.

"Ele sabia que eu ia fazer aquela manobra sobre ele," disse Tracy. Ele sabia que tinha um problema e deu-me espaço."

"Ao vir para a corrida, eu estava um pouco preocupado com a nossa posição (de lagarda) no grid, mas depois do warm-up eu sabia que tinha um grande carro," continuou Tracy. "Só fizemos 10 minutos naquela sessão porque não quisemos desgastar o carro. Foi apenas um caso de poupança ao máximo — menos milhas com o motor, câmbio e freios foram a chave no fim da corrida."

"Nos estágios iniciais, eu apenas queria assegurar que não cometia nenhum erro. Era apenas uma questão de poupar o equipamento e não fazer algo estúpido."

"Sabem, eu não apreciava muito este lugar nos últimos dois anos. Não tinha muita sorte aqui. Mas agora claro que gosto!"

Andretti não tinha tanta certeza. O autor da pole modificou o seu estilo de condução, para levar em conta a ausência da segunda marcha, e pilotou brilhantemente para manter Rahal em 3º. Até à última volta. Entrando na rápida Foster's Chicane, esforçando-se por manter a sua vantagem, Andretti freou tarde, blocando os pneus traseiros e ficando finalmente sem espaço na saída. O impacto arrancou a traseira direita do seu carro.

"Eu estava a mesmo a forçar," disse um Andretti de crista baixa, " e isso apanhou-me."

Rahal escolheu o seu caminho por entre os destroços para reivindicar o seu segundo pódio , enquanto Pruett resistia a um derradeiro ataque do Reynard Hollywood de Mauricio Gugelmin para terminar em terceiro no Firestone Lola de Pat Patrick.

"Fizemos uma corrida limpa e mantivemo-nos fora dos problemas," resumiu Pruett. "O carro funcionava com a regularidade de um relógio."

Danny Sullivan beneficiou do acidente para terminar em quinto no segundo carro da PacWest. Foi uma boa recompensa para um fim de semana de trabalho duro . Unser igualmente perseverante, obteve o sexto lugar, seguido por Eddie Cheever (Lola-Ford Copenhagen) e Raul Boesel (Lola-Mercedes Duracell), que completaram o lote de pilotos não dobrados.

Michael C. Brown

BREVES

• Uma prestação muito decepcionante em Miami levou a Marlboro Team Penske a reajustar a sua agenda antes de Surfers Paradise. Deste modo, enquanto os três carros eram despachados no voo charter programado desde Indianápolis, um PC24 era enviado numa missão especial para o Firebird Speedway, no Arizona, onde Emerson realizou três dias de testes. Um dos PC23 do ano passado foi também utilizado para efeitos de comparação. A sessão confirmou a crença do projetista Nigel Bennett no novo carro, que foi então levado por estrada para Los Angeles e enviado por avião separadamente para Queensland.

• Imediatamente a seguir aos hinos nacionais durante as cerimónias anteriores à corrida, uma passagem de quatro caças F16 constituíram uma homenagem espetacular ao popular piloto local Gregg 'Harry' Hansford, que uma semana antes tinha falecido tragicamente num acidente durante um corrida de turismo em Phillip Island.

• Os rookies brasileiros Gil de Ferran e Christian Fittipaldi pareciam ambos ter alcançado a pole na tarde de sábado, até que as suas esperanças foram destroçadas por motores quebrados. As suas reações individuais variaram um pouco. Enquanto Fittipaldi (abaixo), indignado, jogou o seu volante para fora do carro e caminhou furioso de regresso aos boxes, De Ferran (ao lado) calmamente falou via rádio para a sua equipe, depois ajudou os comissários a moverem o seu carro quebrado para local seguro. Ato de classe.

• A rápida Foster's Chicane, adjacente ao Oceano Pacífico Sul na Main Beach Parade (ver pág. anterior) foi modificado para a corrida deste ano, com a aproximação estreitada numa tentativa de diminuir os riscos. Além disso, o muro de pneus na saída foi afastado para trás. "Fizeram um bom trabalho," louvou o pole Andretti. "Eles alcançaram o seu objetivo, que era torná-lo mais seguro. Agora não temos um muro de cimento a olhar para a nossa cara." As alterações possibilitaram que os concorrentes da frente negociassem a sequência esquerda-direita-esquerda em terceira em vez de quarta.

• O progresso de Robby Gordon nos minutos finais da última sessão de qualificação foi contrariado por um acidente com Alessandro Zanardi. Um Gordon irado prontamente "mostrou o dedo" ao italiano e o gesto foi gravado para a posteridade pela sua câmera de bordo. A disposição de Gordon ainda ficou pior quando soube que tinha sido multado pelos comissários da Indy Car em US$5.000 por "conduta anti-desportiva."

• A prestação de Michael Andretti ao se qualificar na pole dilatou o seu recorde de largadas da primeira fila sempre que visita a Gold Coast. Michael foi pole em 1991, enquanto que em 1992 e 1994 foi o segundo mais rápido na qualificação. "Eu gosto do traçado da prova," disse Michael. "Porque nós podemos realmente atacá-lo e isso é recompensado nos tempos das voltas."

PPG INDY CAR WORLD SERIES • 2ª PROVA

INDY CAR AUSTRALIA

SURFERS PARADISE STREET CIRCUIT, QUEENSLAND, AUSTRALIA

19 DE MARÇO, 65 VOLTAS – 293,311 KM

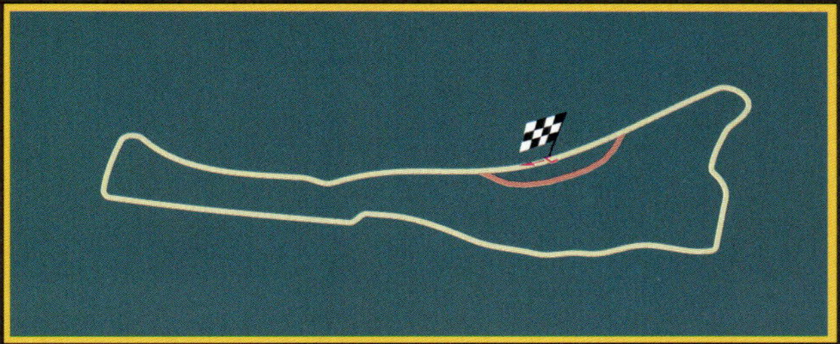

Clas.	Piloto (Nac.)	Nº.	Equipe/Patrocinadores/Carro-Motor	Pneus	Vel. Qlf.	Tempo Qlf.	Pos.	Voltas	Tempo/Causa	Méd. km/h	Pts.
1	Paul Tracy (CDN)	3	Newman-Haas *Kmart/Budweiser* Lola T95/00-Ford	GY	166,273	1m 37,700s	9	65	1h 58m 26,054s	148,595	20
2	Bobby Rahal (USA)	9	Rahal/Hogan *Miller Genuine Draft* Lola T95/00-Mercedes	GY	165,574	1m 38,113s	13	65	1h 58m 33,037s	148,448	16
3	Scott Pruett (USA)	20	Patrick Racing *Firestone* Lola T95/00-Ford	FS	165,668	1m 38,057s	11	65	1h 58m 37,760s	148,350	14
4	Mauricio Gugelmin (BR)	18	PacWest Racing Group *Hollywood* Reynard 95I-Ford	GY	166,101	1m 37,802s	10	65	1h 58m 39,601s	148,311	12
5	Danny Sullivan (USA)	17	PacWest Racing Group Reynard 95I-Ford	GY	164,525	1m 38,738s	19	65	1h 58m 45,188s	148,196	10
6	Al Unser Jr. (USA)	1	Marlboro Team Penske Penske PC24-Mercedes	GY	167,517	1m 36,975s	3	65	1h 59m 01,331s	147,860	8
7	Eddie Cheever (USA)	14	A.J. Foyt *Copenhagen Racing* Lola T95/00-Ford	GY	164,857	1m 38,539s	17	65	1h 59m 03,314s	147,819	6
8	Raul Boesel (BR)	11	Rahal/Hogan *Duracell Charger* Lola T95/00-Mercedes	GY	163,572	1m 39,313s	21	65	1h 59m 10,580s	147,669	5
9	Michael Andretti (USA)	6	Newman-Haas *Kmart/Caltex Havoline* Lola T95/00-Ford	GY	167,871	1m 36,770s	1	64	Acidente		6
10	*Eliseo Salazar (RCH)	7	Dick Simon *Cristal/Mobil 1/Copec* Lola T95/00-Ford	GY	162,642	1m 39,881s	23	64	Em prova		3
11	Hiro Matsushita (J)	25	Arciero-Wells *Panasonic/Duskin* Reynard 94I-Ford	FS	158,870	1m 42,253s	26	62	Em prova		2
12	Dean Hall (USA)	99	Dick Simon Racing *Subway* Lola T95/00-Ford	GY	159,913	1m 41,586s	25	61	Em prova		1
13	Teo Fabi (I)	33	Forsythe *Combustion Engineering/Indeck* Reynard 95I-Ford	GY	167,240	1m 37,135s	5	60	Em prova		
14	Robby Gordon (USA)	5	Walker *Valvoline/Cummins Special* Reynard 95I-Ford	GY	165,301	1m 38,275s	15	59	Probl. elétricos		
15	Bryan Herta (USA)	4	Ganassi *Target/Scotch Video* Reynard 94I-Ford	GY	164,749	1m 38,604s	18	58	Suspensão		
16	*Gil de Ferran (BR)	8	Hall Racing *Pennzoil Special* Reynard 95I-Mercedes	GY	166,883	1m 37,343s	6	54	Acidente		
17	Stefan Johansson (S)	16	Bettenhausen *Alumax Aluminum* Penske PC23-Mercedes	GY	166,373	1m 37,642s	7	53	Transmissão		
18	Emerson Fittipaldi (BR)	2	Marlboro Team Penske Penske PC24-Mercedes	GY	167,308	1m 37,096s	4	52	Probl. elétricos		
19	Alessandro Zampedri (I)	34	Payton-Coyne *The Mi-Jack Car* Lola T94/00-Ford	FS	163,862	1m 39,138s	20	51	Em prova		
20	Jacques Villeneuve (CDN)	27	Team Green *Player's Ltd*, Reynard 95I-Ford	GY	167,633	1m 36,908s	2	38	Transmissão		
21	Buddy Lazier (USA)	64	Project Indy *Phos/Conrad Jupiters* Reynard 94I-Ford	GY	162,044	1m 40,250s	24	32	Transmissão		
22	Eric Bachelart (B)	19	Payton-Coyne *The Agfa Car* Lola T94/00-Ford	FS	164,870	1m 38,532s	16	31	Transmissão		
23	*Andre Ribeiro (BR)	31	Tasman Motorsports *LCI International* Reynard 95I-Honda	FS	163,510	1m 39,352s	22	23	Transmissão		
24	Jimmy Vasser (USA)	12	Ganassi *Target/STP* Reynard 95I-Ford	GY	167,069	1m 37,653s	8	19	Transmissão		
25	*Christian Fittipaldi (BR)	15	Walker *Marlboro/Chapeco Special* Reynard 95I-Ford	GY	165,460	1m 38,180s	14	11	Transmissão		
26	Adrian Fernandez (MEX)	10	Galles *Tecate/Quaker State* Lola T95/00-Mercedes	GY	165,665	1m 38,059s	12	3	Acidente		

* piloto Rookie (estreante)

Bandeiras amarelas: Volta 1, não largou; voltas 4–6, acidente/Fernandez; voltas 26–27, rebocado/Hall e Lazier; voltas 55–56, acidente/de Ferran. ***Total:*** quatro em 8 voltas.

Lideres: Michael Andretti, 1–41 (41 voltas); Stefan Johansson, 42–47 (6 voltas); Andretti, 48–57 (10 voltas); Paul Tracy, 58–65 (8 voltas). ***Totais:*** Andretti, 51 voltas; Tracy, 8 voltas; Johansson, 6 voltas.

Volta mais rápida: Michael Andretti, 1m 37,564s, 165,505 km/h, na 40ª volta.

Classificações no campeonato: **1** Rahal, 30; **2** Gugelmin, 28; **3** Pruett, 26; **4** Villeneuve e Tracy, 20; **6** Sullivan, 14; **7** Boesel, 13; **8** C. Fittipaldi, 10; **9** Unser e Andretti, 8; **11** Cheever e Danner, 6; **13** Vasser, 5; **14** Herta e Salazar, 3; **16** Matsushita, Fernandez e Hall, 2.

1 – GORDON | 2 – ANDRETTI | 3 – E. FITTIPALDI

PHOENIX

Dramática primeira vitória de R. Gordon

Robby Gordon amaldiçoou a sua sorte durante 60 voltas. O californiano, de 26 anos, começara bem, subindo rapidamente de nono para quinto antes de perder o equilíbrio delicado no Reynard-Ford Cosworth Valvoline Cummins da Derrick Walker e perdendo uma volta para os líderes.

Mas Gordon não estava acabado. As caraterísticas de estabilidade do carro foram transformadas por uma sagaz mudança de asa durante o primeiro pit stop. Em poucas voltas Gordon tinha passado Paul Tracy por fora na Curva Quatro para se recolocar na mesma volta do líder. Ele estava a caminho do comando.

Um evento repleto de ação viu 11 mudanças de líder entre cinco pilotos diferentes. Primeiro, o pole Bryan Herta controlou as fases iniciais antes de Tracy e seu colega da equipe Newman-Haas assumirem o comando. Emerson Fittipaldi foi o seguinte a fazer valer a sua mão, e enquanto a corrida atingia seu climax, o campeão PPG de 1989 parecia preparado para alcançar a primeira vitória da temporada para ele próprio e para a Marlboro Team Penske.

Então foi a vez de Fittipaldi rogar pragas. O seu motor Mercedes-Benz/Ilmor estava ficando desesperadamente sem combustível. Quando faltavam seis voltas, o veterano brasileiro foi forçado a renunciar à sua vantagem ao fazer um rápido pit stop para reabastecer.

Gordon, entretanto, tinha demonstrado a sua habitual energia ao atacar, invertendo a ordem. Ele foi auxiliado pelo fato da equipe de Andretti ter acreditado erroneamente que o seu homem ainda detinha uma volta de avanço sobre o Reynard nº5. Na altura que a Newman-Haas se apercebeu do seu erro, Gordon já passara e se distanciara. Foi assegurada uma dramática estreia vitoriosa na Indy Car.

Fotos: Michael C. Brown

Robby Gordon obteve a primeira vitória da sua carreira na Indy Car num estilo fanfarrão, atacando detrás através do pelotão depois de ter perdido uma volta no início.

Emerson Fittipaldi (ao lado) parecia preparado para assegurar a vitória até que um pit stop para reabastecer lhe custou a liderança quando só faltavam seis voltas.

QUALIFICAÇÃO

A natureza intensamente competitiva do Campeonato PPG deste ano foi exemplificada perfeitamente durante os treinos no Phoenix International Speedway. Três pilotos diferentes emergiram no topo das tabelas de tempos durante tantas sessões de treinos, enquanto não menos de 23 ficaram dentro de uma fração superior a um segundo do mais rápido, Jacques Villeneuve, que no sábado de manhã se tornou o primeiro piloto a baixar oficialmente a barreira dos 20 s.

Villeneuve repetiu o seu feito anterior durante uma excitante sessão de qualificação com o Reynard-Ford da equipe Green's Player Ltd, somente para Emerson Fittipaldi assegurar a pole provisória com um excelente 19,957 no seu Marlboro Penske-Mercedes.

"O carro estava melhor do que nesta manhã," disse Fittipaldi, sorrindo enquanto saia do seu carro. "Fizemos algumas boas alterações e elas resultaram mesmo bem."

O segundo-anista Bryan Herta não se impressionou com o resultado do veterano. Poucos minutos depois, enquanto Fittipaldi ainda era felicitado pela sua equipe, o jovem talentoso fazia uns sensacionais 19,785 no Target/Scotch Video Reynard-Ford da Chip Ganassi.

"As boas notícias são que sou pole," disse Herta mal recuperou o seu fôlego. "As más notícias são que eu tive de suar enquanto outros 22 indivíduos me tentaram derrubar."

As notícias ainda melhores eram que ninguém foi capaz de o fazer. "Estou um pouco surpreendido com o tempo da volta," admitiu o piloto de 24 anos depois de assegurar a sua primeira pole na Indy Car. "Sabia que tinha de estar nos 19s, porque era mais rápido nas Curvas Três e Quatro do que de manhã, quando atingi o patamar dos 20 segundos, mas não estava à espera de 19,7."

"O (engenheiro de corrida) Morris (Nunn) aumentou um ponto na asa dianteira do carro mesmo antes de sairmos para a qualificação. Era mesmo o que precisavmos. Isso foi a chave."

O duo da Newman-Haas liderou o contingente Lola em quarto e quinto, enquanto Scott Pruett também correu fortemente no Lola-Ford da Patrick Racing, calçado com Firestone. O colega de Herta, Jimmy Vasser, dominou um carro subesterçante em excesso para o seu gosto para ser 7º no grid no Target/STP Reynard-Ford da Chip Ganassi.

Gil de Ferran teve a honra de ser o rookie mais rápido, 10º no Pennzoil Reynard-Mercedes, após André Ribeiro ter sido incapaz de igualar o andamento que demonstrara durante a sessão livre com o LCI Reynard-Honda de Steve Horne. No global, não

Como tantas vezes acontece em provas nos avais, os pit stops têm um papel primordial no resultado da corrida. Enquanto Bobby Rahal vai parando no seu box, o eventual vencedor, Robby Gordon, arranca depois de ter reabastecido. À sua frente, Maurício Gugelmin e Dean Hall avançam para o fim da pista dos boxes.

menos de 18 pilotos bateram o recorde de Paul Tracy nesta pista, estabelecido durante as qualificações em 1994.

CORRIDA

Quaisquer nervos que Herta possa ter sentido antes da largada foram mantidos bem sob controlo enquanto ele liderou o pelotão de 27 carros para a Curva Um. Fittipaldi manteve-se respeitosamente atrás, enquanto os dois Newman-Haas, Tracy e Andretti, ultrapassavam rapidamente Villeneuve, que mais tarde confessou à sua equipe que se "esquecera" de trocar as marchas!

Herta continuou a liderar até que foi forçado a sair da trajetória enquanto procurava dobrar um relutante Eddie Cheever no Copenhagen Lola-Ford da A.J. Foyt. Tracy tirou partido ao irromper por fora nas Curvas Um e Dois na volta 28; mas o canadense também não foi capaz de passar Cheever. Na vez seguinte, Herta logrou restabelecer o equilíbrio.

Andretti e Fittipaldi juntaram-se ao divertimento e travaram uma renhida batalha a quatro pela liderança, e não durou muito para Andretti assumir o comando.

As luzes avisadoras amarelas acenderam-se pouco depois pela primeira vez quando o progresso de Ribeiro através do tráfego foi interrompido quando perdeu o controlo e embateu na Curva Dois.

Um longo período de bandeiras amarelas foi necessário enquanto os destroços eram limpos, durante o qual a ascensão de Al Unser Jr. de 17º no grid para 8º foi detida por um problema elétrico. O Marlboro Penske nº1 perdeu três voltas no box enquanto as reparações eram efetuadas.

Herta também foi literalmente

Herta deixa a sua marca

Bryan Herta chamou primeiro a atenção aos proprietários das equipes de Indy Car em 1993, quando rumou para uma clara vitória no Campeonato Firestone Indy Lights com o Tasman Motorsports Group de Steve Horne. Antes disso, porém, Herta tinha adquirido uma bem sucedida base em kart para vencer o título de Fórmula Ford, ao que se seguiu a conquista do ceptro da Barber Saab Pro Series em 1991.

Herta não foi capaz de fazer uma graduação direta para a Indy Car, mas quando a A.J. Foyt procurou um substituto para Davy Jones antes da Indianapolis 500 em 1994, a escolha recaiu sobre Herta. Era uma manobra astuta. Herta obteve um excelente 9º lugar na sua estreia, depois somou fortes prestações nos pontos em Milwaukee e Detroit. A sua carreira começava a levantar voo.

Tragicamente, Herta teve depois um violento acidente durante as sessões livres para a corrida de Toronto, quebrando a pélvis e a coxa direita, o que o manteve afastado até ao final da temporada.

Foyt prometeu ter um carro pronto para Herta mal ele se restabelecesse totalmente, mas entretanto foi oferecido a Herta um lugar na equipe de Chip Ganassi apoiada pela Target/Scotch Video.

Herta retribuiu a confiança depositada nele ao conquistar a pole em Phoenix na sua 8ª participação na Indy Car e a sua 3ª pela Ganassi. Foi também a 1ª pole para a Reynard Racing Cars.

"A equipe está a trabalhar bem," disse Herta, cuja pole ajudou a expiar um mau início de temporada. "Eu e o Jimmy (Vasser) temos uma boa comunicação e estilos de pilotagem similares. Examinamos o que o Team Penske fez no ano passado e vimos que precisavamos de trabalhar conjuntamente para tirarmos o máximo dos nossos carros."

Herta também prestou homenagem ao seu engenheiro de corrida, Morris Nunn (abaixo).

"Eu submeto-me muitas vezes à experiência de Morris," afirmou Herta, que estabeleceu uma boa reputação pelas suas informações técnicas. "Eu tento dar-lhe o máximo de informação, e depois, deixo-o tomar as decisões."

Fotos: Michael C. Brown

Michael C. Brown

atingido por problemas, quando ele passou por cima de um dos tubos de ar da equipe Penske durante o seu subsequente pit stop. A penalização stop & go a que foi obrigado relegou-o para o fim do pelotão. Herta continuou a fazer uma boa corrida, somente para o seu Reynard Target/Scotch perder andamento quando um destroço penetrou o fundo do carro e roubou-lhe carga aerodinâmica.

"É terrivelmente decepcionante," disse Herta, "mas também é encorajador porque sei como poderiam ter sido as coisas."

Tracy e Andretti lutaram duro pela liderança durante mais de 20 voltas depois do reinício. Villeneuve, Fittipaldi e um impressionante Pruett também estiveram na briga. O rookie De Ferran fazia uma boa corrida, colado na traseira de Pruett e depressa iria ser seguido por Gordon, que recuperara uma volta e rapidamente abriu caminho pelo pelotão. De fato, entre as voltas 69 e 81, Gordon subiu espetacularmente de 12º para 7º.

"Tenho de dar crédito a Rob Edwards e Damon Chandler (os engenheiros)," disse Gordon. "Tivemos um carro ótimo no início da corrida, mas depois ficou solto. Eu sabia que estavamos em dificuldades, mas tivemos sorte quando Ribeiro bateu e fomos capazes de fazer um ajuste nos boxes. Tiramos carga da asa dianteira. Então o carro ficou excelente."

A corrida continuou a um ritmo rápido, e quando Tracy começou a atrasar-se, devido ao carro se ter tornado demasiado subesterçante, Fittipaldi ultrapassou-o para desafiar Andretti para a liderança. A diferença entre os líderes variou de acordo com a frequência com que se depararam com retardatários até que, na 105ª volta, Fittipaldi foi capaz de abrir caminho para passar.

Outra bandeira amarela possibilitou a todos os líderes fazerem pit stops. Mais uma vez houve uma ligeira alteração na ordem. A equipe da Newman-Haas não tinha conseguido chamar Andretti com rapidez suficiente, por isso ele foi obrigado a completar uma volta extra antes de trazer o Kmart/Havoline nº6 ao pit lane para o reabastecimento. Na altura em que regressou, Andretti tinha baixado para 5º, atrás de Fittipaldi, Tracy, Pruett e Villeneuve. Gordon, em 6º, também permaneceu na volta do líder. Todos os outros, liderados por Raul Boesel (Lola-Mercedes Duracell) e De Ferran, que, infelizmente, tinha feito um pit stop antes da bandeira amarela, tinham pelo menos uma volta de atraso.

As esperanças de Pruett numa primeira vitória na Indy Car sofreram um golpe cruel quando ele foi controversamente penalizado por passar Mauricio Gugelmin, que já tinha algumas voltas de atraso, na saída dos boxes. Os veementes protestos da equipe Patrick cairam em saco vazio, por isso Pruett foi obrigado a fazer um stop & go na volta 135. Ele baixou de 3º para 6º.

A penalização elevou Gordon um lugar mais. Depois ultrapassou Villeneuve para quarto. O seguinte à frente dele era Andretti.

Tracy, entretanto, tendo aliviado Fittipaldi da liderança numa manobra carateristicamente arrojada no reinício anterior, depressa teve de se inclinar perante o equilíbrio superior do Penske. Fittipaldi prosseguiu para tomar conta da corrida. Em 15 voltas, ele dilatara a vantagem para mais de seis segundos. Mais tarde, a seguir a outro breve período de bandeiras amarelas quando De Ferran rodou na Curva Dois — incrivelmente sem bater — Fittipaldi mais uma vez alargou o que parecia ser uma vantagem segura.

Por agora, a maioria dos líderes estavam bem na fase de poupança de combustível. Tendo reabastecido na 114ª volta (e Andretti na 115ª), enfrentaram a necessidade de fazerem 138 km com tanque cheio de forma a puderem cruzar a linha de chegada. Caso contrário teriam de fazer um pit stop extra. Seria à justa.

Os Ford Cosworth puderam cumprir a distância sem dramas. O Mercedes/Ilmor de Fittipaldi não.

"Fizemos todos os cálculos repetidamente," disse o engenheiro de corrida de Fittipaldi Tom Brown, "mas de cada vez obtinhamos o mesmo resultado: ele não iria conseguir."

A equipe esperou e rezou por mais um período de bandeiras amarelas, que poderia ter feito toda a diferença. Mas não houve. Finalmente, na 194ª volta, com apenas seis para o final, Fittipaldi submeteu-se ao inevitável. Ele parou durante alguns segundos e a equipe bombeou alguns litros, mas o atraso fê-lo baixar para 3º, sem tempo suficiente para recuperar.

"Não sei por que queimavamos mais combustível — o carro estava a trabalhar tão bem," disse Fittipaldi, ainda sorrindo apesar da intensa frustração. "Fiquei surpreendido por ter de ir ao box novamente. Esperava que os outros também tivessem de reabastecer. É uma pena porque hoje tive um dos melhores carros de sempre; mas estou muito satisfeito porque estamos outra vez no caminho certo. Hoje fomos muito competitivos. Todos os testes deram fruto e o carro é muito resistente."

O último pit stop de Fittipaldi deveria ter assegurado a vitória a Andretti. Infelizmente sua equipe falhou a transmissão da notícia que Gordon, que se tinha aproximado nos seus espelhos, estava prestes a brigar.

Andretti pensou que estava firme em segundo, sem nenhuma pressão detrás. Assim, quando encontrou um grupo de carros lentos a menos de dez voltas do final, a primeira preocupação de Andretti foi negociar com o tráfego sem problemas.

"Não sabia que o Robby estava colado na minha traseira," contou Andretti. "Pensei que ele ainda tinha uma volta de atraso porque antes lhe tinhamos ganho uma volta. Estava a ser cauteloso — um cauteloso demais. Quando fiquei atrás de dois carros mais lentos tive de andar numa parte suja da pista e aí ele passou-me."

Ironicamente, na zona da box da Newman-Haas, o pai de Michael, Mario, apercebeu-se bem da situação real. Mas os seus avisos passaram despercebidos. Mario foi incapaz de transmitir a mensagem ao seu filho. E, pessoal, ele estava furioso!

Só quando Fittipaldi entrou para os boxes duas voltas depois, a situação tornou-se num descalabro. Gordon estava agora na frente. Andretti permanecia segundo.

"É um pouco frustrante," disse Michael, com uma sobriedade admirável. "Precisamos de trabalhar um pouco mais a nossa comunicação."

Andretti dirigiu como se a sua vida dependesse disso nas voltas finais, aproximando-se até 0,788 s na linha de chegada, mas foi incapaz de impedir Gordon de reivindicar uma magnífica vitória, alcançada vindo de trás — a sua primeira na Indy Car.

"Não posso acreditar que finalmente aconteceu," afirmou um exultante Gordon. "A primeira é sempre a mais dura das vitórias. Esta vitória alivia-me de muita pressão e é excelente para a equipe e para os nossos patrocinadores."

Atrás de Andretti e Fittipaldi, Tracy trouxe o seu carro fugindo de frente ao 4º lugar, tendo resistido aos ataques de Pruett e Villeneuve na fase final. Pruett, porém, após uma boa prestação, foi forçado a ir ao box na 176ª volta, a seguir a um toque na traseira do carro de Tracy na Curva Um. O impacto torceu um braço de direção no carro Firestone nº 20, mas Pruett persistentemente regressou à briga com duas voltas de atraso e alcançou valiosos pontos para a Copa PPG ao terminar em nono.

"O carro esteve fabuloso todo o dia," disse Pruett. "Só desejava que Paul me tivesse dado um pouco mais de espaço. Estou desapontado com o desenrolar dos acontecimentos. O carro estava bastante bom para terminar entre os dois primeiros, senão mesmo ganhar."

Al Unser Jr. observa pelo espelho o progresso enquanto a sua bem treinada equipe de box reabastece o seu Penske-Mercedes. O campeão em título da PPG perdeu três voltas enquanto uma falha elétrica era retificada e não pode terminar em melhor do que oitavo.

BREVES

• A Newman-Haas Racing apareceu em Phoenix com uma implantação distintiva da asa dianteira para o seu par de Lolas. O conceito foi desenvolvido pelo aerodinamista Dr. Mark Handford, seguido de um extenso (e exclusivo) trabalho no túnel de vento de Farnborough, em Inglaterra. As asas assemelham-se aquelas introduzidas há vários anos no bem eficaz Tyrrell 019 de Fórmula 1, o que não é surpresa, visto que Farnborough também desempenhou um papel importante no desenho daquele carro.

• O warm-up foi interrompido quando Stefan Johansson embateu fortemente na Curva Três. O sueco tinha-se debatido para encontrar um equilíbrio consistente no seu Alumax Penske PC23 e foi surpreendido quando a traseira se soltou repentinamente. Johansson, felizmente, saiu abalado, mas ileso. Ele tomou sua posição no grid depois da sua equipe ter preparado o carro reserva.

• Os populares antigos vencedores de PIR Roberto Guerrero (acima) e Arie Luyendyck fizeram um bom regresso à Copa PPG. Guerrero fez uma corrida consistente para teminar em 16º no Reynard 94I-Mercedes da Pagan Racing, que contava com a fidelidade da Upper Deck e tambem da General Components, enquanto que Arie Luyendyck, com o apoio da Marlboro e WavePhore, se classificou num modesto 25º num dos Lola-Fords da Dick and Dianne Simon.

• Tendo realizado testes de pré-temporada no PIR, durante os quais estabeleceu um tempo não oficial de 19,77s, Robby Gordon ficou perplexo no sábado de manhã depois de ter sido incapaz de encontrar um bom equilíbrio no seu Reynard. Como causa dos seus problemas acabou por se descobrir um defeituoso indicador da pressão dos pneus.

• A última versão Série II do motor Ford Cosworth XB fez uma prometedora estreia pública. Às equipes Newman—Haas e a Target/Chip Ganassi foram confiadas as últimas motorizações, assegurando Bryan Herta a pole com um novo recorde de pista de 292,815 km/h. O SII fora submetido a apenas 645 km de testes antes do fim de semana da corrida, e por este motivo só foi utilizado durante as sessões livres e de qualificação.

• Os colegas de equipe da Rahal/Hogan, Bobby Rahal e Raul Boesel estiveram entre os mais rápidos durante os treinos de 6ª feira mas, curiosamente, nunca mais sobressairam. Este duo desapontou por se qualificar somente em 8º (Boesel) e 14º (Rahal), enquanto ambos se debateram com carros muito instáveis na corrida. Bobby Rahal (abaixo) também perdeu a sua liderança na Copa PPG quando o seu motor Mercedes expirou na corrida.

• Robby Gordon foi o sexto piloto a obter a 1ª vitória da sua carreira em Phoenix, juntando-se a G. Bettenhausen (1968), G.Follmer (1969), S. Savage (1970), K. Cogan (1986) e R. Guerrero (1987).

Fotos: Michael C. Brown

PPG INDY CAR WORLD SERIES • 3ª PROVA

SLICK 50 200 PRESENTED BY LCI INTERNATIONAL

PHOENIX INTERNATIONAL RACEWAY, PHOENIX, ARIZONA

2 DE ABRIL, 200 VOLTAS – 321,860 KM

Clas.	Piloto (Nac.)	Nº.	Equipe/Patrocinadores Carro-Motor	Pneus	Vel. Qlf.	Tempo Qlf.	Pos.	Voltas	Tempo/Causa	Méd. km/h	Pts.
1	**Robby Gordon (USA)**	**5**	**Walker *Valvoline/Cummins Special* Reynard 95I-Ford**	**GY**	**287,756**	**20,133s**	**9**	**200**	**1h 29m 33,930s**	**215,614**	**20**
2	**Michael Andretti (USA)**	**6**	**Newman-Haas *Kmart/Texaco Havoline* Lola T95/00-Ford**	**GY**	**288,887**	**20,055s**	**5**	**200**	**1h 29m 34,719s**	**215,581**	**16**
3	**Emerson Fittipaldi (BR)**	**2**	**Marlboro Team Penske Penske PC24-Mercedes**	**GY**	**290,295**	**19,957s**	**2**	**200**	**1h 29m 38,878s**	**215,416**	**15**
4	**Paul Tracy (CDN)**	**3**	**Newman-Haas *Kmart/Budweiser* Lola T95/00-Ford**	**GY**	**288,974**	**20,049s**	**4**	**200**	**1h 29m 42,776s**	**215,260**	**12**
5	**Jacques Villeneuve (CDN)**	**27**	**Team Green *Player's Ltd,* Reynard 95I-Ford**	**GY**	**289,764**	**19,994s**	**3**	**200**	**1h 29m 43,706s**	**215,223**	**10**
6	**Raul Boesel (BR)**	**11**	**Rahal/Hogan *Duracell Charger* Lola T95/00-Mercedes**	**GY**	**287,844**	**20,127s**	**8**	**198**	**Em prova**		**8**
7	**Teo Fabi (I)**	**33**	**Forsythe *Combustion Engineering/Indeck* Reynard 95I-Ford**	**GY**	**284,408**	**20,370s**	**16**	**198**	**Em prova**		**6**
8	**Al Unser Jr. (USA)**	**1**	**Marlboro Team Penske Penske PC24-Mercedes**	**GY**	**284,264**	**20,381s**	**17**	**197**	**Em prova**		**5**
9	**Scott Pruett (USA)**	**20**	**Patrick Racing *Firestone* Lola T95/00-Ford**	**FS**	**287,997**	**20,117s**	**6**	**197**	**Em prova**		**4**
10	***Christian Fittipaldi (BR)**	**15**	**Walker *Marlboro/Chapeco Special* Reynard 95I-Ford**	**GY**	**281,288**	**20,596s**	**19**	**195**	**Em prova**		**3**
11	***Gil de Ferran (BR)**	**8**	**Hall Racing *Pennzoil Special* Reynard 95I-Mercedes**	**GY**	**287,695**	**20,138s**	**10**	**195**	**Em prova**		**2**
12	**Adrian Fernandez (MEX)**	**10**	**Galles *Tecate/Quaker State* Lola T95/00-Mercedes**	**GY**	**286,855**	**20,197s**	**12**	**195**	**Em prova**		**1**
13	**Mauricio Gugelmin (BR)**	**18**	**PacWest Racing Group *Hollywood* Reynard 95I-Ford**	**GY**	**287,135**	**20,177s**	**11**	**194**	**Em prova**		
14	Eddie Cheever (USA)	14	A.J. Foyt *Copenhagen Racing* Lola T95/00-Ford	GY	283,911	20,406s	18	194	Em prova		
15	*Eliseo Salazar (RCH)	7	Dick Simon *Cristal/Mobil 1/Copec* Lola T95/00-Ford	GY	275,055	21,063s	23	192	Em prova		
16	Roberto Guerrero (USA)	21	Pagan *Upper Deck/General Components* Reynard 94I-Mercedes	GY	271,230	21,360s	25	190	Em prova		
17	Dean Hall (USA)	99	Dick Simon Racing *Subway* Lola T95/00-Ford	GY	276,740	20,935s	22	189	Em prova		
18	Eric Bachelart (B)	19	Payton-Coyne *The Agfa Ca*r Lola T94/00-Ford	FS	271,211	21,361s	26	188	Em prova		
19	Alessandro Zampedri (I)	34	Payton-Coyne *The Mi-Jack Car* Lola T94/00-Ford	FS	267,770	21,636s	27	185	Em prova		
20	Bryan Herta (USA)	4	Ganassi *Target/Scotch Video* Reynard 95I-Ford	GY	292,815	19,785s	1	170	Estabilidade		1
21	Bobby Rahal (USA)	9	Rahal/Hogan *Miller Genuine Draft* Lola T95/00-Mercedes	GY	284,983	20,329s	14	160	Motor		
22	Hiro Matsushita (J)	25	Arciero-Wells *Panasonic/Duskin* Reynard 94I-Ford	FS	271,841	21,312s	24	143	Estabilidade		
23	Jimmy Vasser (USA)	12	Ganassi *Target/STP* Reynard 95I-Ford	GY	287,978	20,118s	7	131	Transmissão		
24	Stefan Johansson (S)	16	Bettenhausen *Alumax Aluminum* Penske PC23-Mercedes	GY	285,144	20,318s	13	112	Acidente		
25	Arie Luyendyk (NL)	22	Simon *Marlboro/WavePhore* Lola T95/00-Ford	GY	279,930	20,696s	20	71	Estabilidade		
26	***Andre Ribeiro (BR)**	**31**	**Tasman Motorsports *LCI International* Reynard 95I-Honda**	**FS**	**284,762**	**20,345s**	**15**	**38**	**Acidente**		
27	Danny Sullivan (USA)	17	PacWest Racing Group Reynard 95I-Ford	GY	278,776	20,782s	21	21	Freios		

** Piloto Rookie (estreante)*

Bandeiras amarelas: Voltas 39–55, acidente/Ribeiro; voltas 113–120, acidente/Johansson e Villeneuve; voltas 155–159, rodada/de Ferran. ***Total:*** três em 30 voltas.

Líderes: Bryan Herta, 1–27 (27 voltas); Paul Tracy, 28 (1 volta); Herta, 29–31 (3 voltas); Michael Andretti, 32–56 (25 voltas); Tracy, 57–71 (15 voltas); Andretti, 72–104 (33 voltas); Emerson Fittipaldi, 105–113 (9 voltas); Andretti, 114–115 (2 voltas); Fittipaldi, 116–121 (6 voltas); Tracy, 122–131 (10 voltas); Fittipaldi, 132–194 (63 voltas); Robby Gordon, 195–200 (6 voltas). ***Totais:*** Fittipaldi, 78 voltas; Andretti, 60 voltas; Herta, 30 voltas; Tracy, 26 voltas; Gordon, 6 voltas.

Volta mais rápida: Emerson Fittipaldi, 21,240s, 272,762 km/h, na 164ª volta.

Classificações no campeonato: **1** Tracy, 32; **2** Villeneuve, Rahal e Pruett, 30; **5** Gugelmin, 28; **6** Andretti, 24; **7** Boesel, 21; **8** Gordon, 20; **9** E, Fittipaldi, 15; **10** Sullivan, 14; **11** C, Fittipaldi e Unser, 13; **13** Fabi, Cheever e Danner, 6; **16** Vasser, 5; **17** Herta, 4; **18** Salazar e Fernandez, 3; **20** de Ferran, Matsushita e Hall, 2.

1 – UNSER | 2 – PRUETT | 3 – FABI

LONG BEACH

5ª Vitória de Al Unser Jr. nesta prova. Pruett lidera campeonato

O nome de Al Unser Jr. tornou-se sinônimo de sucesso no Toyota Grand Prix of Long Beach. Unser estabeleceu um recorde ao vencer o evento em quatro anos consecutivos com a Galles Racing, de 1988 a 1991, e de fato ele poderia facilmente ter obtido a 5ª vitória se o seu próprio colega, Danny Sullivan, não lhe tivesse tocado, originando uma rodada, enquanto Unser liderava a poucas voltas para o final em 1992. Um atrito com Nigel Mansell custou a Unser outra hipótese de vitória em 1993, enquanto no ano passado ele voltou a confirmar a sua superioridade nas ruas da Califórnia ao reivindicar a primeira de oito vitórias na temporada para a Marlboro Team Penske. Unser desse modo garantiu o seu lugar nos livros de recordes como o primeiro piloto em 16 anos de história da CART/IndyCar a vencer cinco corridas na mesma pista.

Agora são seis. Nas últimas oito. "É ótimo estar de volta," disse Unser, cuja temporada de 1995 começou mal com apenas um sexto e um oitavo nos três primeiros eventos. "Nós sabiamos a partir das primeiras corridas que os Lolas e os Reynards nos tinham apanhado, por isso todo o Marlboro Team Penske tem trabalhado duro." Michael Andretti, que começou mais uma vez da pole, caiu para nono depois de cometer dois erros, e Scott Pruett subiu de sexto para segundo durante as dramáticas etapas finais. Pruett ganhou desse modo a liderança na Copa PPG pela primeira vez na sua carreira.

Michael C. Brown

Mantendo o seu recorde impressionante de sucessos no circuito citadino de Long Beach, Al Unser Jr. deu ao Marlboro Team Penske a sua primeira vitória na temporada.

QUALIFICAÇÕES

Não há prêmios para adivinhar quem se impôs durante os treinos livres e de qualificação. Michael Andretti continuou a tendência que estabelecera durante as três primeiras corridas ao ser o mais rápido nas quatro sessões no Lola-Ford/Cosworth Kmart/Texaco Havoline da Newman-Haas Racing.

"Estamos satisfeitos com o carro," afirmou Andretti. "Penso que poderíamos ter sido mais rápidos no segundo jogo de pneus. Estabeleci o meu tempo na terceira volta com o primeiro jogo e depois fizemos uma modificação no carro quando colocamos o segundo jogo. Não era tão bom. Com esperança, podemos realmente melhorá-lo amanhã."

Trabalhando com o engenheiro Peter Gibbons, Andretti acertou de fato o carro mais ao seu gosto. Mas também o fizeram diversos outros pilotos, incluindo Paul Tracy, que subiu para o topo das tabelas na meia hora final da sessão qualificativa. Andretti, porém, era de longe o mais consistente. Virtualmente todas as suas voltas ficaram no segundo 52; nos momentos finais reclamou a pole com 52,482 s.

"O carro é confortável e não temos de nos sobredimensionar para dirigir o carro," disse ele. "É agradável ter a pole, mas amanhã é que conta."

Tracy ficou a menos de 0,1 s numa primeira linha Newman-Haas. O rookie Gil de Ferran fez outra prestação sensacional sendo terceiro no Reynard-Mercedes Pennzoil da Jim Hall. "É bastante satisfatório porque tentamos aprender o circuito e consequentemente melhorar o carro," disse De Ferran. "Isso diz muito da equipe. Cerca de 70% das nossas decisões têm sido boas, o que, acreditem-me, é muito bom."

Uma mola de válvula quebrada restringiu o progresso de Unser na 6ª feira, por isso ele esteve bem ao alcançar o 4º lugar na sessão final. "Ele não está totalmente contente, "sugeriu o engenheiro Terry Satchell, "mas está mais contente do que ontem.

Maurício Gugelmin manteve a forma em circuitos citadinos ao ser 5º no Reynard-Ford Hollywood/PacWest, seguido por Bobby Rahal, cujo Lola-Mercedes Miller Genuine Draft garantiu cinco combinações chassis-motores diferentes entre os seis primeiros. Todos menos Rahal melhoraram o recorde de Tracy de '94 de 52,780 s, com os 15 primeiros a um segundo do novo máximo de Andretti.

CORRIDA

Gugelmin deu a conhecer as suas intenções ao ser o mais rápido no warm-up com 53,258 s. Andretti, entretanto, teve um problema elétrico. O seu motor foi mudado a tempo para a corrida.

Sob o céu soalheiro da Califórnia, a primeira tentativa de largada foi abortada quando Tracy pisou no acelerador uma fração cedo demais. Foi completada mais uma volta extra a velocidade reduzida, onde uma multidão recorde bramiu as sua aprovação enquanto Andretti recebia as bandeiras verdes de Jim Swintal e encabeçava o pelotão de 28 carros ao longo da Shoreline Drive. A corrida começara.

O espantoso De Ferran fez uma largada soberba e, a 290 km/h, colocou o bico na frente dos pilotos da Newman-Haas na reta. Mas a sua inexperiência prejudicou-o na freada, com Andretti a mergulhar fundo na curva por dentro e Tracy a efetuar também uma ultrapassagem bem sucedida por fora. "Se tivesse sabido onde frear, poderia ter liderado a corrida," disse o brasileiro. "Mas freei cedo e Michael e Tracy passaram-me por ambos os lados."

Andretti e Tracy readquiriram desse modo a vantagem. De Ferran foi forçado a manter-se atrás, seguido por Unser, Gugelmin e Teo Fabi, cujo Reynard-Ford Combustion Engineering/Indeck passou Rahal na fase inicial da corrida.

A primeira mudança na liderança surgiu na 5ª volta, quando Unser realizou uma ultrapassagem audaciosa sobre De Ferran através da traiçoeira chicane da Curva Um-Dois-Três. A manobra começou quando Unser mergulhou por dentro, sob freada, no fim da Shoreline Drive. De Ferran não estava preparado para desistir da sua posição sem briga, por isso ele manteve a sua trajetória ao assegurar para si próprio a aproximação ideal à Curva Dois, para a esquerda. Unser então exibiu a sua própria determinação ao desafiá-lo por fora... o que lhe deu a trajetória favorável para a apertada Curva Três para a direita. Ali, finalmente, Unser pode completar a ultrapassagem.

Curiosamente, uma tentativa idêntica para superar Nigel Mansell custara a Unser a hipótese de vencer em 1993. Naquela ocasião, Mansell havia comprimido o seu adversário contra o muro. A suspensão de Unser ficara quebrada no impacto.

De Ferran estava impressionado: "Foi divertido disputar com ele. Ele deu-me imenso espaço. Foi uma corrida boa, limpa."

Unser então concentrou-se em Tracy, e, na 15ª volta, ele executou outra ultrapassagem perfeitamente ponderada na Curva Um.

Agora os líderes tinham começado a dobrar alguns retardatários e na vez seguinte perto do gancho da Curva Oito Tracy viu-se bloqueado atrás de um carro lento. De Ferran aproveitou-se bem e pode acelerar ao longo da parte mais rápida do circuito antes de assumir a liderança na Curva Um. Tracy, porém, claramente irritado depois de perder duas posições em tantas outras voltas, então tentou retaliar na Curva Três.

As etapas finais assitiram a uma batalha animada pelo segundo lugar. Eddie Cheever (Lola-Ford Copenhagen) afasta-se do Reynard Combustion Engineering/Indeck de Teo Fabi e do Lola Firestone de Scott Pruett.

Abaixo: Nenhuma margem para erros enquanto Gil de Ferran força caminho para passar o Reynard Hollywood de Mauricio Gugelmin. O novo recruta de Jim Hall dirigiu soberbamente até à colisão com Paul Tracy, terminando a sua corrida após 16 voltas.

A bandeira amarela proporcionou a primeira oportunidade para os pit-stops. Diversos pilotos, porém, optaram por não parar, incluindo Fabi e Pruett, que na altura passaram para a frente do pelotão.

A manobra de ultrapassagem mais significativa do dia deu-se no restart, quando Unser acompanhou Andretti ao longo da Shoreline Drive — na linha exterior — e logrou conquistar o 3º lugar com um exemplo magnífico de freada tardia. Mas meia dúzia de voltas depois, quando as bandeiras amarelas foram mostradas novamente para alertar da batida de Bryan Herta na Curva Sete, Unser assumiu o comando visto que Fabi e Pruett se dirigiram para o pit lane para reabastecer. Pouco depois, Andretti, que se queixou que o seu recém-instalado motor Ford Cosworth tinha pouca potência, também se viu atacado por Gugelmin. O brasileiro ultrapassara anteriormente Unser pela linha exterior da Shoreline Drive, e quando Andretti tentou retaliar na freada para a Curva Um, a asa do seu bico cortou o pneu traseiro direito do Hollywood Reynard de Gugelmin. O brasileiro conseguiu manter o lugar, até o pneu perder toda a sua pressão enquanto ele acelerava na saída do gancho da Curva Oito na volta seguinte. Foi um azar cruel. Na altura em que retornou, Gugelmin estava em 19º a uma volta.

Unser e Andretti continuaram o duelo pelo comando a meio da corrida. Eles raramente se separaram por mais de dois comprimentos de carro até à 54ª volta, quando Andretti pensou ver uma oportunidade para tirar vantagem de um carro mais lento na Seaside Way. Cada um dos dois líderes passou por um dos lados do Lola-Ford Subway de Dean Hall, sobre o qual Andretti, por fora, freou uma fração demasiado tarde para a Curva Sete e de imediato patinou em direção à escapatória.

Andretti voltou em 6º após a sua imprudência, deixando Unser a ficar sob a influência da pressão de Rahal. Tristemente, o desafio do tricampeão terminou na 78ª volta quando a transmissão do Lola ficou bloqueada. Emerson Fittipaldi então ascendeu ao 2º lugar e estava a aproximar-se do seu colega da Marlboro Penske-Mercedes até que o seu motor morreu dispendiosamente.

Jimmy Vasser (Reynard-Ford Target/STP) e Jacques Villeneuve (Reynard-Ford Player's Ltd.) também estiveram entre os seis primeiros antes de serem afligidos, respetivamente, por problemas de motor e transmissão. O evento prosseguiu como um incaracterístico fim de semana ruim para o Reynard-Ford Valvoline/Cummims de Robby Gordon que terminou com uma falha de motor.

Andretti pode reassumir o 2º lugar na 86ª volta. Mas quando se apercebeu que a vantagem diminuira (de 8 para 6 s) a apenas cinco voltas do fim — e apesar de estar em desvantegem com uma primeira marcha quebrada — Andretti decidiu dar tudo pela vitória. Enorme erro. De fato, na 100ª volta, Andretti blocou mais uma vez os freios na aproximação da Curva Sete. Desta vez ele perdeu uma volta.

Ao contrário de Unser, que tinha ganho uma posição a De Ferran ao entrar por fora na Curva Dois, Tracy meramente seguiu o brasileiro através da curva para a esquerda, então procedeu a um mergulho banzai para o interior na freada. Como era de prever, o Lola Kmart/-Budweiser enfiou o bico na traseira do Reynard Pennzoil de Ferran enquanto o brasileiro entrava inocentemente para a curva. Um momento depois, ambos os carros ficaram enfaixados contra o muro de pneus. E fora da corrida.

"Foi um acidente de corrida muito lamentável," resumiu o eloquente De Ferran com uma contenção admirável. "Foi num local estreito da pista e eu sabia que não havia espaço para nós os dois."

Fotos: Michael C. Brown

Fotos: Michael C. Brown

Abaixo: O novato na Indy Car Christian Fittipaldi observa e aprende enquanto persegue o seu experiente tio à volta do exigente circuito citadino. Ambos fizeram boas corridas, mas nenhum chegou ao fim.

"Forçei mesmo demais," admitiu Andretti. "Isto foi realmente decepcionante porque cometi um erro desnecessário no fim. Deveria ter apenas recolhido os pontos pelo segundo lugar em vez de procurar ganhar. Não o fiz e paguei por isso."

O erro de avaliação de Andretti deveria ter elevado Christian Fittipaldi para segundo, o jovem brasileiro tinha realizado uma corrida regular no Reynard-Ford Marlboro/Chapecó da Derrick Walker. Teve mesmo uma breve briga com o seu ilustre tio. Por fim também, foi atormentado por um problema de transmissão, prosseguindo até parar a apenas duas voltas do fim. Cheever poderia igualmente ter terminado em segundo, até que o seu Copenhagen Lola-Ford foi ultrapassado por Fabi e Pruett na 101ª volta. Fabi, porém, realizou a sua manobra sob bandeiras amarelas, incorrendo numa penalização stop & go.

Pruett tirou partido de Cheever ter sido forçado a sair da trajetória e passou momentos depois, ao abrigo do alcance daquela advertência localizada. O Lola-Ford Firestone do californiano foi 2º no final apesar de ter perdido tempo num demorado primeiro pit-stop. O vigilante de equipe Butch Winkle observara uma válvula de sangria de freios mal apertada enquanto ele mudava a roda traseira direita, e rapidamente agarrou numa chave inglesa para apertar o componente problemático.

"Não tenho a certeza do que dizer," disse um Pruett extasiado. "Terminar em segundo e liderar o campeonato, puxa, mal posso acreditar! A equipe fez um trabalho fantástico. O carro anda como um trem. Nunca falha um movimento."

Cheever parecia que ia ser 3º quando Fabi foi ao box para cumprir a penalização, até que a sua excelente prova terminar a quase 100 metros da linha de chegada. Ficara sem combustível!

Fabi por isso reassumiu o terceiro, enquanto Fabi se classificou no lugar imediato apesar de não ter feito a última volta. O 5º lugar foi para Gugelmin, que atacou bastante forte depois do seu atraso inicial e passou o Penske-Mercedes Alumax de Stefan Johansson a apenas seis voltas do final.

Feliz por estar de volta

A quarta classificação consecutiva nos dez primeiros de Scott Pruett no Firestone Lola-Ford/Cosworth da Pat Patrick permitiu-lhe pular para o topo da tabela da Copa PPG.

"Mais uma vez os pneus Firestone foram soberbos," disse Pruett depois de igualar a melhor classificação da sua carreira. "Fizemos muitas quilómetros de testes no ano passado, preparando-nos para a nova temporada, e obviamente está a resultar. Os engenheiros da Firestone fizeram um excelente trabalho e é uma maravilha ter uma equipe que está comigo a 100 por cento."

O californiano, de 35 anos, fez nome primeiro no karting, depois brilhou imediatamente quando fez a transição para os turismos da IMSA em meados dos anos 80. Ele prosseguiu vencendo campeonatos IMSA GTO e SCCA Trans-Am antes de investir o seu próprio dinheiro numa só corrida da Indy Car com a Dick Simon Racing no Long Beach Grand Prix de 1988.

A manobra resultou quando Pruett foi convidado para ingressar no ano seguinte na equipe Budweiser Truesports de Steve Horne, embora o seu progresso fosse interrompido por um terrível acidente durante os testes de inverno, onde uma falha completa de freios fez seu carro bater de frente contra o muro. Pruett ficou com as costas quebradas, além de lesões graves.

Incrivelmente, Pruett regressou desse desastre, e em 1994 foi escolhido pelo veterano proprietário de equipe de Indy Car Pat Patrick para conduzir um extenso programa de testes em nome da Bridgestone/Firestone. Ele também arranjou tempo para conquistar outro título Trans-Am para a Chevrolet antes de alcançar o seu principal objetivo: um regresso a tempo inteiro à Indy Car.

"Esta é a primeira vez que me divirto a sério nas corridas da Indy Car," afirma Pruett. "Quando estavamos a testar, era frequentemente muito aborrecido. Não havia ninguém à volta. Tinhamos de imaginar que estavamos lá a correr; e agora estamos a correr. É ótimo estar de volta."

BREVES

• Carlos Guerrero (à direita) bicampeão mexicano de Fórmula 2 e tricampeão de Fórmula 3, realizou uma impressionante estreia em um dos Lola-Fords da Dick Simon Racing. O piloto de 37 anos qualificou-se num respeitável 16º na 6ª feira, e embora tenha baixado três lugares no grid final depois de experimentar problemas no sistema de combustível, recuperou para realizar o 2º tempo no warm-up, mais rápido do que na qualificação. Guerrero chegou a oitavo antes de ser entravado por um escape quebrado nas etapas finais.

• Eliseo Salazar foi obrigado a mudar para o seu Lola-Ford Cristal/Mobil 1 de reserva, um carro de '94, a seguir a uma batida na Curva sete durante a sessão livre de sábado.

• Bobby Rahal tentou dar pouca importância do fato de estar a fazer a 200ª largada da sua carreira na Indy Car: "Comecei quando criança," disse o tricampeão da Copa PPG, de 42 anos, com um amplo sorriso.

• Um sétimo brasileiro juntou-se às fileiras da Copa PPG na Califórnia. Marco Greco pretendia regressar a Phoenix com o segundo Lola-Mercedes da Galles Racing International, embora uma saída de pista em testes em Big Spring, Texas, significaram que o carro teve de ser enviado para Indianápolis para ser reparado. Gary Armentrout e a sua equipe fizeram maravilhas para reconstruir o carro a tempo para Long Beach, onde Greco realizou uma corrida sensata para terminar mesmo à beira dos pontos, em 13º.

• Jacques Villeneuve e o Team Green nunca conseguiram regular o seu Reynard-Ford Player's Ltd., apesar de experimentarem inúmeras suspensões e configurações aerodinâmicas durante os treinos. "Mudamos quase tudo no carro na noite passada exceto o fabricante de motor," disse o chefe de equipe Kim Green no sábado de manhã. "Também mantivemos o piloto."

• A Payton-Coyne Racing desfrutou do seu melhor resultado de sempre quando Eric Bachelart e Alessandro Zampedri (abaixo à esquerda) levaram os seus respetivos Lola T94/00-Ford Agfa e Mi-Jack aos 7º e 8º lugares. "É fácil dizer que sabemos que ambos os carros podem terminar nos dez primeiros," refletiu Dale Coyne sobre o seu esforço de baixo custo, "mas até o alcançarmos, toda a gente se admira."

• A decisão de instalar corretores FIA e mudar os muros de cimento da borda do traçado da pista nas Curvas Dois e Três foi de encontro à aprovação geral dos pilotos.

PPG INDY CAR WORLD SERIES • 4.ª PROVA

TOYOTA GRAND PRIX OF LONG BEACH

LONG BEACH STREET CIRCUIT, CALIFORNIA

9 DE ABRIL, 105 VOLTAS – 268,672 KM

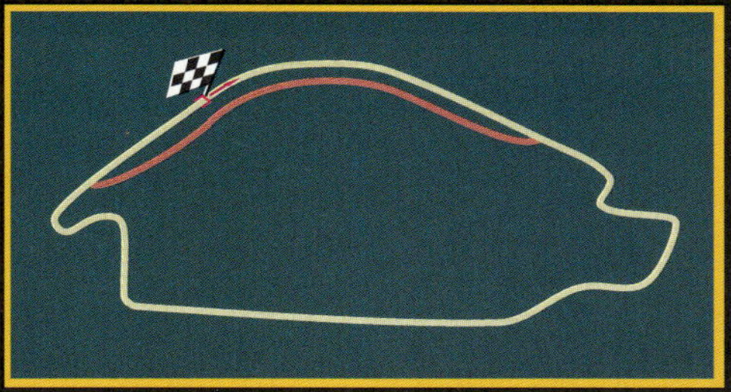

Clas.	Piloto (Nac.)	Nº.	Equipe/Patrocinadores Carro-Motor	Pneus	Vel. Qlf.	Tempo Qlf.	Pos.	Voltas	Tempo/Causa	Méd. km/h	Pts.
1	Al Unser Jr. (USA)	1	Marlboro Team Penske Penske PC24-Mercedes	GY	174,550	52,774s	4	105	1h 49m 32,667s	147,157	21
2	Scott Pruett (USA)	20	Patrick Racing *Firestone* Lola T95/00-Ford	FS	173,330	53,145s	10	105	1h 49m 55,792s	146,642	16
3	Teo Fabi (I)	33	Forsythe *Combustion Engineering/Indeck* Reynard 95I-Ford	GY	174,195	52,881s	7	105	1h 50m 08,660s	146,356	14
4	Eddie Cheever (USA)	14	A.J. Foyt *Copenhagen Racing* Lola T95/00-Ford	GY	171,471	53,721s	18	104	Falta de gasolina		12
5	Mauricio Gugelmin (BR)	18	PacWest Racing Group *Hollywood* Reynard 95I-Ford	GY	174,537	52,778s	5	104	Em prova		10
6	Stefan Johansson (S)	16	Bettenhausen *Alumax Aluminum* Penske PC23-Mercedes	GY	169,791	54,253s	24	104	Em prova		8
7	Eric Bachelart (B)	19	Payton-Coyne *The Agfa Car* Lola T94/00-Ford	FS	170,438	54,047s	22	104	Em prova		6
8	Alessandro Zampedri (I)	34	Payton-Coyne *The Mi-Jack Car* Lola T94/00-Ford	FS	171,098	53,839s	20	104	Em prova		5
9	Michael Andretti (USA)	6	Newman-Haas *Kmart/Texaco Havoline* Lola T95/00-Ford	GY	175,520	52,482s	1	104	Em prova		5
10	Danny Sullivan (USA)	17	PacWest Racing Group *VISA* Reynard 95I-Ford	GY	171,716	53,645s	17	104	Em prova		3
11	*Carlos Guerrero (COL)	22	Simon *Herdez/Bufalo/McCormick* Lola T95/00-Ford	GY	171,109	53,835s	19	104	Em prova		2
12	*Andre Ribeiro (BR)	31	Tasman Motorsports *LCI International* Reynard 95I-Honda	FS	171,067	53,848s	21	104	Em prova		1
13	Marco Greco (BR)	55	Galles *Brastemp* Lola T95/00 Mercedes	GY	169,852	54,233s	23	104	Em prova		
14	*Christian Fittipaldi (BR)	15	Walker *Marlboro/Chapeco Special* Reynard 95I-Ford	GY	172,945	53,264s	12	103	Transmissão		
15	*Franck Freon (F)	64	Project Indy *No Touch/Van Dyne/Phos* Reynard 94I-Ford	GY	168,359	54,714s	26	103	Em prova		
16	Raul Boesel (BR)	11	Rahal/Hogan *Duracell Charger* Lola T95/00-Mercedes	GY	172,842	53,295s	13	100	Em prova		
17	Dean Hall (USA)	99	Dick Simon Racing *Subway* Lola T95/00-Ford	GY	164,425	56,023s	28	99	Em prova		
18	Adrian Fernandez (MEX)	10	Galles *Tecate/Quaker State* Lola T95/00-Mercedes	GY	171,905	53,585s	16	99	Em prova		
19	Hiro Matsushita (J)	25	Arciero-Wells *Panasonic/Duskin* Reynard 94I-Ford	FS	164,759	55,910s	27	86	Em prova		
20	Emerson Fittipaldi (BR)	2	Marlboro Team Penske Penske PC24-Mercedes	GY	173,690	53,035s	9	85	Motor		
21	Bobby Rahal (USA)	9	Rahal/Hogan *Miller Genuine Draft* Lola T95/00-Mercedes	GY	174,212	52,876s	6	77	Transmissão		
22	Robby Gordon (USA)	5	Walker *Valvoline/Cummins Special* Reynard 95I-Ford	GY	172,636	53,359s	14	57	Motor		
23	Jimmy Vasser (USA)	12	Ganassi *Target/STP* Reynard 95I-Ford	GY	173,798	63,002s	8	45	Motor		
24	*Eliseo Salazar (RCH)	7	Dick Simon *Cristal/Mobil 1/Copec* Lola T94/00-Ford	GY	168,639	54,623s	25	39	Probl. elétricos		
25	Jacques Villeneuve (CDN)	27	Team Green *Player's Ltd,* Reynard 95I-Ford	GY	173,019	53,241s	11	34	Transmissão		
26	Bryan Herta (USA)	4	Ganassi *Target/Scotch Video* Reynard 95I-Ford	GY	172,451	53,416s	15	28	Acidente		
27	*Gil de Ferran (BR)	8	Hall Racing *Pennzoil Special* Reynard 95I-Mercedes	GY	174,577	52,766s	3	16	Acidente		
28	Paul Tracy (CDN)	3	Newman-Haas *Kmart/Budweiser* Lola T95/00-Ford	GY	175,190	52,581s	2	16	Acidente		

** Piloto Rookie (estreante)*

Bandeiras amarelas: Volta 1, não largou; voltas 16–23, acidente/Tracy e de Ferran; voltas 30–33, acidente/Herta; voltas 35–37, rebocado/Villeneuve; voltas 79–82, rebocado/Rahal. ***Total:*** cinco em 20 voltas.

Líderes: Michael Andretti, 1–16 (16 voltas); Teo Fabi, 17–29 (13 voltas); Al Unser Jr., 30–63 (34 voltas); Bobby Rahal, 64 (1 volta); Andretti, 65 (1 volta); Unser, 66–105 (40 voltas). ***Totais:*** Unser, 74 voltas; Andretti, 17 voltas; Fabi, 13 voltas; Rahal, 1 volta.

Volta mais rápida: Michael Andretti, 53,595s, 106,800 mph, na 60ª volta.

Posições no campeonato: **1** Pruett, 46; **2** Gugelmin, 38; **3** Unser, 34; **4** Tracy, 32; **5** Villeneuve e Rahal, 30; **7** Andretti, 29; **8** Boesel, 21; **9** Gordon e Fabi, 20; **11** Cheever, 18; **12** Sullivan, 17; **13** E, Fittipaldi, 15; **14** C, Fittipaldi, 13; **15** Johansson, 8; **16** Danner e Bachelart, 6; **18** Vasser e Zampedri, 5; **20** Herta, 4; **21** Salazar e Fernandez, 3; **23** de Ferran, Matsushita, C, Guerrero e Hall, 2; **27** Ribeiro, 1.

NAZARETH

Questão de consumo: Emmo ganha esta

A natureza confusa do PPG Indy Car World Series deste ano prosseguiu ao longo do empolgante Bosch Spark Plug Grand Prix no Nazareth Speedway. Sete pilotos revezaram-se na liderança durante as 200 voltas da prova, e nas etapas finais Eddie Cheever parecia ter tudo para vencer com o Lola-Ford/Cosworth Copenhagen da A.J. Foyt.

Cheever, que largou apenas em 21º, recuperara firme para a disputa. Sua equipe sabia que a estratégia de combustível não lhe deixava grande margem de erro, mas dois períodos de bandeiras amarelas nas 30 voltas finais aliviaram a ansiedade. Na realidade, segundo a informação de sua telemetria, Cheever deveria ter metanol suficiente a bordo para chegar até final. No entanto, os dados estavam incorretos. O motor começou a soluçar quando Cheever passava frente ao pit, a duas voltas do fim. Pouco depois, o carro preto nº14 encostava para parar. Estava sem combustível.

Ironicamente, o consumo de combustível tinha custado a Emerson Fittipaldi uma oportunidade de vencer um mês antes. Agora o brasileiro era capaz de tirar partido do azar de Cheever e passava para a frente com o seu Penske-Mercedes Marlboro, e depois aguentou um ataque determinado do Reynard-Ford Player's Ltd. de Jacques Villeneuve para se tornar no quinto vencedor diferente em tantas outras corridas.

"As últimas voltas foram uma batalha incrível com Jacques," disse um alegre Fittipaldi. "Eu tentava aguentá-lo. Foi uma corrida incrível e estou muito feliz por ganhar."

O Lola Copenhagen de Eddie Cheever chega no carro retardatário de Scott Pruett com o Reynard VISA de Danny Sullivan por dentro. Cheever estava determinado a dar ao lendário dono de equipe A.J. Foyt a sua primeira vitória na Indy Car em quase 14 anos, quando ficou sem metanol a duas voltas do fim, permitindo a Emerson Fittipaldi (ao lado) obter a sua primeira vitória da temporada.

QUALIFICAÇÕES

Scott Pruett estava cheio de confiança quando chegou à Pennsylvania. Ele estava excitado por liderar o campeonato na sua primeira temporada com a Patrick Racing e especialmente otimista quanto às suas hipóteses de vitória na sutil oval de três curvas de Roger Penske, depois da sua forte prestação em Phoenix.

Mal a chuva abrandou e os treinos livres finalmente começaram às 17h20m de 6ª feira, o seu Firestone Lola-Ford foi logo dos mais rápidos. Pruett foi o primeiro a baixar a barreira dos 20 segundos e acabou por ser o mais rápido no primeiro dia com 19,686s (à média de 294,297 km/h).

Pruett continuou a ser rápido no sábado de manhã, baixando para os 19s sempre que entrava na pista. Infelizmente, quando tentava simular uma volta de qualificação a meio da segunda sessão, Pruett cometeu um erro e bateu.

"Pneus frios," explicou Pruett sucintamente. "Apenas forçei demais e tentava ver com que rapidez os pneus aqueciam. Erro meu."

A sua equipe tratou apressadamente de preparar o carro reserva e Pruett fez uma boa prestação, estabelecendo uma marca de 19,633s na qualificação, mas nessa altura a parada tinha subido consideravelmente. O seu tempo foi apenas o décimo num pelotão extremamente equilibrado.

Outro talentoso jovem californiano, Jimmy Vasser, abanou a ordem estabelecida ao fazer 19,356s na sua sessão de duas voltas com o Reynard-Ford Target/STP de Chip Ganassi. Durante quase uma hora, o tempo permaneceu o orgulho do pelotão. Mas então veio Robby Gordon, que anteriormente naquele dia tinha estado no topo da tabela com um sensacional recorde não oficial na oval de uma milha de 19,146s (302,595 km/h) num Reynard-Ford Valvoline/Cummins similar da Derrick Walker.

Gordon não pode igualar esse tempo à tarde, embora ficasse tremendamente perto com duas voltas em 19,215 e 19,206. Incidentalmente, a sua volta final no warm-up em 19,212s também teria sido pole!

"O carro estava muito bem equilibrado," confirmou Gordon depois de alcançar a terceira pole da sua carreira e a sua primeira numa oval. "Eu podia andar a fundo na Curva Dois e por isso o motor estava no limite das rotações antes da Curva Três."

Vasser estava mesmo assim encantado por largar pela primeira vez da primeira fila, na frente de Villeneuve, cujo Reynard ficou sem combustível na segunda volta. Seguiam-se no grid o Penske-Mercedes de Emerson Fittipaldi, o favorito local Michael Andretti, que estava satisfeito com o equilíbrio do Lola-Ford Kmart/Texaco Havoline da Newman-Haas, e o rookie André Ribeiro, que assegurou o sexto lugar, o melhor da sua carreira, no cada vez melhor Reynard-Honda LCI International de Steve Horne.

Os quatro primeiros na qualificação eclipsaram o antigo recorde da pista de Fittipaldi de 19,397s, e todos menos três dos 26 concorrentes ficaram a menos de um segundo do pole.

CORRIDA

O tradicional warm-up da manhã da corrida assistiu a Pruett no topo da tabela de tempos, com Gordon em 10º depois de perder a sua segunda roda direita traseira no fim de semana. Não havia dissimulação na preocupação da equipe, especialmente porque um problema idêntico tinha forçado Gordon a ficar fora da corrida de Nazareth do ano passado.

Mesmo assim, o Reynard Valvoline/Cummins azul, branco e vermelho, assumiu a liderança na largada. Atrás, Andretti encantou os fãs da sua terra natal ao acelerar pelo lado de fora de Fittipaldi e Villeneuve na primeira curva. Ele depois continuou seu característico ataque na primeira volta ao desalojar Vasser do segundo lugar na saída da última curva.

Gordon, Andretti e Vasser eram seguidos por Villeneuve, Fittipaldi e Ribeiro no final da primeira das 200 voltas. O Lola-Mercedes Miller Genuine Draft de Bobby Rahal era sétimo, perseguido pelo Lola-Ford Kmart/Budweiser de Paul Tracy, que tinha ascendido de 15º no grid depois de fugir de frente ao longo das sessões livres e de qualificação.

Tracy continuou sua recuperação, ultrapassando Rahal na 2ª volta e rapidamente se pôs no encalce de Ribeiro e Fittipaldi. Entretanto, o colega de equipe Andretti não estava a permitir que Gordon se distanciasse muito na liderança.

Na 20ª volta, Andretti manteve sua senda de liderar todas as corridas deste ano ao ultrapassar Gordon na Curva Três. Duas voltas depois, Vasser e Villeneuve também passaram Gordon, e pouco tempo depois por Tracy e Fittipaldi.

"O meu carro começou a fugir," explicou Gordon. "Eu pensava que talvez fosse outro problema na roda,

Fotos: Michael C. Brown

PLAYER'S LTD.
PLAYER'S LTD.

A chuva atrasou os procedimentos durante parte de sexta-feira. Abrigado por uma cobertura à prova de água enquanto está sentado no habitáculo do Reynard Player's Ltd. do Team Green, Jacques Villeneuve aguarda pelo início da ação.

Página ao lado à esquerda: a competição intensa na pista continuou no pit lane. O Pennzoil Reynard de Gil de Ferran (à direita) compete roda a roda com o de Derrick Walker de Christian Fittipaldi, enquanto o terceiro brasileiro, Maurício Gugelmin, se prepara para a perseguição.

Abaixo: Michael Andretti liderou novamente a corrida mas bateu, ficando fora de corrida depois da sua roda dianteira direita se ter soltado. O pai Mario oferece-lhe um ouvido compreensivo.

por isso fiquei mentalmente alterado e perdi confiança no carro."

Gordon percebeu que um pit stop para descobrir a causa da instabilidade lhe custaria pelo menos uma volta. Por isso optou por permanecer em pista, pilotando cuidadosamente e esperando por uma interrupção. Na 30ª volta, tendo caído para oitavo, as suas orações foram ouvidas.

Um incidente entre Vasser e Tracy foi a razão para a bandeira amarela. O duo tinha estado envolvido numa renhida batalha com Villeneuve e Fittipaldi quando um retardatário levou Vasser a abrandar, concentrando-se no tráfego lento à sua frente, que foi apanhado de surpresa quando Tracy se colocou ao seu lado — por fora — na saída da curva. Vasser inadvertidamente empurrou o carro do canadense contra o muro.

Os danos no Lola foram extensos, embora Vasser pudesse continuar depois de um pit stop muito rápido revelar que não havia qualquer dano sério no seu Reynard.

Previsivelmente, os dois pilotos viram o incidente de duas perspectivas totalmente diferentes. Com efeito, foi a repetição de dois incidentes separados em 1994 que envolveram Eddier Cheever/Mario Andretti e Adrian Fernandez/Jacques Villenueve. Dada a elevada velocidade envolvida e a proximidade de tráfego lento, talvez que a interpretação mais justa fosse a classificação do episódio como de um "acidente de corrida."

Andretti continuou a liderar no restart, perseguido por Villeneuve e Fittipaldi. Ribeiro e Rahal brigavam pelo quarto lugar, com Rahal a tirar partido da sua vasta experiência para fugir ao rookie enquanto voltavam a acelerar a toda a velocidade.

"Foi muito divertido," disse Ribeiro. "Bobby é muito rápido, muito consistente, por isso aprendi muito com ele."

Ribeiro recuperou a vantagem na 35ª volta ao passar de novo para o quarto lugar.

Villeneuve, entretanto, tinha usurpado a liderança a Andretti enquanto o residente de Nazareth se começou a debater com a estabilidade do seu Lola, especialmente no tráfego. Todos os primeiros foram obrigados a fazer os seus primeiros pit stops com as bandeiras verdes, com Villeneuve a revelar a sua excecional economia ao permanecer em pista até à 93ª volta antes dos seus 40 galões iniciais de metanol serem esgotados.

Teo Fabi (Reynard-Ford Combustion Engineering/Indeck) e Stefan Johansson (Penske PC23-Mercedes Alumax), que tinham tido a oportunidade de fazerem pit stops durante a primeira interrupção, assumiram o comando da corrida quando Villeneuve efetuou o seu primeiro pit stop. Os dois europeus estavam separados por escassos 0,133s a meio da corrida, seguidos por outros que também tinham ido cedo aos boxes Christian Fittipaldi (Reynard-Ford Marlboro/Chapecó), Cheever e Gordon.

A fisionomia da corrida mudou novamente na 105ª volta, quando Maurício Gugelmin, 15º, rodou no seu Reynard Hollywood na saída da última curva. Milagrosamente, o brasileiro conseguiu evitar o contato, embora tenha perdido diversas voltas antes do seu motor, que parou, voltasse a funcionar.

A interrupção subsequente permitiu outra sessão de pit stops. Fabi, Johansson, Cheever e Gordon aproveitaram a oportunidade para reabastecer, deixando o rookie Christian Fittipaldi assumir a liderança pela primeira vez na sua curta carreira na Indy Car.

"Senti pela primeira vez o que é uma oval quando o nosso carro é bom," relatou ele, "juntamente com aquela sensação de liderar a corrida. Espero tê-la sempre."

Fittipaldi segurou o seu tio Emerson durante algumas voltas no restart antes de ele próprio ser obrigado a parar também. O colega de equipe da Walker Racing Gordon também foi chamado aos boxes para cumprir uma penalização stop & go depois de ter passado por cima de uma das mangeiras de ar de Cheever durante uma parada programada algumas voltas antes. O atraso adicional fez com que Gordon perdesse uma volta para o líder.

Emerson Fittipaldi tornou-se o sexto comandante diferente quando assumiu o controlo na 117ª volta. O veterano manteve a vantagem durante 35 voltas antes de fazer o seu segundo pit stop, entregando o testemunho a Villeneuve.

Algumas voltas depois, a rápida progressão de Villeneuve foi atrasada por um grupo de carros lentos, um dos quais o levou a sair da trajetória na Curva Um. Durante várias voltas o canadense circulou a velocidade reduzida. Na realidade, na 162ª volta, Cheever tomou o comando depois de usar a trajetória alta na Curva Dois.

Villeneuve estava de fato com problemas, para dissipar borracha solta que tinha apanhado nos seus pneus quando saira da trajetória de corrida. Mal a tarefa foi cumprida, ele estava pronto para retomar a perseguição.

Fotos: Michael C. Brown

Frustração para Foyt

Houve choro coletivo na multidão quando o Lola Copenhagen de Eddie Cheever subitamente abrandou a apenas duas voltas da bandeira de xadrez. O dono da equipe A.J. Foyt (aqui visto em cima, espreitando ansiosamente em direção à entrada do box) estava tão exasperado como qualquer um, arrancando os seus auscultadores e atirando-os contra o muro do box.

Os últimos períodos de interrupção tinham acalmado a preocupação da sua equipe em relação ao consumo de combustível. Finalmente, quase 14 anos e um total de 207 corridas desde que Foyt obtivera a última das suas 67 vitórias como piloto, o lendário texano parecia preparado para um regresso à Victory Lane. Tristemente, não iria ser assim. A informação fornecida pelo sistema de computador de bordo esta errada.

"Ou nós não metemos combustível suficiente no carro num dos reabastecimentos, ou o computador não estava bem calibrado," afirmou o chefe de equipe Craig Baranouski.

"Fui duro para a equipe," acrescentou Ian Bisco, Vice-Presidente da Cosworth Engineering, que fornece e mantém os motores Ford/Cosworth XB da Foyt. "O computador mede a quantidade de combustível que é realmente utilizada pelo motor, mas injetores diferentes tendem a fluir a uma taxa diferente. Devido a isso, nós tendemos a levantar um "fator absurdo", só para jogar pelo seguro; mas ultimamente o sistema só é tão bom como os dados que são introduzidos."

Cheever estava especialmente atencioso depois, respondendo às questões apesar da frustração agonizante de perder aquilo que poderia (e deveria) ter sido a sua primeira vitória importante desde que pilotou o Jaguar de Sport-Protótipos da equipe de Tom Walkinshaw em 1988.

"Esta foi apenas mais uma oportunidade perdida," disse Cheever. "Nós realmente pensámos que tinhamos combustível suficiente. O que me chateia mais é quando não somos competitivos. Hoje fomos competitivos. As condições eram ideais mas não tiramos partido delas."

As luzes amarelas voltaram a acender-se novamente na 173ª volta, quando Andretti bateu na Curva Dois quando acelerava na saída dos boxes a seguir a uma parada de rotina. Infelizmente, a roda dianteira direita não tinha sido fixada convenientemente.

"Quantas corridas com pouca sorte se pode ter?" perguntava um incrédulo Andretti. "Erros no box: é a vida. Também cometi muitos erros este ano. Não culpo ninguém."

Só quatro carros permanceram na volta do líder quando o Newman-Haas Lola danificado foi retirado. O restart deu-se na 185ª volta até que, quase imediatamente, o amarelo se acendeu outra vez quando o rookie De Ferran embateu na Curva Três, quando era sétimo e vinha fazendo uma boa corrida com o Pennzoil Reynard-Mercedes de Jim Hall.

A interrupção adicional trouxe alívio a Cheever, que tinha ido ao boxe na 104ª volta e tinha estado desesperadamente a conservar as suas reservas de combustível. O andamento reduzido, acreditou ele firmemente, possibitar-lhe-ia chegar ao fim sem precisar de reabastecer.

"O meu computador dizia que eu ainda tinha combustível suficiente a bordo," relatou Cheever. "A minha preocupação era pegar sujeira nos pneus."

O restart final veio a seis voltas do fim. Cheever tinha confiança que seria capaz de resistir à pressão de Fittipaldi. Mas na 198ª volta, o motor de Cheever tossiu agoirentamente.

"Pensei que pudesse ser vaporização, por isso continuei," disse Cheever. Depois gaguejou outra vez, por isso soube que estava em dificuldades."

Fittipaldi e Villeneuve, que o seguiam, passaram o carro Copenhagen, que depois ainda prosseguiu até parar na última volta.

A corrida, porém, ainda continuava e Fittipaldi teve de se empenhar para se defender de Villeneuve.

"Emerson tinha um carro melhor, e por isso eu sabia que iria ser duro," disse Villeneuve. "Eu ia atacar, e com toda a experiência que ele tem, foi capaz de aguentar, mas na verdade foi muito divertido."

A margem entre os dois primeiros foi somente de 0,309s, com Johansson (abaixo) a reivindicar o outro lugar do pódio após uma exclente condução no carro Alumax. Gordon recuperou a volta de atraso nas etapas finais para terminar em quarto, com o infeliz Cheever classificado em quinto na frente de Rahal e Fabi. Pruett brigou para passar Adrian Fernandez, Raul Boesel e Ribeiro numa voltas finais plenas para manter a sua liderança no campeonato, enquanto Boesel se manteve na frente de Ribeiro apesar de abrandar devido a um furo.

Fotos: Michael C. Brown

BREVES

• Michael Andretti, Paul Tracy, Bryan Herta e Jimmy Vasser correram todos com o último motor Ford/Cosworth XB Series II, embora nenhum chegasse ao fim. O duo da Newman-Haas envolveu-se em incidentes separados, enquanto os dois Target/Chip Ganassi Racing Reynards sucumbiram a motores sobreaquecidos.

• Com o piloto habitual Eric Bachelart ocupado num compromisso anterior com a equipe oficial de turismo Peugeot na Bélgica, Buddy Lazier (ao lado) exibiu um bom regresso no Agfa Film Lola T94/00-Ford nº19 da Payton-Coyne Racing. Lazier entrou na barreira dos 20 segundos durante as sessões livres e embora se tenha qualificado apenas em 20º, um lugar atrás do campeão

em título Al Unser Jr., Lazier fez uma boa prova até dar um ligeiro toque no muro a seguir a um contratempo com Eliseo Salazar.

• André Ribeiro teve a sua exibição mais forte até à data no Reynard-Honda LCI da Tasman. O rookie disfrutou de longas brigas com Bobby Rahal e Emerson Fittipaldi, mas perdeu duas voltas quando cumpriu a segunda parada programada momentos antes das luzes amarelas acenderem a apenas 30 voltas do fim.

• Dean e Sandra Hall tornaram-se os pais babados de um novo rapaz, Max Dayton, que pesava na 3ª feira anterior uns saudáveis 3,5 kg.

• Tendo-se apercebido de uma superstição automobilística americana relacionando a cor verde com azar, o sueco Stefan Johansson decidiu repensar o fundo principal que sempre utilizou no desenho personalizado do seu capacete. Primeiro de tudo em Long Beach, Johansson disfarçou o verde com um adesivo azul, onde terminou em sexto. Convenientemente encorajado, ele providenciou para que todo o capacete fosse novamente pintado antes de Nazareth, onde ele melhorou a sua sorte, alcançando o seu primeiro pódio deste ano.

• Emerson Fittipaldi exibiu o seu habitual entusiasmo rejubilante durante a tradicional conferência de imprensa posterior à corrida, dizendo como estava satisfeito pelo Marlboro Team Penske, quão arduamente a sua equipe tinha trabalhado para ele e quanto ele tinha apreciado a briga com Villeneuve nas etapas finais. Mais tarde, porém, o brasileiro ficou extremamente emocionado quando dedicou a sua vitória à memória do amigo Ayrton Senna, o tricampeão mundial de Fórmula 1 que perdeu a sua vida num acidente exatamente um ano antes.

• Al Unser Jr. não teve um bom fim de semana. O campeão em título qualificou-se num modesto 19º no seu Penske-Mercedes Marlboro e embora tenha ascendido a quarto na corrida, um erro estratégico de Roger Penske levou Unser a perder uma volta enquanto fazia o seu segundo pit stop na 104ª volta.

PPG INDY CAR WORLD SERIES • 5ª PROVA

BOSCH SPARK PLUG GRAND PRIX

NAZARETH SPEEDWAY,
NAZARETH, PENNSYLVANIA

23 DE ABRIL, 200 VOLTAS – 321,860 KM

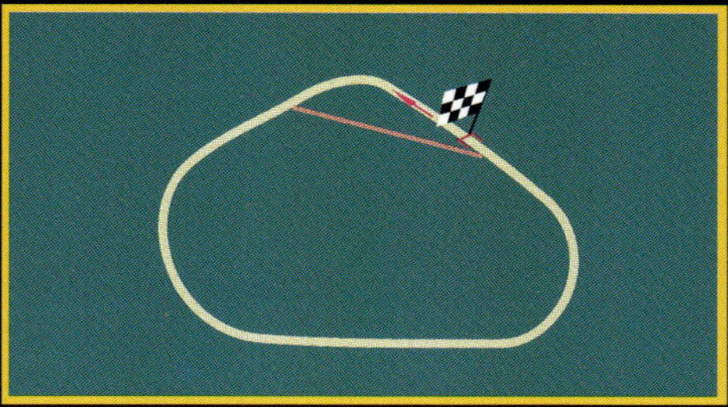

Clas.	Piloto (Nac.)	Nº.	Equipe/Patrocinadores Carro-Motor	Pneus	Vel. Qlf.	Tempo	Pos.	Voltas	Tempo/Causa	Méd. km/h	Pts.
1	**Emerson Fittipaldi (BR)**	**2**	**Marlboro Team Penske Penske PC24-Mercedes**	**GY**	**299,122**	**19,368s**	**4**	**200**	**1h 31m 23,410s**	**211,309**	**20**
2	**Jacques Villeneuve (CDN)**	**27**	**Team Green *Player's Ltd*, Reynard 95I-Ford**	**GY**	**299,184**	**19,364s**	**3**	**200**	**1h 31m 23,718s**	**211,297**	**17**
3	**Stefan Johansson (S)**	**16**	**Bettenhausen *Alumax Aluminum* Penske PC23-Mercedes**	**GY**	**294,279**	**19,687s**	**13**	**200**	**1h 31m 34,079s**	**210,898**	**14**
4	**Robby Gordon (USA)**	**5**	**Walker *Valvoline/Cummins Special* Reynard 95I-Ford**	**GY**	**301,648**	**19,206s**	**1**	**200**	**1h 31m 39,172s**	**210,704**	**13**
5	**Eddie Cheever (USA)**	**14**	**A.J. Foyt *Copenhagen Racing* Lola T95/00-Ford**	**GY**	**288,232**	**20,100s**	**21**	**199**	**Falta de gasolina**		**10**
6	**Bobby Rahal (USA)**	**9**	**Rahal/Hogan *Miller Genuine Draft* Lola T95/00-Mercedes**	**GY**	**296,373**	**19,548s**	**7**	**199**	**Em prova**		**8**
7	**Teo Fabi (I)**	**33**	**Forsythe *Combustion Engineering/Indeck* Reynard 95I-Ford**	**GY**	**291,091**	**19,903s**	**16**	**199**	**Em prova**		**6**
8	**Scott Pruett (USA)**	**20**	**Patrick Racing *Firestone* Lola T95/00-Ford**	**FS**	**295,094**	**19,633s**	**10**	**199**	**Em prova**		**5**
9	**Adrian Fernandez (MEX)**	**10**	**Galles *Tecate/Quaker State* Lola T95/00-Mercedes**	**GY**	**295,660**	**19,595s**	**9**	**199**	**Em prova**		**4**
10	**Raul Boesel (BR)**	**11**	**Rahal/Hogan *Duracell Charger* Lola T95/00-Mercedes**	**GY**	**295,889**	**19,580s**	**8**	**199**	**Em prova**		**3**
11	***Andre Ribeiro (BR)**	**31**	**Tasman Motorsports *LCI International* Reynard 95I-Honda**	**FS**	**297,908**	**19,447s**	**6**	**199**	**Em prova**		**2**
12	***Eliseo Salazar (RCH)**	**7**	**Dick Simon *Cristal/Mobil 1/Copec* Lola T95/00-Ford**	**GY**	**292,799**	**19,786s**	**14**	**198**	**Em prova**		**1**
13	Al Unser Jr. (USA)	1	Marlboro Team Penske Penske PC24-Mercedes	GY	289,490	20,013s	19	198	Em prova		
14	Carlos Guerrero (MEX)	22	Simon *Herdez/Viva Mexico!* Lola T94/00-Ford	GY	283,721	20,420s	25	196	Em prova		
15	Alessandro Zampedri (I)	34	Payton-Coyne *The Mi-Jack Car* Lola T94/00-Ford	FS	286,962	20,189s	23	196	Em prova		
16	Dean Hall (USA)	99	Dick Simon Racing *Subway* Lola T95/00-Ford	GY	286,025	20,255s	24	194	Em prova		
17	**Mauricio Gugelmin (BR)**	**18**	**PacWest Racing Group *Hollywood* Reynard 95I-Ford**	**GY**	**294,414**	**19,678s**	**12**	**186**	**Em prova**		
18	Danny Sullivan (USA)	17	PacWest Racing Group *VISA* Reynard 95I-Ford	GY	287,609	20,144s	22	185	Em prova		
19	***Gil de Ferran (BR)**	**8**	**Hall Racing *Pennzoil Special* Reynard 95I-Mercedes**	**GY**	**290,609**	**19,936s**	**18**	**183**	**Acidente**		
20	***Christian Fittipaldi (BR)**	**15**	**Walker *Marlboro/Chapeco Special* Reynard 95I-Ford**	**GY**	**290,871**	**19,918s**	**17**	**179**	**Probl. elétrico**		
21	**Marco Greco (BR)**	**55**	**Galles *Brastemp* Lola T95/00-Mercedes**	**GY**	**278,495**	**20,803s**	**26**	**179**	**Em prova**		
22	Michael Andretti (USA)	6	Newman-Haas *Kmart/Texaco Havoline* Lola T95/00-Ford	GY	298,227	19,426s	5	172	Acidente		
23	Bryan Herta (USA)	4	Ganassi *Target/Scotch Video* Reynard 95I-Ford	GY	294,643	19,663s	11	155	Sobre-aquecimento		
24	Jimmy Vasser (USA)	12	Ganassi *Target/STP* Reynard 95I-Ford	GY	299,304	19,357s	2	57	Sobre-aquecimento		
25	Buddy Lazier (USA)	19	Payton-Coyne *The Agfa Car* Lola T94/00-Ford	FS	288,719	20,066s	20	38	Acidente		
26	Paul Tracy (CDN)	3	Newman-Haas *Kmart/Budweiser* Lola T95/00-Ford	GY	291,671	19,863s	15	30	Acidente		
NQ	Hiro Matsushita (J)	25	Arciero-Wells *Panasonic/Duskin* Reynard 94I-Ford	FS	276,880	20,924s	27	–	Não se qualificou		

** Piloto Rookie (estreante)*

Bandeiras amarelas: Voltas 29–34, acidente/Tracy; voltas 40–47, acidente/Lazier; voltas 104–112, rodada/Gugelmin; voltas 173–183, acidente/Andretti; voltas 185–193, acidente/de Ferran. ***Total:*** cinco em 43 voltas.

Líderes: Robby Gordon, 1–19 (19 voltas); Michael Andretti, 20–56 (37 voltas); Jacques Villeneuve, 57–93 (37 voltas); Teo Fabi, 94–106 (13 voltas); Christian Fittipaldi, 107–116 (10 voltas); Emerson Fittipaldi, 117–152 (36 voltas); Villeneuve, 153–160 (8 voltas); Eddie Cheever, 161–198 (38 voltas); E, Fittipaldi, 199–200 (2 voltas). ***Totais:*** Villeneuve, 45 voltas; E, Fittipaldi e Cheever, 38 voltas; Andretti, 37 voltas; Gordon, 19 voltas; Fabi, 13 voltas; C, Fittipaldi, 10 voltas.

Volta mais rápida: Emerson Fittipaldi, 20,294s, 285,470 Km, na 51ª volta.

Posições no campeonato: **1** Pruett, 51; **2** Villeneuve, 47; **3** Rahal e Gugelmin, 38; **5** E, Fittipaldi, 35; **6** Unser, 34; **7** Gordon, 33; **8** Tracy, 32; **9** Andretti, 29; **10** Cheever, 28; **11** Fabi, 26; **12** Boesel, 24; **13** Johansson, 22; **14** Sullivan, 17; **15** C, Fittipaldi, 13; **16** Fernandez, 7; **17** Bachelart e Danner, 6; **19** Zampedri, 5; **20** Vasser, 5; **21** Herta e Salazar, 4; **23** Ribeiro, 3; **24** de Ferran, Matsushita, C, Guerrero e Hall, 2.

INDY 500

Muita emoção, fracassos e sucessos.

As 500 Milhas de Indianapolis produzem tradicionalmente uma mescla de revelação, excitação, exultação e angústia. A 79ª edição do clássico Memorial Weekend não fugiu à regra.

A primeira bomba rebentou com a notícia que nem Al Unser Jr. ou Emerson Fittipaldi se tinham qualificado. Os dois pilotos do Marlboro Team Penske, que tinham dominado o evento em 1994, desta vez pura e simplesmente não foram suficientemente rápidos.

Depois veio um acidente terrível na primeira volta da corrida, protagonizado pelo pequeno piloto Stan Fox ao perder o controle do seu Reynard a meio da Curva Um. Quando o pó assentou, seis carros estavam fora de prova e Fox ficou lutando pela sua vida após ter sofrido uma séria lesão na cabeça.

Um elevado número de penalizações lançou igualmente uma dose de confusão numa corrida de 200 voltas recheada de ação que conheceu 23 mudanças de líderes entre 10 pilotos diferentes.

Michael Andretti, Maurício Gugelmin e Scott Goodyear todos lideraram convincentemente durante uma fase ou outra, mas no fim foi Jacques Villeneuve que reivindicou os louros da vitória no Reynard-Ford/Cosworth Player's Ltd. do Team Green.

Villeneuve, que no ano passado recebera as honras de Rookie do Ano em Indianápolis, fez uma excelente estratégia e teve uma boa dose de sorte no dia em que, desde sempre, ganhou mais grana, apesar de ter sido tributado com duas voltas de penalização no início da corrida.

"A sorte certamente desempenhou um papel," admitiu o dono de equipe Barry Green. "Ao mesmo tempo, a equipe fez um trabalho fantástico e Jacques pilotou com garra. Ele é o melhor piloto com quem eu já trabalhei. Isto foi um sonho."

1 – VILLENEUVE **2 – C. FITTIPALDI** **3 – RAHAL**

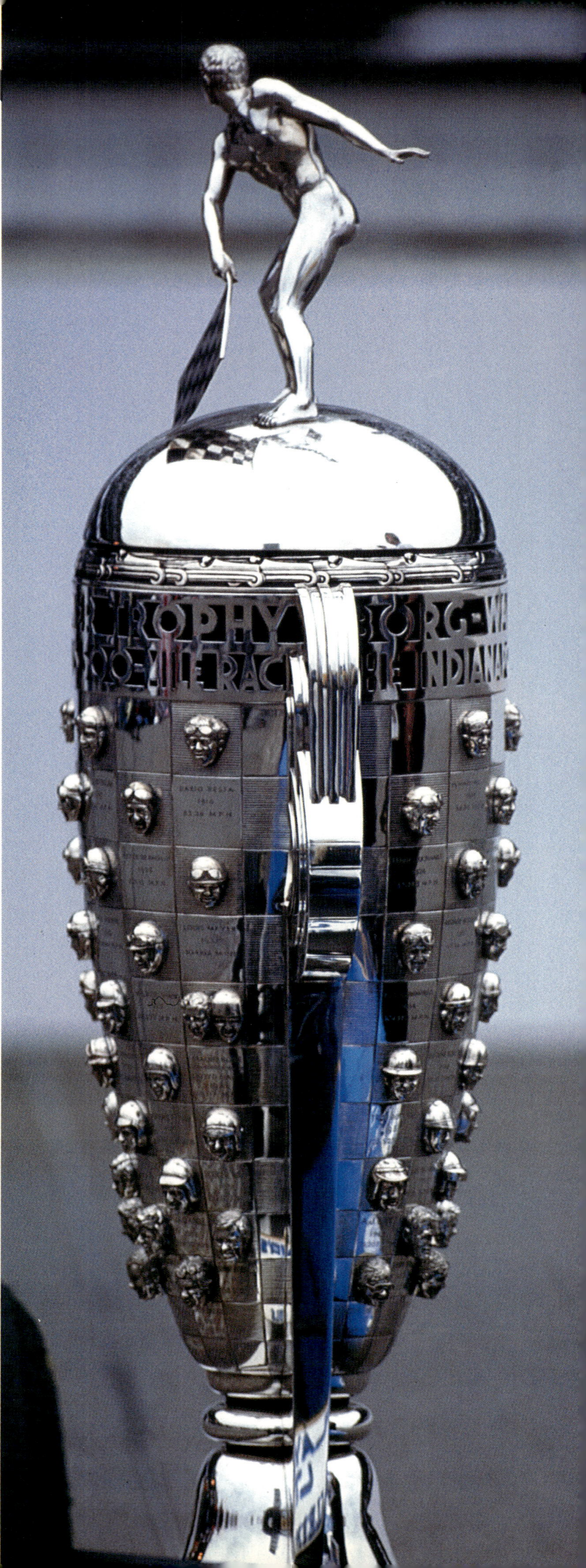

Abaixo: a potência do Menard/Buick V6 ajudou Scott Brayton a assegurar a pole position para o dono de equipe John Menard (à esquerda), mas quando as fortunas sempre em mutação da corrida ditaram o seu curso, era a face juvenil de Jacques Villeneuve que se iria juntar à galeria dos vencedores da Indy 500 que adorna o magnífico troféu Borg-Warner (esquerda).

QUALIFICAÇÕES

Antes de Indianápolis, S.Brayton, A.Luyendyck e S.Goodyear tinham disputado apenas uma corrida nesta temporada. No entanto eles conseguiram aturdir os habitues do campeonato ao partilharem a primeira fila do grid. Brayton liderou o caminho ao alcançar a pole no Lola-Menard/Buick de John Menard.

O simpático piloto de 36 anos, era, de fato, o piloto mais experiente no pelotão, tendo a seu crédito 13 largadas anteriores na Indy 500. Em 1985, Brayton quase se qualificou na pole até que o seu March-Buick V6, quebrou a transmissão. Um lugar no meio da primeira fila do grid foi escassa consolação. Dez anos depois, com o novo Lola T95/00, equipado com uma versão bastante melhorada do bloco de série do motor V6, Brayton repôs a verdade.

"É um sonho que se tornou real," disse Brayton, que, devido aos caprichos do tempo, esperou quase 24 horas para que sua pole fosse confirmada. "Tive o meu primeiro kart aos cinco anos e lembro-me de pensar que um dia iria correr na Indy 500."

O colega de equipe Luyendyck, vencedor de Indianápolis em 1990 e pole em 1993, não conseguiu igualar o andamento de Brayton e ficou no lugar do meio da fila dianteira no Lola gêmeo de John Menard.

Goodyear, ao volante do Reynard-Honda de Steve Horne, foi o mais rápido entre os que competiam com motores "convencionais" de 2,65 litros, quatro comandos de válvulas e uma pressão de turbo de 45 polegadas. (Os Menard de 3,3 litros podem ter 55 polegadas segundo os regulamentos para Indianápolis). A prestação do canadense entusiasmou tanto os engenheiros da Honda, que faziam um regresso magnífico depois do forte embaraço de terem falhado a qualificação em 1994, e o forte contigente Firestone, que obteve um lugar na fila da frente após uma ausência de 21 anos.

"Não dormi muito nas últimas duas noites porque sabia que tínhamos uma hipótese de conquistar a pole," admitiu Goodyear, que teve de esperar até domingo antes de se qualificativa. "Estava calor hoje, o que significavar menos potência, mas ainda estou satisfeito. Toda a equipe Tasman trabalhou arduamente. Eles fizeram um excelente trabalho e estou emocionado por ter participado desse esforço."

O Lola-Ford/Cosworth Kmart/Texaco Havoline de Michael Andretti encabeçava a segunda fila do grid, e era o favorito para a corrida. Villeneuve, que regressava de um violento acidente um dia antes do início das qualificações, e Gugelmin (Reynard-Ford Hollywood) também se tinham revelado rápidos durante os treinos, assim como R.Gordon, que se posicionava no interior da 3ª fila.

O último dia de qualificações trouxe o habitual crescendo de excitação, ampliado, é claro, pelo falhanço impressionante da equipe de Roger Penske. Num contraste com-

Fotos: Michael C. Brown

Estrelas da Penske faltam ao espectáculo

A primeira indicação que a Penske Marlboro poderia ter dificuldades em Indianápolis surgiu em abril, quando Al Unser Jr. e Emerson Fittipaldi — cada um bicampeão das "500" — tiveram dificuldade em obter a velocidade pretendida numa sessão de testes da Goodyear. Os problemas, porém, foram atribuídos a ventos fortes e a um artifício aerodinâmico — uma asa traseira montada em baixo. Mal a equipe adotou a regulagem convencional e o tempo provou ser mais propício a voltas rápidas, ambos os pilotos conseguiram circular a quase 370 km/h. Nenhum problema. Ou assim parecia.

Mas, nos treinos oficiais, rapidamente se tornou evidente que os Penske não igualavam o resto do pelotão.

A equipe renunciou à oportunidade de fazer uma tentativa de qualificação durante o primeiro fim de semana, no qual Roger Penske se preparou para várias opções de recurso, incluindo a aquisição de dois Reynard de '94 e a recuperação do PC23 vencedor no ano anterior. A Penske também recebeu a oferta de empréstimo de um Lola-Mercedes '95 da Rahal/Hogan Racing, visto que Bobby Rahal e Raul Boesel se tinham qualificado no primeiro fim de semana.

Unser, porém, não se sentiu confortável no Reynard e Fittipaldi não conseguia extrair mais velocidade do PC23. O brasileiro decidiu concentrar-se no Rahal/Hogan Lola, enquanto Unser prosseguiu a sua busca de performance do PC24 de Nigel Bennett. Em vão. Finalmente, na véspera do último fim de semana de qualificações, foi admitido que o carro tinha um problema aerodinâmico nato. Foi comprado um segundo carro Lola à Rahal/Hogan.

Naquele estágio, ainda parecia inconcebível que nenhum piloto da Penske conseguisse entrar no pelotão. Ambos andaram com os seus novos Lola na faixa dos 364 km/h, enquanto a velocidade mais baixa de qualificação era pouco superior a 382. Mas então Unser viu suas duas tentativas de qualificação se esvaírem: na primeira deparou-se instabilidade na Curva Dois e na segunda o motor Mercedes quebrou.

A Penske também cometeu um erro fatal ao descartar a primeira tentativa de Fittipaldi que numa média de 362,99 km/h nas quatro voltas, teria qualificado o carro. Mas Penske queria uma margem maior para se assegurar que não haveria possibilidade de ser posto de fora no último dia. Fittipaldi mal podia disfarçar a sua irritação, embora Penske raciocinasse que se Fittipaldi podia fazer aquele tempo no sábado, poderia certamente repeti-lo no domingo. Não conseguiu. Nem Unser. A equipe Penske estava de fora.

"Não trabalhamos como devíamos," admitiu Penske. "Viemos para aqui com dois dos melhores pilotos do mundo e não lhes demos as ferramentas para eles fazerem o seu trabalho. Assumo a responsabilidade."

Fotos: Michael C. Brown

pleto, a Dick Simon Racing acertou em cheio visto que E.Salazar, D. Jones e Lyn St. James (que finalizou um acordo tardio com a Whitlock Corporation garantindo sua participação), todos asseguraram os seus lugares no pelotão como os três concorrentes mais lentos.

CORRIDA

O Indianapolis Motor Speedway estava silencioso às 7h00 da manhã do dia da corrida. Geralmente o local já está lotado de fãs, numa ansiosa antecipação daquilo que é apropriadamente apelidado de "O Maior

Acima: um dos rituais observados inflexivelmente pelos organizadores das 500 Milhas de Indianápolis é a oferta de um anel a cada um dos 33 pilotos que se qualificam para a corrida. Roberto Guerrero recebe o aplauso do público enquanto recebe a sua lembrança.

O rookie Christian Fittipaldi (acima) herdou o segundo lugar após uma prova enérgica no Reynard de Derrick Walker.

Sem lugar fixo numa equipe em 1995, Scott Goodyear (ao lado) pagou caro pela impetuosidade do momento.

Polegares erguidos de André Ribeiro (acima à direita) que qualificou o segundo Tasman Reynard-Honda num louvável 12º.

Na ponta direita: o azar que parece perseguir Michael Andretti na Indy bateu outra vez à porta.

Fotos: Michael C. Brown

27
28
29
30
31
32
33

Esquerda: antes da largada, os monolugares perdem-se na massa de membros de equipes e simpatizantes em grande agitação enquanto as preparações finais são realizadas no grid.

Abaixo à esquerda: a corrida desenrola-se. Scott Goodyear ataca a Curva Um na frente dos Lola-Menard/Buicks do pole Scott Brayton e do colega Arie Luyendyck com Maurício Gugelmin, Michael Andretti e Jacques Villeneuve atrás.

Com a prova se aproximando do auge a Firestone parecia estar perto do sucesso no seu regresso a Indianápolis. As coisas começaram a correr mal quando Scott Pruett (à direita) bateu, quando era segundo e fazia um esforço desesperado para acompanhar o líder Scott Goodyear.

Michael C. Brown

Espetáculo de Automobilismo". Mas nesta ocasião a chuva persistente durante a noite esfriara os ânimos da enorme multidão que, antes da corrida, tradicionalmente se reúnem nos campos em redor do Speedway.

Muitos aproveitaram para dormir mais algumas horas (enquanto outros se debateram para abrir outra lata de cerveja), aparentemente confiantes no pressuposto que parecia improvável que as "500" começassem às 11h00 tradicionais. As previsões meteorológicas não eram boas — aguaceiros e possivelmente tempestade acompanhada de trovoada.

Contudo, a precipitação parou e as nuvens negras começaram a dissipar-se. De fato, às 10h00, o sol irrompia pela brumosa barreira cinzenta. Uma brisa intensa também ajudou à secagem.

Contra as probabilidades, as cerimonias anteriores à corrida foram concluídas a tempo. Florence Henderson deu o seu habitual entusiasmo à interpretação do hino nacional, e Jim Nabors entrou com o 'Back Home Again in Indiana.' O santificado Speedway estava agora lotado, preparado para a Presidente Honorária do Indianapolis Motor Speedway, Mary F.Hulme, emitir o seu famoso comando: "Senhora e Senhores, liguem os vossos motores!"

Os dois carros do Team Menard de Brayton e Luyendyck não conseguiram segurar o Reynard-Honda de Goodyear na explosão inicial de aceleração, e embora Brayton tenha liderado até à primeira curva, um levantar sensato do acelerador permitiu a Goodyear passar para a liderança pela linha de fora.

"Foi uma grande emoção quando tomamos o comando," disse o dono Tasman, Steve Horne, "porque era a primeira volta de sempre da nossa equipe na Indy 500 — e nós lideramo-la, e isso foi sensacional!"

Luyendyck também passou por fora o pole na Curva Um, para ser seguido por Michael Andretti. Atrás, porém, houve uma baixa quando o Reynard-Ford de Stan Fox se descontrolou no lado inferior do sulco. O seu carro depois virou para a direita, em direção ao Copenhagen Lola-Ford de Eddie Cheever. Ambos foram contra o muro exterior de proteção com ferocidade assustadora.

O carro de Fox foi despedaçado no impacto, ficando horrivelmente exposto todo o torso inferior do piloto enquanto os restos do Reynard rodavam ao longo da beira da pista antes de finalmente repousarem na Curva Dois. Milagrosamente, o popular piloto não sofreu lesões nas pernas ou nos pés. Mas a violência do embate deixou-o inconsciente com uma lesão na cabeça.

As rápidas equipes de emergência entraram em ação, e após uma breve visita ao centro médico, Fox foi transferido para o Hospital Metodista. No espaço de uma hora, foi operado para aliviar a pressão no cérebro devido a um coágulo sanguíneo. Os médicos confirmaram que a sua sobrevivência se devia à perícia dos médicos que o assistiram e à atenção rápida que recebeu.

Nenhum outro piloto ficou ferido, embora para Cheever o dia tivesse acabado. Tal como para Lyn St. James e C. Guerrero, cujos carros tiveram danos sérios. De Ferran e Bachelard foram lentamente aos boxes com suspensões quebradas, embora as suas esperanças de voltarem à luta fossem nulas. Outros carros fizeram pit stops não programados para trocar de pneus.

R.Gordon, entretanto, ficou agradecido pela interrupção prolongada visto que dera tempo à equipe para diagnosticar a razão que o levara aos boxes no final da volta do pace car: acelerador preso. Após mais duas paradas, Gordon estava pronto para voltar à corrida, embora já com uma volta de atraso do líder.

Quando a corrida se reiniciou, Luyendyck utilizou a potência do seu Menard V6 para passar Goodyear enquanto aceleravam no começo da 10ª volta. 800 metros depois, Andretti também ultrapassou o Reynard-Honda e começou a exercer pressão sobre Luyendyck. Os lideres impuseram um andamento confortável a cerca de 347 km/h, com Goodyear mantendo-se expectante em terceiro. Brayton, Gugelmin e tambem Villeneuve encabeçavam a perseguição, mas ficavam para trás.

Luyendyck deteve uma vantagem precária no início, após o que Andretti efetuou a sua ultrapassagem quase logo depois de os lideres terem encontrado pela primeira vez alguns retardatários.

A tração superior do motor Ford/Cosworth V8 tinha permitido a Andretti fazer aquela manobra sobre Luyendyck, e a outra maior desvantagem do Menard V6, de comando único, tornou-se evidente quando Luyendyck se tornou no primeiro dos homens da frente a fazer o primeiro reabastecimento na 28ª volta. O holandês aumentou os seus problemas ao deixar morrer o motor quando saía o boxe. O erro deixou Luyendyck com duas voltas de atraso de Andretti, e acabou com as suas esperanças de vitória.

O colega de equipe Brayton parou na volta seguinte, e também perdeu uma volta, enquanto Andretti se mantinha na frente durante mais quatro voltas antes de sua primeira parada. O andamento rápido dos líderes possibilitou que Goodyear herdasse o comando com quase meia volta de vantagem antes de reabastecer na 37ª volta.

Villeneuve assumiu o comando naquele ponto. Tal com a maioria do resto do pelotão, ele esperava ansiosamente uma oportunidade para fazer o seu primeiro reabastecimento. Mas, as luzes amarelas acenderam-se após a descoberta de destroços na Curva Um. Segundo os regulamentos da USAC, a entrada dos boxes é fechada enquanto o piloto do pace car se tenta posicionar na frente do pelotão. Infelizmente, a equipe de Villeneuve não se apercebeu que o seu homem estava de fato na liderança da corrida, e entre a maior confusão o canadense passou duas vezes inadvertidamente o pace car antes da ordem ser restaurada convenientemente.

A entrada dos boxes continuou fechada durante várias voltas enquanto o pelotão continuava circulando com um andamento mais reduzido. O caos prolongado quase causou um desastre para Pruett, que acabou por encostar no seu pit com o motor morto, sem combustível, caindo de quinto para 22º.

Outros pilotos sofreram conseqüências similares antes do status quo ser restabelecido. Quando a corrida se reiniciou Andretti estava na frente, seguido por Goodyear, Villeneuve e André Ribeiro, que tinha trabalhado consistentemente para recuperar com o segundo Tasman Reynard-Honda. O brasileiro tinha superado um acidente durante as sessões livres para colocar o seu nome na história como o rookie mais rápido de sempre nas qualificações.

Villeneuve, entretanto, era punido com uma penalização stop & go de duas voltas devido ao seu papel na confusão, baixando para 24º, e ficando fora da contenda.

Andretti assumiu então o comando, dilatando a sua vantagem para mais de 17 segundos antes de fazer o segundo reabastecimento. Após muitos anos de frustração em Indianápolis, tudo parecia finalmente correr de feição para o piloto da segunda geração... até à 77ª volta, quando ele saiu da trajetória na Curva Quatro quando Gugelmin abrandou para entrar no box para um reabastecimento de rotina. O carro de Andretti subiu os corretores e depois embateu no muro. A agonia continuava. A sua suspensão estava quebrada. Andretti estava de fora.

"No fim de contas foi um erro meu," admitiu ele. "Eu ia passar o Maurício e no meio da Curva Quatro ele abrandou para ir aos boxes. Eu apercebi-me demasiado tarde e fui por cima para o tentar passar. Quando fiz isso, foi como bater em gelo e fui contra o muro."

"É realmente um pena porque penso que tínhamos um boa hipótese de vitória. O carro estava perfeito."

Agora era a vez de Gugelmin brilhar. O veterano da Fórmula 1 tinha sido consistentemente rápido no Reynard-Ford Hollywood da equipe PacWest; mas também não iria ser o seu dia. Após liderar a corrida durante 59 voltas — mais do que qualquer outro piloto — Gugelmin sentiu que o anterior equilíbrio perfeito do seu carro se tinha deteriorado gravemente. Ele baixou para 6º.

"Estou convencido que qualquer coisa se quebrou," disse o decepcionado brasileiro. "Nós realmente tínhamos tudo sobre controle até meio da corrida e depois fugiu-nos."

Jimmy Vasser depositara esperanças legítimas de vitória. O dotado californiano andou entre os dez primeiros com o Reynard-Ford de Chip Ganassi, depois assumiu o comando nos últimos 160 km graças a uma diferente opção na complicada estratégia do combustível.

A sua equipe estava otimista em que ele pudesse chegar ao fim sem precisar de outro pit stop. Revelou-se ser um ponto discutível. Vasser foi apanhado de surpresa quando Pruett mergulhou para a liderança pela trajetória interior da Curva Três na 171ª volta, forçando-o a desviar-se de sua trajetória ideal. Um instante depois, ele ia em direção ao muro.

"Quando vim para baixo na curva, ele estava ao meu lado na trajetória baixa, com mais velocidade, e começou a subir pela pista," disse Vasser. "Ele tinha a trajetória, numa ultrapassagem limpa, mas atirou-me contra o muro."

O abandono de Vasser deu oportunidade a uma disputa arrebatadora entre Pruett e Goodyear. Ambos corriam com pneus Firestone. Pruett, claro, tinha feito uma recuperação impressionante depois de ter perdido

Michael C. Brown

Bobby Rahal (esquerda) recuperou de um stop & go para ser 3º.

Direita: Leslie Goodyear e a mulher de Steve Horne viram as hipóteses de vitória do seu homem sumirem numa intensa controvérsia.

Página oposta: Goodyear recebe Firestones novos no seu último pit stop. A batalha disputada entre os gigantes de pneus deu mais sabor à corrida deste ano.

Ao lado: Jacques Villeneuve afasta-se do boxe do Team Green. O jovem é o primeiro a vencer a Indy 500 depois de completar 202 voltas e 505 milhas mas celebrou a sua vitória épica (abaixo à direita) da maneira tradicional com uma garrafa de leite.

uma volta no início, enquanto Goodyear tinha regulado gradualmente o seu carro à medida que a corrida progredia.

"Fizemos imensas alterações, nas asas e mudanças na pressão dos pneus em cada um dos nossos pit stops," relatou Goodyear, "e no final da corrida estava muito bom."

Pruett também gostava do equilíbrio do seu Lola, embora tenha sido imediatamente ultrapassado por Goodyear no recomeço. O duo realizou depois as melhores voltas da corrida — a melhor superior a 360 km/h — enquanto rapidamente se distanciavam do resto do pelotão à razão de um segundo por volta.

Infelizmente, o duelo terminou em desastre na 185ª volta quando o vento cada vez mais forte fez com que o carro de Pruett fugisse da pista. Pruett tentou segurá-lo mas foi em vão. Ele bateu no muro na saída, depois rodou descontroladamente pela pista abaixo até ao interior antes de embater com a traseira no rail de proteção.

"Eu ia em busca da vitória e entusiasmei-me um pouco," explicou Pruett, que teve sorte de escapar sem nenhuma lesão séria. "Apanhei turbulência de ar e bati no muro. Estou desolado. Talvez tenha sido um pouco ganancioso, mas nós não viemos aqui ser segundo."

O soberbo ataque de Pruett aconteceu no fim, mas a Firestone ainda parecia em boa forma para alcançar uma vitória sensacional, visto que Goodyear (leia-se Scott) permanecia firmemente anichado na cabeça do pelotão. Ninguém parecia capaz de desafiar a sua supremacia.

Mas o drama ainda não terminara. A dez voltas do fim, acenderam-se as luzes do pace car e Goodyear preparava-se para liderar o pelotão em direção ao restart final. Ele esperou até que o pace car desaparecesse da sua vista, depois carregou no acelerador enquanto entrava na Curva Quatro. Infelizmente, ele não esperou o tempo suficiente. Enquanto Goodyear irrompia na Curva Quatro, ele encontrou o pace car ainda a caminho de regresso aos boxes.

"Sabia que o Villeneuve estava atrás de mim, e enquanto entrava na Curva Três percebi que se levantasse o pé, mesmo só para respirar, eu iria ser ultrapassado," explicou Goodyear. "Ao longo de todo o dia parecia que quem estivesse na frente no restart iria ser 2º ou 3º na volta seguinte; é muito difícil passar quando toda a gente vem a toda a velocidade."

Goodyear por esse motivo abriu caminho para não perder a sua vantagem. Villeneuve, pelo contrário, tendo anteriormente sido penalizado fortemente por ultrapassar o pace car, manteve o pé nos freios para se assegurar que não lhe voltava a acontecer o mesmo. No processo, Villeneuve quase causou uma carambola múltipla visto que diversos outros pilotos que vinham pouco atrás eram forçados a tomar ações evasivas.

Goodyear distanciou-se na liderança, até que foi informado que lhe iam mostrar a bandeira preta por ter ultrapassado o pace car antes deste ter deixado a pista.

"Se eu tivesse passado três ou quatro tipos antes da luz verde, então eu compreenderia a necessidade de um stop & go, mas nesta situação, quando lideramos a corrida, penso que esta penalização foi um pouco excessiva," reclamou Goodyear.

Os comissários de prova não concordaram e quando Goodyear resolutamente ignorou a bandeira de penalização, a USAC retaliou ao recusar tabelar o seu subsequente progresso.

"Obviamente, visto à distância, eu deveria ter-me mantido lá atrás antes do restart," continuou Goodyear, que foi classificado num modesto 14º lugar, "mas quando estamos nas últimas nove ou dez voltas, a única coisa que vai na nossa cabeça é garantir que não iremos ser ultrapassados na Curva Um porque poderemos não voltar a recuperar. Nós sabemos que não iremos encontrar tráfego e que provavelmente não iremos encontrar outra bandeira amarela. Temos apenas de ir em busca da vitória.

"Se eu tivesse entrado na curva depressa demais e tivesse ido contra o muro, eu diria, OK, sou um nabo. Mas isto é tão decepcionante."

Existiram também muitas outras estórias de pouca sorte. Paul Tracy, por exemplo, perdeu uma volta durante a caótica primeira bandeira amarela, depois subiu até segundo antes de perder terreno novamente, desta vez devido a um furo. O seu Lola sucumbiu finalmente a uma corrente do distribuidor quebrada depois de Paul Tracy ter recuperado até sexto. Raul Boesel também foi bastante infeliz — como sempre, em Indianápolis — quando um tubo de óleo quebrado o fez abandonar o 4º lugar no Lola-Mercedes Duracell nos últimos 80 km.

O Team Menard também teve um dia ruim. B.Lazier, que qualificara facilmente o terceiro carro da equipe, apesar de um reduzido tempo de pista, abandonou muito cedo com uma falha no sistema de combustível, enquanto Brayton e Luyendyck foram prejudicados por falta de pressão de turbo que diminuiu parte de sua vantagem de potência. As suspeitas recaíram sobre as válvulas "pop-off" não estandardizadas.

"Começamos no carro do Scott com 54 polegadas de pressão e terminamos por volta das 52," afirmou um frustrado John Menard. "Com o carro do Arie passou-se o mesmo. Tinha 52,8. Já é difícil com 55 polegadas e sem isso não conseguimos correr com estes pilotos."

Brayton nunca sobressaiu na corrida, embaraçado igualmente por falta de pressão de combustível como também por um longo pit stop que o relegou para um 17º. Luyendyck arranjou-se bem melhor: excetuando o seu primeiro pit stop e passou Villeneuve mesmo antes do final, recuperando assim a volta perdida e reivindicando o 7º lugar.

As etapas finais também foram marcadas pela briga pelo 2º lugar, que acabou por ir para o rookie Christian Fittipaldi. O ilustre tio Emerson, claro, nem sequer estava no pelotão, mas Christian salvou a honra da família com uma prestação magnífica no Reynard-Ford de Derrick Walker. O resultado de Christian proporcionou-lhe a cobiçada honra de Rookie do Ano e o mais meritório de tudo foi o fundo do seu carro ter ficado solto, tornando-o perigosamente subesterçante.

"O carro esteve perfeito até à primeira metade da corrida," disse ele, "mas as últimas 90 voltas foram um pesadelo. Pensei que ia bater no muro em todas as voltas."

O veterano Bobby Rahal foi 3º no seu Lola-Mercedes, apesar de uma penalização stop & go (por exceder o limite de velocidade no pit lane) durante as etapas finais da corrida. Rahal discutiu a penalização, de nada lhe servindo, embora, curiosamente, foi-lhe permitido que ele cumprisse a sentença durante uma situação de bandeiras amarelas em vez de ter de esperar pelo reinicio da corrida. O incidente tipificou a confusão que prevaleceu ao longo do dia.

Salazar foi 4º no Lola-Ford de Dick Simon. Não obstante, o rookie chileno sentiu que poderia ter tido uma hipótese de vitória se não tivesse sido forçado a frear fundo na Curva Quatro no último restart.

A seguir veio o colega de Fittipaldi, Gordon, que atacou forte depois do seu atraso inicial. Ele também poderia ter terminado numa posição melhor não fosse um pit stop extra na 187ª volta depois de pensar erradamente que tinha um furo.

"Cometi um erro," admitiu Gordon. "Quando se chega à parte final da corrida, começamos a ouvir e sentir coisas estranhas. Pensei que tinha um furo, mas não."

E assim, finalmente, o dia pertenceu a Villeneuve, que acabou por completar 202 voltas em consequência da imposição da sua punição de duas voltas.

"Quando recebemos aquela penalização, atingiu-nos em cheio," disse Barry Green. "Ninguém queria falar via rádio — estava tão silencioso — por isso reuni as tropas e disse, "Vamos rapazes, ainda não estamos de fora. Vamos trabalhar nisso".

Foi o que fizeram. Villeneuve sobreviveu a dois erros menores durante os reabastecimentos, felizmente sem consequências sérias, e na pista, ele foi impecável. O piloto de 24 anos recebeu combustível para mais milhas, que por sua vez lhe possibilitou ultrapassar o seu déficit de duas voltas ao fazer os seus pit stops durante duas interrupções perfeitamente atempadas.

"Eu sabia que tanto eu como a equipe estavamos preparados para ganhar esta corrida," disse um triunfante Villeneuve, que assumiu assim a liderança no campeonato. "Quando estávamos atrás de Goodyear, pensei que ele iria ser o primeiro canadense a vencer a corrida, mas acabamos por ser nós. Esta é a melhor sensação que eu jamais tive em competição. Indianápolis é a corrida que todos queremos vencer. É tão importante como vencer o campeonato."

MOTOROLA

GOODYEAR

BREVES

Fotos: Michael C. Brown

• A equipe de John Menard impôs o andamento desde os treinos oficiais no sábado, dia 6 de maio. Arie Luyendyck (acima) estabeleceu uma volta surpreendente a 375,419 km/h, no primeiro dia, depois continuou trocando a melhor volta com o colega de equipe Scott Brayton ao longo do fim de semana. Um ou outro dos Lola-Menard era o mais rápido em cada um dos dias, com Luyendyck finalmente estabelecendo um novo recorde oficioso da pista de 378,045 km/h. Brayton virou a mesa ao assegurar a pole, embora as condições meteorológicas impróprias impedissem de bater o recorde de Roberto Guerrero de 374.133 km/h.

• Bryan Herta bateu forte no muro num dos Reynard-Ford Target de Chip Ganassi durante a segunda semana de treinos. Herta sofreu uma concussão mas largou em 33º com o carro-reserva.

• O United States Auto Club introduziu uma das regras mais populares de sempre — pelo menos no que se refere aos membros das equipes — ao emitir um decreto que manda encerrar às 20h00 de cada dia a zona de garagens Gasoline Alley.

• Raul Boesel tentou mas não conseguiu ganhar velocidade no seu Lola-Mercedes no Pole Day, enquanto na sua segunda tentativa de qualificação, parecia seguro com a 363,7 km/h até que abrandou dramaticamente na sua quarta e última volta. O carro, incrivelmente, estava sem combustível! "Eu sabia que tínhamos velocidade suficiente e felizmente tivemos tempo para fazer uma outra tentativa," disse um aliviado Boesel. "Foi difícil sentar à espera que ainda houvesse tempo para sair novamente. Foi um alívio quando conseguimos."

• Refletindo os problemas da Penske, Stefan Johansson teve dificuldades na primeira semana com o Penske PC23 de Tony Bettenhausen. Este último, porém, rapidamente maquinou um plano alternativo ao alugar um Reynard-Ford com um ano à Arciero/Wells. Johansson encontrou diversas dificuldades mais antes de finalmente — e com suprema ironia — desalojar Emerson Fittipaldi do grid quando faltavam nove minutos para o fim do último dia das qualificações.

• O pouco abonado dono de equipe Greg Beck confirmou o seu acordo com Hideshi Matsuda (acima) alguns dias antes da pista abrir para os treinos oficiais, depois precipitadamente comprou e preparou um Lola-Ford '94 com o qual Scott Pruett tinha realizado a maioria dos testes no ano passado para a Patrick Racing. Matsuda debateu-se para recuperar o tempo perdido depois de faltar ao primeiro dos cinco dias de treinos oficiais, depois igualou o seu feito do ano anterior ao estabelecer facilmente as suas quatro melhores volta do mês durante a sua segunda tentativa de qualificação. De fato, Matsuda reivindicou o prêmio de o mais rápido no segundo dia de qualificação com uma média das quatro voltas de 366,627 km/h, eclipsando confortavelmente os esforços das estrelas, Rahal e Boesel, que entraram em pista pouco depois.

• Antes da corrida, ocorreram poucos incidentes durante as mais de duas semanas de treinos e qualificações. Villeneuve e Ribeiro emergiram ilesos dos seus acidentes a alta velocidade, enquanto o rookie Davey Hamilton quebrou o tornozelo direito depois da sua roda direita traseira se ter soltado do seu Reynard-Ford na Curva Quatro. Ron Hemetgarn construiu outro carro para a estrela da West Coast Super-Modified, que parecia preparada para entrar no pelotão com um esforço no último dia, só que o fundo se quebrou e quase lhe custou uma outra batida.

• O rookie francês Franck Freon (acima) fez uma tentativa corajosa para qualificar um Lola-Menard/Buick com três anos, de Steve Erickson. Freon fez as suas quatro melhores voltas durante a sua tentativa de qualificação no sábado, e na verdade a sua média de 361,178 km/h, que incrivelmente, lhe daria o sexto lugar em 1994, foi batido apenas na última hora.

• A velocidade média nas qualificações para o pelotão de 33 carros constitui um novo recorde de 365,169 km/h (um aumento de 5,861 km/h sobre o grid de 1994). Como medida ulterior do nível de competitividade, 27 dos 33 qualificados ficaram distanciados por apenas 4,036 km/h.

• Imperturbada com a decisão da USAC de limitar o restritor para motores de comando simples, de 209 polegadas cúbicas para 48 polegadas (em vez de 55), em consequência do artifício da Ilmor/Mercedes em 1994, a equipe de pai e filho de Peter e Michael Greenfield regressou com o seu próprio motor para uma segunda tentativa para entrar na corrida. Infelizmente, as esperanças de qualificação da empreendedora e limitada equipe foram dizimadas quando Michael embateu no muro da Curva Um na segunda sexta-feira. Não obstante, o motor (abaixo) demonstrara um promessa distinta, trabalhando perfeitamente e sem dramas de maior. Peter Greenfield reivindicou que produzia cerca de 800 cv, mesmo com a redução do restritor, e reconheceu que o maior inconveniente era a aerodinâmica na parte inferior do seu Lola de 1993, que tinha sido modificada para acomodar o motor no carro.

Segurança em exame

Imediatamente a seguir ao acidente de Stan Fox, Adrian Reynard e o seu projetista-chefe, Malcolm Oastler, iniciaram uma investigação detalhada que visava descobrir como e porque é que o chassi se abriu como uma casca de ovo.

Oastler estudou minuciosamente os destroços na garagem da Hemelgarn Racing, enquanto a corrida ainda decorria. Ele constatou que a integridade do chassi em matéria compósita fora severamente posta em causa no contato inicial com o carro de Eddie Cheever, como era evidenciado pelas marcas descobertas no lado do cockpit, e que isso o tinha enfraquecido substancialmente antes do impacto contra o muro da Curva Um.

Reynard concluiu que os novos regulamentos que estão a ser implementados pelo Championship Auto Racing Team/Indy Car para o campeonato de 1996, exigem uma utilização mais alargada de materiais à prova de furo tal como o Kevlar, que é usado na produção de vestuário à prova de bala, os quais devem melhorar significativamente a rigidez estrutural do chassi assim como a sua capacidade para aguentar um explosivo impacto secundário, tal como o de Fox.

Além disso, Reynard recomendou a introdução de diversos dispositivos adicionais de segurança, incluindo o alargamento do arco de proteção para que fique duas polegadas mais largo em relação aos capacetes atualmente utilizados pelos pilotos.

"Definitivamente vou incorpora-las no nosso carro do próximo ano," declarou Reynard," e escrevi uma carta às nossas equipes e aos outros fabricantes de chassis, como também à CART e à USAC, implorando-lhes que tornem estas alterações obrigatórias."

PPG INDY CAR WORLD SERIES • 6ª PROVA

79TH INDIANAPOLIS 500

INDIANAPOLIS MOTOR SPEEDWAY, INDIANAPOLIS, INDIANA

28 DE MAIO, 200 VOLTAS – 804,650 KM

Clas.	Piloto (Nac.)	Nº.	Equipe/Patrocinadores/Carro-Motor	Pneus	Vel. Qlf.	Tempo Qlf.	Pos.	Voltas	Tempo/Causa	Méd. km/h	Pts.
1	Jacques Villeneuve (CDN)	27	Team Green *Player's Ltd.* Reynard 95I-Ford	GY	367,559	2m 37,620s	5	200	3h 15m 17,561s	247,214	20
2	*Christian Fittipaldi (BR)	15	Walker *Marlboro/Chapeco Special* Reynard 95I-Ford	GY	364,305	2m 39,028s	27	200	3h 15m 20,042s		16
3	Bobby Rahal (USA)	9	Rahal/Hogan *Miller Genuine Draft* Lola T95/00-Mercedes	GY	365,441	2m 38,534s	21	200	3h 15m 20,527s		14
4	*Eliseo Salazar (RCH)	7	Simon *Cristal/Mobil 1/Copec* Lola T95/00-Ford	GY	362,129	2m 39,984s	24	200	3h 15m 22,329s		12
5	Robby Gordon (USA)	5	Walker *Valvoline/Cummins Special* Reynard 95I-Ford	GY	366,165	2m 38,220s	7	200	3h 15m 32,466s		10
6	Mauricio Gugelmin (BR)	18	PacWest Racing Group *Hollywood* Reynard 95I-Ford	GY	366,796	2m 37,948s	6	200	3h 15m 34,638s		9
7	Arie Luyendyk (NL)	40	Team Menard *Glidden/Quaker State* Lola T95/00-Menard	GY	371,798	2m 35,823s	2	200	3h 15m 59,520s		6
8	Teo Fabi (I)	33	Forsythe Racing *ABB/Indeck* Reynard 95I-Ford	GY	363,558	2m 39,355s	15	199	Em prova		5
9	Danny Sullivan (USA)	17	PacWest Racing Group *VISA* Reynard 95I-Ford	GY	362,890	2m 39,648s	18	199	Em prova		4
10	Hiro Matsushita (J)	25	Arciero-Wells *Panasonic/Duskin/YKK* Reynard 95I-Ford	FS	365,097	2m 38,683s	10	199	Em prova		3
11	*Alessandro Zampedri (I)	34	Payton-Coyne *The Mi-Jack Car* Lola T94/00-Ford	FS	363,304	2m 39,466s	17	198	Em prova		2
12	Roberto Guerrero (USA)	21	Pagan *Upper Deck/General Components* Reynard 94I-Mercedes	GY	364,348	2m 39,009s	13	198	Em prova		1
13	Bryan Herta (USA)	4	Ganassi *Target/Scotch Video* Reynard 95I-Ford	GY	362,979	2m 39,609s	33	198	Em prova		
14	Scott Goodyear (CDN)	24	Tasman Motorsports *LCI/Motorola/CNN* Reynard 95I-Honda	FS	371,360	2m 36,007s	3	195	Em prova**		
15	Hideshi Matsuda (J)	54	Beck Motorsports *Taisan/Zunne Group* Lola T94/00-Ford	FS	366,627	2m 38,021s	20	194	Em prova		
16	Stefan Johansson (S)	16	Bettenhausen *Alumax Aluminum* Reynard 94I-Ford	GY	362,972	2m 39,612s	31	192	Em prova		
17	Scott Brayton (USA)	60	Team Menard *Quaker State/Glidden* Lola T95/00-Menard	GY	372,720	2m 35,438s	1	190	Em prova		1
18	*Andre Ribeiro (BR)	31	Tasman Motorsports *LCI International* Reynard 95I-Honda	FS	364,498	2m 38,944s	12	187	Em prova		
19	Scott Pruett (USA)	20	Patrick Racing *Firestone/Pennzoil* Lola T95/00-Ford	FS	365,959	2m 38,309s	8	184	Acidente		
20	Raul Boesel (BR)	11	Rahal/Hogan *Duracell Charger* Lola T95/00-Mercedes	GY	363,746	2m 39,272s	22	184	Tubo de óleo		
21	Adrian Fernandez (MEX)	10	Galles *Tecate/Quaker State* Lola T95/00-Mercedes	GY	366,603	2m 38,031s	25	176	Motor		
22	Jimmy Vasser (USA)	12	Ganassi *Target/STP* Reynard 95I-Ford	GY	365,874	2m 38,346s	9	170	Acidente		
23	Davy Jones (USA)	77	Simon *Jonathan Byrd/Bryant Heating* Lola T95/00-Ford	GY	362,309	2m 39,904s	32	161	Acidente		
24	Paul Tracy (CDN)	3	Newman-Haas *Kmart/Budweiser* Lola T95/00-Ford	GY	363,371	2m 39,437s	16	136	Motor		
25	Michael Andretti (USA)	6	Newman-Haas *Kmart/Texaco Havoline* Lola T95/00-Ford	GY	369,002	2m 37,004s	4	77	Acidente		
26	Scott Sharp (USA)	41	A.J. Foyt *Copenhagen Racing* Lola T95/00-Ford	GY	363,236	2m 39,496s	30	74	Acidente		
27	Buddy Lazier (USA)	80	Team Menard *Glidden/Quaker State* Lola T95/00-Menard	GY	363,729	2m 39,280s	23	45	Sist. alimentação		
28	Eric Bachelart (B)	19	Payton-Coyne *The Agfa Car* Lola T94/00-Ford	FS	365,109	2m 38,678s	26	6	Estabilidade		
29	*Gil de Ferran (BR)	8	Hall Racing *Pennzoil Special* Reynard 95I-Mercedes	GY	362,795	2m 39,690s	19	1	Acidente		
30	Stan Fox (USA)	91	Hemelgarn *Delta Faucet/Bowling* Reynard 95I-Ford	FS	364,648	2m 38,879s	11	0	Acidente		
31	Eddie Cheever (USA)	14	A.J. Foyt *Copenhagen Racing* Lola T95/00-Ford	GY	364,207	2m 39,071s	14	0	Acidente		
32	Lyn St. James (USA)	99	Simon *Whitlock Auto Supply* Lola T95/00-Ford	GY	362,649	2m 39,825s	28	0	Acidente		
33	*Carlos Guerrero (MEX)	22	Simon *Herdez/Viva Mexico!* Lola T95/00-Ford	GY	363,429	2m 39,411s	29	0	Acidente		
NQ	Emerson Fittipaldi (BR)	9T	Marlboro Team Penske Lola T95/00-Mercedes	GY	361,942	2m 40,066s	34	–	Não qualificado		
NQ	*Franck Freon (F)	92	Autosport Racing Team *Earl's* Lola T92/00-Menard	FS	361,178	2m 40,405s	35	–	Não qualificado		
NQ	Al Unser Jr. (USA)	11T	Marlboro Team Penske Lola T95/00-Mercedes	GY	360,645	2m 40,642s	36	–	Não qualificado		
NQ	Marco Greco (BR)	55	Galles *Brastemp* Lola T95/00-Mercedes	GY		Tentativa abortada		–	Não qualificado		
NQ	*Davey Hamilton (USA)	95	Hemelgarn *Delta Faucet/Alfa Laval* Reynard 94I-Ford	FS		Tentativa abortada		–	Não qualificado		
NQ	*Jeff Ward (USA)	44	Arizona Motor Sports *Executive Air* Lola T94/00-Ford	FS		Tentativa abortada		–	Não qualificado		
NQ	Johnny Parsons (USA)	64	Project Indy *James Dean/Van Dyne* Reynard 94I-Ford	GY		Tentativa abortada		–	Não qualificado		
NTQ	Al Unser Jr. (USA)	1	Marlboro Team Penske Penske PC24-Mercedes	GY	–			–	Não tentou se qualificar		
NTQ	Emerson Fittipaldi (BR)	2	Marlboro Team Penske Penske PC24-Mercedes	GY	–			–	Não tentou se qualificar		
NTQ	Mike Groff (USA)	4T	Ganassi *Target/Scotch Video* Reynard 95I-Ford	GY	–			–	Não tentou se qualificar		
NTQ	Dean Hall (USA)	99	Dick Simon Racing *Subway* Lola T95/00-Ford	GY	–			–	Não tentou se qualificar		
NTQ	Jim Crawford (GB)	96	Adcox *Rain-X/Indiana Buick Dealers* Lola T92/00-Buick	FS	–			–	Não tentou se qualificar		
NTQ	*Michael Greenfield (USA)	42	Greenfield Industries Lola T93/00-Greenfield	FS	–			–	Não tentou se qualificar		
NTQ	Dick Simon (USA)	77	Simon *Jonathan Byrd/Bryant Heating* Lola T95/00-Ford	GY	–			–	Não tentou se qualificar		

** Piloto Rookie (estreante); ** Deixou de ser qualificado a partir da 195ª volta.*

Bandeiras amarelas: Voltas 1–9, acidente/Fox, Cheever, St. James e C. Guerrero; voltas 37–44, destroços; voltas 80–86, acidente/Sharp; voltas 89–95, rodada/Johansson; voltas 123–126, rebocado/Ribeiro; voltas 138–141, rebocado/Tracy; voltas 163–169, acidente/Jones; voltas 171–176, acidente/Vasser; voltas 185–190, acidente/Pruett. ***Total:*** nove em 58 voltas.

Líderes: Scott Goodyear, 1–9 (9 voltas); Arie Luyendyk, 10–16 (7 voltas); Michael Andretti, 17–32 (16 voltas); Goodyear, 33–35 (3 voltas); Jacques Villeneuve, 36–38 (3 voltas); Andretti, 39–66 (28 voltas); Goodyear, 67 (1 volta); Mauricio Gugelmin, 68–76 (9 voltas); Andretti, 77 (1 volta); Goodyear, 78–81 (4 volta); Gugelmin, 82–116 (35 voltas); Goodyear, 117–120 (4 voltas); Bobby Rahal, 121 (1 volta); Raul Boesel, 122–123 (2 voltas); Gugelmin, 124–138 (15 voltas); Goodyear, 139 (1 volta); Jimmy Vasser, 140–155 (16 voltas); Villeneuve, 156–162 (7 voltas); Scott Pruett, 163–165 (3 voltas); Robby Gordon, 166 (1 volta); Vasser, 167–170 (4 voltas); Pruett, 171–175 (5 voltas); Goodyear, 176–195 (20 voltas); Villeneuve, 196–200 (5 voltas). ***Totais:*** Gugelmin, 59 voltas; Andretti, 45 voltas; Goodyear, 42 voltas; Vasser, 20 voltas; Villeneuve, 15 voltas; Pruett, 8 voltas; Luyendyk, 7 voltas; Boesel, 2 voltas; Rahal, 1 volta; Gordon, 1 volta.

Volta mais rápida: Scott Goodyear, 40,177s, 360,497 Km, na 179ª volta.

Posições no campeonato: **1** Villeneuve, 67; **2** Rahal, 52; **3** Pruett, 51; **4** Gugelmin, 47; **5** Gordon, 43; **6** E. Fittipaldi, 35; **7** Unser, 34; **8** Tracy, 32; **9** Fabi, 31; **10** Andretti e C. Fittipaldi, 29; **12** Cheever, 28; **13** Boesel, 24; **14** Johansson, 22; **15** Sullivan, 21; **16** Salazar, 16; **17** Zampedri e Fernandez, 7; **19** Danner, Bachelart e Luyendyk, 6; **22** Vasser e Matsushita, 5; **24** Herta, 4; **25** Ribeiro, 3; **26** de Ferran, C. Guerrero e Hall, 2; **29** R. Guerrero e Brayton, 1.

1 – TRACY

2 – UNSER

3 – ANDRETTI

MILWAUKEE

Tracy renasce.

Paul Tracy atravessara momentos dificeis desde a conquista de um merecido triunfo em Surfers Paradise. O canadense tinha sido constantemente batido — pelo menos nas qualificações — pelo seu colega de equipe, Michael Andretti, e tinha sido incapaz de obter um único ponto nas três corridas subsequentes. Ele tinha baixado na classificação geral de primeiro para um distante oitavo, a 35 pontos do seu compatriota Jacques Villeneuve.

Crucialmente, porém, Tracy nunca perdeu a confiança nas suas capacidades. E quando a oportunidade se proporcionou, regressou à proeminência ao levar o seu Kmart/Budweiser Lola-Ford/Cosworth a uma vitória na Milha de Milwaukee. A Miller Genuine Draft 200 foi palco de um estimulante duelo entre Tracy e o seu antigo colega da equipe Penske, Al Unser Jr., que terminou a menos de um segundo depois de 200 voltas de intensa competição. Na verdade, o par trocou de posições diversas vezes nas etapas finais antes de Tracy poder cimentar a sua 10ª vitória em apenas 54 largadas na Indy Car e a sua segunda em sete participações com a equipe Newman-Haas. O colega de equipe de Tracy, Michael Andretti, terminou em 3º, a uma volta.

"Isto é especialmente satisfatório depois do nosso desapontamento em Indianápolis," afirmou Tracy. "Pensava que estava na contenda até que tivemos um problema e Michael estava seguramente em posição de vencer a corrida. Em vez disso, saimos de lá com o rabo entre as pernas. Por isso foi bom termos feito uma boa prova este fim de semana. Não podiamos estar mais felizes."

Michael C. Brown

As muitas caras de Paul Tracy. O vitorioso canadense comemora no pódio com o segundo classificado Al Unser Jr.

Teo Fabi assumiu a pole no Indeck/Combustion Engineering Reynard-Ford de Jerry Forsythe e liderou a corrida até ao desgaste dos pneus ter forçado à redução do seu ritmo.

Michael Andretti (à direita) aprecia o desafio único colocado pela superfície irregular da pista de Milwaukee, mas problemas de estabilidade relegaram-no para o terceiro lugar.

QUALIFICAÇÕES

A pista histórica situada no interior do Wisconsin State Fair Park representa um desafio diferente quando comparada com outras ovais de uma milha. Notoriamente, as suas curvas quase não têm inclinação. Igualmente, o venerável traçado tem sido sujeito a muitos invernos rigorosos, que inevitavelmente cobraram os seus direitos sobre a própria pista.

Talvez como resultado da superfície trepidante, a Milha de Milwaukee tradicionalmente apresenta uma surpresa ou duas. Este ano foi a vez de Teo Fabi ser manchete, ao mostrar uma forma espetacular ao longo do fim de semana no Reynard-Ford de Jerry Forsythe.

Persistentes pancadas de chuva na 6ª feira impediram os carros de estar muito tempo em pista e mal clareou, ficou aberto o caminho para condições perfeitas no sábado de manhã, e Fabi impôs o ritmo desde a altura em que a bandeira verde foi agitada. Contra todas as probabilidades, também, tendo saído da última posição na linha de qualificação, Fabi efetuou duas voltas relâmpago para estabelecer um clímax sensacional naquela sessão única. Cada volta teria sido suficientemente boa para a pole.

"Temos sido competitivos este ano, mas finalmente conseguimos um resultado para o provar," afirmou Fabi. "Eu estou feliz por mim, claro, e também pela equipe, porque este é o nosso primeiro ano juntos e penso que ainda surgirão mais melhorias."

Antes do último minuto arrebatador de Fabi, Emerson Fittipaldi e o colega de equipe da Penske-Mercedes Marlboro, Al Unser Jr. pareciam preparados para ocupar a primeira fila, marcando um regresso triunfante a seguir ao embaraçoso desaire de Indianápolis.

"Eu estava com toda a equipe à espera que Fabi saisse e a minha mente regressou a Indianápolis onde nós observamos o Stefan (Johansson) a pôr-nos fora da corrida," disse Fittipaldi. "É muito melhor sentirmonos postos fora da pole do que da corrida. Desta vez estivemos no lado oposto do pelotão. É um sentimento bem melhor. Estou muito satisfeito."

Unser estava similarmente gratificado — e aliviado — por ter andamento outra vez, embora parecesse estranho para a equipe Penske estar situada no começo do pit lane em vez do seu lugar habitual adjacente à saída. As posições, sabem, são distribuídas de acordo com as posições da qualificação da corrida anterior... e visto que os Penske não entraram em Indianápolis, eles estavam na posição inferior do totem da pole.

Andretti alinhou em quarto no grid, contente com o equilíbrio no seu Lola-Ford Kmart/Texaco Havoline, seguido pelo rookie André Ribeiro, que mais uma vez exibiu o potencial do Reynard-Ford Valvoline/Cummins de Derrick Walker. Tracy iria largar em sétimo.

Os dez primeiros pilotos ficaram todos a menos de meio segundo do tempo da pole de Fabi de 22,120s (261,44 km/h), com os 20 mais rápidos separados por apenas 0,792s.

CORRIDA

Um grid muito equilibrado e uma continuação das condições meterológicas atraiu um recorde de público de 47.700 pessoas à célebre oval.

Fabi liderou o pelotão de 26 carros em direção ao local onde se encontrava o diretor de prova num andamento vivo, permitindo que ele pudesse manter a sua vantagem da pole na primeira curva. Fittipaldi colou-se atrás, enquanto Gordon atacou por fora na trajetória elevada das Curvas Um e Dois para emergir em quarto, quando os carros aceleraram na reta. O ataque de Gordon prosseguiu enquanto ele superava Andretti pela trajetória exterior na Curva Três, depois a seguir batia Fittipaldi, ascendendo a segundo.

Fabi, entretanto, tinha adquirido uma clara vantagem, e tal era a sua superioridade que começou a dobrar alguns dos carros mais lentos logo na sexta volta.

"O carro estava simplesmente perfeito na largada," afirmou Fabi. "De fato, eu tentava preservar os pneus, mas obviamente não suficientemente bem, porque eles rapidamente começaram a perder aderência."

Pela 15ª volta, a corrida tinha tomado uma feição totalmente diferente. Fabi ainda liderava, mas com uma margem bastante menor sobre Unser, que tinha conseguido passar numa rápida sucessão Fittipaldi, Andretti e Gordon. Andretti agora era 3º, seguido por Tracy, Fittipaldi e Gordon, cujo carro se tornara perigosamente substerçante devido a um toque inadvertido de Andretti.

"Levantou a traseira do carro e o bico bateu," reclamou Gordon. "O carro começou a fugir na entrada das curvas."

Unser surgiu na traseira de Fabi na 20ª volta, e sete voltas depois passava para o comando na saída da Curva Dois. Naquela fase parecia que Unser poderia cumprir o resto da distância, como fizera em 1994 quando ele e o seu colega de equipe Fittipaldi terminaram com duas voltas de avanço em relação ao resto do pelotão. Um terceiro Penske, pilotado, claro, por Tracy, terminara em terceiro naquela ilustre ocasião.

Mas Tracy ainda não estava batido. Na 37ª volta, ele desalojou Fabi do segundo lugar. Ele pode depois estabilizar o déficit para Unser à volta dos seis segundos.

Unser continuou a manter um ritmo confortável na frente do pelotão e só Tracy era capaz de oferecer um desafio sério. Andretti ultrapassou Fabi na 41ª volta.

"Desde o início, ultrapassavam-se por fora com facilidade", lamentou Andretti. "Eu não podia usar a trajetória mais alta. Isso prejudicava-me porque eu não conseguia passar ninguém por fora."

Os seus comentários também foram repetidos por Fabi, que também se debatia no tráfego.

"Estava tudo bem quando eu andava sozinho," contou ele, "mas no tráfego o carro parecia perder muita potência e muito apoio aerodinâmico."

Fittipaldi seguia em 5º, apesar de se queixar do carro sair cada vez de frente, e ele prontamente foi o primeiro dos pilotos da frente a fazer um pit stop na 52ª volta.

Fabi aproveitou a oportunidade para reabastecer na 61ª volta, quando Unser renunciou à liderança ao entrar no box três voltas depois. Unser tinha tentado permanecer mais tempo em pista, mas foi forçado a ir para o box devido a uma falha no sistema de telemetria/computador, o que significava que nem ele ou a sua equipe tinha uma leitura precisa do consumo de combustível do motor Mercedes-Benz.

"Pura e simplesmente tivemos de seguir o velho plano da adivinhação," explicou o engenheiro de corrida Grant Newbury. "Os velhos calculadores fizeram algumas horas extraordinárias."

Tracy liderou durante 11 voltas antes de fazer o primeiro pit stop, entregando por breves momentos o comando a Andretti, que foi o último dos homens da frente a reabastecer. Desse modo, Andretti manteve a sua tendência de liderar, até agora, todas as corridas deste ano.

Infelizmente, Andretti deixou morrer o motor enquanto se preparava para deixar o boxe. A sua perspicaz e enérgica equipe rapidamente o voltou a pôr a funcionar e Andretti abriu caminho de volta à briga, mas então já estava em quarto atrás de Fabi. Ambos tinham perdido uma volta para o líder, tendo Unser reingressado na frente de Tracy.

A distância entre o Penske e o Lola permaneceu regular até meio da corrida. Depois, pouco a pouco, Tracy começou a corroer a vantagem de Unser. Na 116ª volta, eles estavam virtualmente colados.

Surgiu mais uma sessão de pit stops, e quase como deixa, Eliseo Salazar rodou o Lola-Ford de Dick Simon na Curva Quatro — impressionante: sem fazer qualquer contato sério — em ordem para proporcionar a única interrupção completa da corrida na 124ª volta. Por fim, o ritmo frenético baixou durante alguns momentos.

Contraste de Opiniões

Equipes, pilotos e fãs: todos esperavam com prazer a peregrinação anual à afamada Milha de Milwaukee, que recebe eventos de provas automobilísticas desde 1903. A atmosfera é sempre jovial e proporciona um forte contraste em relação ao ambiente de alta pressão de Indianápolis, que tradicionalmente antecede a visita ao Wisconsin.

Não obstante, a superfície irregular da pista continua a fornecer um assunto quente de conversa. Cria um desafio formidável não só para os pilotos, que têm de enfrentar um trepidar constante dentro dos seus carros, mas também para os engenheiros das equipes, que se esforçam em assegurar uma performance constante dos seus corceis cada vez mais sofisticados. Curiosamente, porém, as opiniões dividiam-se acerca da repavimentação ou não da pista.

Alguns pilotos, incluindo Eddie Cheever, não tinham dúvidas: "Este local tem o mesmo asfalto desde os tempos em que Jim Clark correu aqui, nos anos 60," afirma ele. "É uma piada. Os carros levantam voo sempre que saiem da Curva Quatro. É tão ondulante que não se pode correr com o carro baixo para ganhar apoio aerodinâmico, o que significa que temos de nos apoiar nos pneus e depois utilizá-los como melões."

Cheever involuntariamente provou o seu ponto de vista ao bater forte na saída da Curva Quatro durante a sessão livre final no sábado de tarde. Por isso foi forçado a correr na prova com o chassis Lola da A.J. Foyt de '94, visto que o carro reserva de '95 da Foyt tinha ficado seriamente danificado em Indianápolis.

Mas as opiniões de Cheever não era partilhadas por toda a gente. Michael Andretti, por exemplo, que venceu quatro vezes em Milwaukee, não é necessariamente a favor de se retirarem as irregularidades. "Elas dão caráter ao local," aponta ele. "É uma grande pista. Pessoalmente não me importo com as irregularidades porque elas reduzem automaticamente a velocidade dos carros -- durante a corrida somos sempre dois a três segundos mais lentos por volta do que nas qualificações. E porque o local é tão espaçoso, que proporciona grandes corridas."

Os fãs certamente confirmarão isso. A preocupação de Andretti, porém, centra-se na inevitabilidade que uma superfície mais macia levará a um aumento substancial na velocidade, o que por sua vez, proporcionará menos oportunidades para ultrapassar e, muito possivelmente, mais acidentes.

Não obstante, tendo em conta as novas restrições aerodinâmicas com o objetivo de reduzir significativamente a velocidade dos carros, o dono do carro de Andretti, Carl Haas, que também é o promotor da Milha de Milwaukee, decidiu que chegou a hora. Por consequência, quando os carros da Indy Car se dirigirem novamente à pista histórica, terão um asfalto novinho que será colocado no inverno, sendo o seu custo estimado em US$1,2 milhões.

Michael C. Brown

O rookie Gil de Ferran refreou a sua agressividade natural e foi recompensado com um encorajante oitavo lugar com o Pennzoil-Reynard.

Um reabastecimento de rotina do colorido Panasonic/Duskin/YKK Reynard-Ford de Hiro Matsushita. O diferencial do plantel da Indy Car nunca foi tão grande.

A ênfase mudou então para o pit lane, onde a equipe de Tracy reabasteceu o seu homem ligeiramente mais depressa do que a de Unser. Os dois carros aceleraram virtualmente em uníssono, mas o nariz do Lola de Tracy estava na frente quando eles cruzaram a linha mesclada que é utilizada para determinar as posições no final do pit lane. Vantagem da Newman-Haas.

Quase simultaneamente, atrás no boxe da Penske, Fittipaldi entrou muito depressa, perdeu controlo na freada numa lomba e rodou contra o muro do pit.

Tracy e Unser retomaram o seu duelo pela liderança, e como que para aumentar a excitação, Gordon encontrava-se na pista à frente deles. O californiano faziauma boa corrida, mesmo que agora tivesse de brigar para permanecer com apenas duas voltas de atraso para os líderes. Durante várias voltas, Gordon conseguiu manter-se a alguma distância da batalha Tracy-Unser.

"Ele era suficientemente rápido para se manter fora de alcance," disse Tracy. "Ele mantinha-se ali até que apanhou a turbulência e depois perdeu potência, por isso eu pude avançar sobre ele; mas era frustrante porque eu podia ver o Al a avançar sobre mim."

De fato, na 144ª volta, Unser reconquistou a liderança depois de obter uma melhor tração na saída da Curva Quatro. Unser prosseguiu para arrancar uma vantagem de dois segundos sobre o pelotão na 15 voltas seguintes; mas Tracy estava preparado para esperar pela sua hora.

"Eu tinha observado o seu carro antes e embora ele fosse um pouco mais rápido do que eu no meio da corrida, o meu continuou bom enquanto o dele começou a tornar-se subvirador," notou Tracy. "Falei via rádio para a minha equipe e disse-lhes para não se preocuparem. Concentrei-me em tentar conservar um pouco o combustível, e depois quando entramos no tráfego, eu tentei manter a pressão porque sabia que o seu carro iria fugir no fim."

Na 175ª volta, os dois líderes estavam de novo juntos. Quatro voltas depois, enquanto ultrapassavam dois retardatários, Tracy reconquistou o comando na saída da Curva Quatro.

Tracy pegou um susto quando outro retardatário o obrigou a sair da trajetória nas Curvas Um e Dois quando faltavam 15 voltas para o fim. O incidente permitiu a aproximação de Unser até ao comprimento de um carro, mas Tracy recuperou daquele golpe e pode percorrer as voltas remanescentes sem dificuldades de maior.

"Penso que foi uma das melhores corridas que jamais vi o Paul fazer," disse o dono do carro Carl Haas. "Ele manteve-se ali. Parecia sombrio nas etapas finais quando o Al se aproximou dele, mas o Paul começou a fechar completamente e foi bem sucedido. Estou muito orgulhoso dele."

Unser estava razoavelmente satisfeito com o seu segundo lugar, considerando a desvantagem de uma lesão dolorosa no seu ombro direito. Andretti conservou o terceiro lugar na frente de Fabi, que teve a infelicidade de perder duas voltas quando ele realizou o segundo pit stop. Caso contrário, o italiano obteria certamente um lugar no pódio.

Gordon manteve-se no quinto, a seguir a um emocionante duelo com o líder Jacques Villeneuve nas etapas finais. O par trocou duas vezes de posição nas derradeiras 20 voltas, antes de Gordon levar a melhor por apenas 0,331s.

"Foi uma boa corrida, limpa," disse Gordon. "Eu sabia que o tinha de bater porque ele é o líder da tabela PPG. É um campeonato de 17 corridas e nós precisamos de começar a amealhar pontos."

Michael C. Brown

BREVES

Fotos: Michael C. Brown

• "Penso que esta semana demos espetáculo, rapazes," observou sarcasticamente um alegre Al Unser Jr. durante a conferência de imprensa que se seguiu às qualificações depois de ter efetuado o 3º tempo. "Eu quero realmente agradecer à minha equipe por ter feito um trabalho louco depois de não termos entrado na Indianapolis 500, porque é realmente fácil ir abaixo. A atenção aos detalhes foi fantástica, como acontece sempre com a Penske Racing."

• De novo em forma, o italiano Fabi estava encantado depois de conquistar a 10ª pole da sua carreira na Indy Car — e a sua primeira desde Denver em 1990 com o infortunado March-Porsche.

• O acidente inicial de Lyn St. James em Indianápolis destruiu os seu Lola de 1995, por isso ela começou o fim de semana com o Lola T94/00, chassi 01, da Dick Simon Racing com o qual Raul Boesel se qualificou na pole em Milwaukee em 1994. Depois, após outro episódio contra o muro no sábado de manhã, que causou danos extensos na traseira do carro em que pretendia correr, St. James (abaixo) foi obrigada a participar com o carro de reserva de '94 do seu colega de equipe Carlos Guerrero. Apesar disso, terminou em 20º.

• Jacques Villeneuve correu com um novo chassi Reynard, que trazia a placa com o número 95I-004A, para substituir o carro destruído no seu acidente durante a sessão em Indianápolis.

• Emerson Fittipaldi ficou embaraçado depois da sua espetacular rodada no box, ficando fora de prova, mas existiram algumas circunstâncias atenuantes. Primeiro, os seu Penske pegou bastante sujeira no pneu traseiro direito imediatamente antes de fazer o pit stop. Segundo, ele não estava acostumado a parar no início do pit lane, que o obrigou a virar para a esquerda antes de entrar no seu box. "Era um tipo de pit difícil para entrar," admitiu o seu engenheiro de corrida Tom Brown, que depois demonstrou o seu sentido da realidade ao acrescentar: "Mas não foi mudado. Esteve lá todo o fim de semana."

• A Indy Car introduziu em Milwaukee uma nova válvula pop-off (o meio de manter a pressão de turbo no coletor de admissão nas 45 polegadas especificadas). A última válvula (acima), que foi sujeita a testes com informações de uma variedade de origens, incluindo todos os três fabricantes atuais de motores, revelou imediatamente ser muito mais fiável e consistente do que a válvula anterior, usada desde 1990.

PPG INDY CAR WORLD SERIES • 7ª PROVA

MILLER GENUINE DRAFT 200

MILWAUKEE MILE, WISCONSIN STATE FAIR PARK, WEST ALLIS, WISCONSIN

4 DE JUNHO, 200 VOLTAS – 321,860 KM

Clas.	Piloto (Nac.)	Nº.	Equipe/Patrocinadores Carro-Motor	Pneus	Vel. Qlf.	Tempo Qlf.	Pos.	Voltas	Tempo/Causa	Méd. km/h	Pts.
1	Paul Tracy (CDN)	3	Newman-Haas *Kmart/Budweiser* Lola T95/00-Ford	GY	257,347	22,512s	7	200	1h 27m 23,853s	220,963	20
2	Al Unser Jr. (USA)	1	Marlboro Team Penske Penske PC24-Mercedes	GY	259,404	22,334s	3	200	1h 27m 24,699s	220,926	17
3	Michael Andretti (USA)	6	Newman-Haas *Kmart/Texaco Havoline* Lola T95/00-Ford	GY	259,126	22,358s	4	199	Em prova		14
4	Teo Fabi (I)	33	Forsythe *Combustion Engineering/Indeck* Reynard 95I-Ford	GY	261,440	22,160s	1	198	Em prova		13
5	Robby Gordon (USA)	5	Walker *Valvoline/Cummins Special* Reynard 95I-Ford	GY	258,281	22,431s	6	197	Em prova		10
6	Jacques Villeneuve (CDN)	27	Team Green *Player's Ltd,* Reynard 95I-Ford	GY	225,405	22,683s	11	197	Em prova		8
7	*Christian Fittipaldi (BR)	15	Walker *Marlboro/Chapeco Special* Reynard 95I-Ford	GY	254,732	22,743s	13	196	Em prova		6
8	*Gil de Ferran (BR)	8	Hall Racing *Pennzoil Special* Reynard 95I-Mercedes	GY	252,915	22,907s	18	195	Em prova		5
9	Jimmy Vasser (USA)	12	Ganassi *Target/STP* Reynard 95I-Ford	GY	254,649	22,751s	14	195	Em prova		4
10	Adrian Fernandez (MEX)	10	Galles *Tecate/Quaker State* Lola T95/00-Mercedes	GY	256,247	22,609s	9	195	Em prova		3
11	Raul Boesel (BR)	11	Rahal/Hogan *Duracell Charger* Lola T95/00-Mercedes	GY	256,881	22,553s	8	194	Em prova		2
12	Scott Pruett (USA)	20	Patrick Racing *Firestone/Pennzoil* Lola T95/00-Ford	FS	254,932	22,726s	12	194	Em prova		1
13	Bobby Rahal (USA)	9	Rahal/Hogan *Miller Genuine Draft* Lola T95/00-Mercedes	GY	254,435	22,770s	16	193	Em prova		
14	Mauricio Gugelmin (BR)	18	PacWest Racing Group *Hollywood* Reynard 95I-Ford	GY	255,799	22,649s	10	193	Em prova		
15	*Carlos Guerrero (MEX)	22	Simon *Herdez/Viva Mexico!* Lola T95/00-Ford	GY	252,413	22,952s	20	191	Em prova		
16	*Eliseo Salazar (RCH)	7	Dick Simon *Cristal/Mobil 1/Copec* Lola T95/00-Ford	GY	252,605	22,935s	19	191	Em prova		
17	Danny Sullivan (USA)	17	PacWest Racing Group *VISA* Reynard 95I-Ford	GY	250,088	23,166s	21	188	Em prova		
18	Buddy Lazier (USA)	19	Payton-Coyne *The Agfa Car* Lola T94/00-Ford	FS	244,274	23,717s	24	188	Em prova		
19	Hiro Matsushita (J)	25	Arciero-Wells *Panasonic/Duskin/YKK* Reynard 95I-Ford	FS	248,691	23,296s	22	184	Em prova		
20	Lyn St, James (USA)	99	Simon *Whitlock Auto Supply* Lola T94/00-Ford	GY	S/Veloc.	S/Tempo	26	184	Em prova		
21	Stefan Johansson (S)	16	Bettenhausen *Alumax Aluminum* Penske PC22-Mercedes	GY	254,486	22,765s	15	177	Em prova		
22	Alessandro Zampedri (I)	34	Payton-Coyne *The Mi-Jack Car* Lola T94/00-Ford	FS	240,445	24,095s	25	173	Em prova		
23	Emerson Fittipaldi (BR)	2	Marlboro Team Penske Penske PC24-Mercedes	GY	259,420	22,332s	2	122	Acidente		
24	Bryan Herta (USA)	4	Ganassi *Target/Scotch Video* Reynard 94I-Ford	GY	245,312	23,617s	23	42	Estabilidade		
25	*Andre Ribeiro (BR)	31	Tasman Motorsports *LCI International* Reynard 95I-Honda	FS	258,601	22,403s	5	35	Suspensão danificada		
26	Eddie Cheever (USA)	14	A.J. Foyt *Copenhagen Racing* Lola T94/00-Ford	GY	253,968	22,1812	17	32	Estabilidade		

** Piloto Rookie (estreante)*

Bandeiras amarelas: Volta 1, largada com bandeiras amarelas; voltas 123–127, rodada/Salazar. ***Total:*** duas em 6 voltas.

Líderes: Teo Fabi, 1–27 (27 voltas); Al Unser Jr., 28–64 (37 voltas); Paul Tracy, 65–75 (11 voltas); Michael Andretti, 76 (1 volta); Unser, 77–124 (48 voltas); Tracy, 125–143 (19 voltas); Unser, 144–178 (35 voltas); Tracy, 179–200 (22 voltas). ***Totais:*** Unser, 120 voltas; Tracy, 52 voltas; Fabi, 27 voltas; Andretti, 1 volta.

Volta mais rápida: Teo Fabi, 23,601s, 245,477 Km, na 4ª volta.

Posições no campeonato: **1** Villeneuve, 75; **2** Gordon, 53; **3** Tracy, Rahal e Pruett, 52; **6** Unser, 51; **7** Gugelmin, 47; **8** Fabi, 44; **9** Andretti, 43; **10** E, Fittipaldi e C, Fittipaldi, 35; **12** Cheever, 28; **13** Boesel, 26; **14** Johansson, 22; **15** Sullivan, 21; **16** Salazar, 16; **17** Fernandez, 10; **18** Vasser, 9; **19** Zampedri e de Ferran, 7; **21** Danner, Bachelart e Luyendyk, 6; **24** Matsushita, 5; **25** Herta, 4; **26** Ribeiro, 3; **27** C, Guerrero e Hall, 2; **29** R, Guerrero e Brayton, 1.

PPG INDY CAR WORLD SERIES • 8ª PROVA | 1 – GORDON | 2 – VASSER | 3 – PRUETT

DETROIT

Robby Gordon tirou partido de sua pole position ao assumir a liderança na largada com Al Unser Jr. (1) e Paul Tracy a disputarem o segundo lugar, seguidos por Teo Fabi, Michael Andretti, Scott Pruett, Bobby Rahal, Adrian Fernandez, Jacques Villeneuve, Danny Sullivan, Stefan Johansson, Maurício Gugelmin e Jimmy Vasser.

Boa estratégia e golpe de sorte garantiram a vitória a Robby Gordon

O pitoresco circuito temporário de rua desenhado dentro do Belle Isle Park proporciona um teste interessante para as capacidades dos pilotos, ainda que o seu traçado tortuoso permita poucas e preciosas oportunidades para ultrapassar. Grande ênfase é dada, por isso, na qualificação e na posição em pista.

Largar na frente do pelotão assegura pista livre para o líder da corrida, por isso a velocidade de ponta é importante, enquanto no dia da corrida, assumindo que o detentor da pole pode fazer uma largada limpa, a enfâse é mais a eliminação de quaisquer erros.

A estratégia nos reabastecimentos também é provável que desempenhe um papel crítico na determinação do resultado. E especialmente a escolha do momento desses pit stops.

Robby Gordon e a sua equipe Walker Racing estiveram perfeitos no ITT Automotive Detroit Grand Prix deste ano. O californiano de 26 anos reconheceu a importância de largar na frente com o Valvoline/Cummins Reynard-Ford/Cosworth de Derrick Walker, e mesmo que tenha caído para a quinta posição depois se ter deparado com problemas de pneus no inicio, uma inspirada chamada ao box, um golpe de sorte e uma sagaz gestão do combustível possibilitaram que Gordon reconquistasse a vantagem pouco depois do meio da corrida de 77 voltas. Gordon cuidou do resto, recusando ser distraído por uma fila de carros nos seus espelhos e aguentou-se até obter uma merecida vitória.

Jimmy Vasser empregou uma estratégia idêntica na rota para o seu melhor resultado até à data para o Chip Ganassi Racing Team, apoiado pela Target, enquanto Scott Pruett mereceu o outro lugar do pódio após outra boa prova no Firestone Lola-Ford de Pat Patrick.

QUALIFICAÇÕES

A Newman-Haas Racing procurava sua sétima pole consecutiva na Capital do Automóvel. Michael Andretti tinha reivindicado a honra nas quatro primeiras vezes que se disputou a corrida, incluindo três vezes na prova no centro da cidade, enquanto Nigel Mansell continuou a sequência ao se qualificar como o mais rápido em cada uma de suas duas visitas a Belle Isle.

Andretti, agora regressado à equipe após dois anos sabáticos, respondeu ao estabelecer o melhor tempo na sessão de 6ª feira. Depois decidiu concentrar-se no pneu "opção" da Goodyear, que era ligeiramente mais duro do que a mistura "recomendada", e, apesar disso, sentiu que tinha um bom tempo na pole até se emaranhar com Gordon, a apenas poucos minutos do final da sessão de sábado à tarde.

"Ele tentava sair do meu caminho," disse Andretti, "por isso eu não me posso enfurecer demasiado. Ele não sabia para onde ir. Quando eu estava ao lado dele, ele perdeu controle. Eu quase conseguir safar-me mas dei-lhe um toque com a minha roda traseira."

O incidente permitiu que o tempo de Gordon na 6ª feira não fosse batido, embora a margem fosse reduzida, pois Al Unser Jr. efetuara uma melhoria substancial, ficando a poucos décimos de Gordon.

"Toda a gente se arrepiou com o meu tempo durante a sessão," disse Gordon. "Comecei a ficar preocupado que alguém me desalojasse da pole.

Unser foi o mais rápido na segunda sessão, mas teve de se contentar com o lugar de fora na primeira linha.

"Nós continuamos a trabalhar com o carro e melhorámos," disse Unser. "Não me quis arriscar a ter um acidente só para obter dois décimos de segundo. Estamos defintivamente preparados para a corrida."

Teo Fabi prosseguiu sua performance de pole em Milwaukee com outro belo esforço. Os próximos que se seguiam nesta excitante sessão final foram Pruett, que conseguiu melhorar o seu tempo de 6ª feira quando mudou para os pneus Firestone mais macios, e Andretti. Adrian Fernandez também esteve muito bem, e conseguiu o seu melhor lugar no grid da temporada.

CORRIDA

Raul Boesel nunca teve muita boa sorte desde a mudança para a Rahal/Hogan Racing no inverno. Em Detroit nem largou, devido a um motor quebrado. Bryan Herta não se arranjou melhor, um tubo de escape quebrado causou um incêndio na traseira do seu Reynard Target/Scotch Video, na volta inaugural.

O abandono do Duracell Lola de Boesel trouxe as bandeiras amarelas a meio da volta inaugural. Já se tinham efetuado algumas alterações de realce a partir da ordem original do grid. Gordon mantivera a vantagem, agora era seguido por Tracy, que na primeira curva executou uma ultrapassagem audaciosa por fora sobre Fabi e Unser. Andretti seguiu o seu colega de equipe na ultrapassagem a Fabi, relegando o descontente italiano para quinto na frente de Pruett e Bobby Rahal, que passou Fernandez.

O restart foi muito mais ordeiro. Gordon assumiu a liderança novamente, embora não fosse capaz de impedir os avanços do conjunto perseguidor. Na 7ª volta, os oito primeiros carros permaneciam numa formação muito apertada.

A próxima alteração significante surgiu na 8ª volta, quando Unser utilizou as excelentes caraterísticas de tração do seu Penske na saída da Curva 12, depois mergulhou para o interior de Tracy na freada para a Curva 13. Foi uma ultrapassagem magnificamente bem executada.

Unser repetiu a manobra na volta seguinte. Desta vez Gordon foi a vítima. Atrás deles, Andretti procedeu a uma manobra idêntica sobre Tracy.

Unser rapidamente se distanciou de Gordon, que já estava a debater-se com a perda de aderência dos seus pneus. Na volta seguinte, o pole era ultrapassado por Andretti e Tracy, que conseguiram aproximar-se de Unser com uma rapidez incrível. Claramente, a equipe Newman-Haas tinha feito uma escolha astuta ao decidir correr com pneus Goodyear mais duradouros.

"Estavamos definitivamente em dificuldades com o nosso primeiro jogo de pneus," admitiu Gordon. "Eu tinha feito as qualificações com esses pneus, e sendo um pneu mais macio, eles estavam gastos após 24 voltas. Eu ansiei por um interrupção para poder mudar para uma mistura mais dura."

O desejo de Gordon concretizou-se na 14ª volta. Unser, que também tinha lutado por aderência, aproveitou-se de uma oportunidade para fazer um pit stop, como o fez a maioria do pelotão. Surpreendentemente, Andretti e Tracy também reabasteceram, e, por isso, Unser, agora com pneus mais duros, voltou na frente.

Unser rapidamente tomou controlo da corrida, afastando-se claramente de Tracy, que tinha usurpado o 2º lugar a Andretti graças a um reabastecimento ligeiramente mais rápido. Mais atrás, as esperanças de Rahal de uma boa classificação foram desfeitas por um incidente no pit-lane. O problema foi provocado por Fabi que inadvertidamente foi embater na traseira de Maurício Gugelmin, que depois resvalou para o lado do Miller Genuine Draft Lola-Mercedes, furando o seu radiador.

O momento decisivo da corrida sucedeu na 37ª volta, seguindo-se a um acidente na Curva 14 envolvendo Christian Danner e Carlos Guerrero. Os três primeiros — Unser, Tracy e Andretti — escolheram permanecer em pista.

"Não fazia sentido reabastecer," explicou Roger Penske, que, como habitual, determinava a estratégia do carro de Unser. "Não estavamos na reserva. Se não houvesse outra bandeira amarela, teriamos de reabastecer outra vez."

A Newman-Haas prosseguiu a sua política de seguir a liderança de Unser. Assim, quando Unser escolheu não parar, o mesmo fizeram Tracy e Andretti.

Derrick Walker, por contraste, estava preparado para jogar os dados. Chamou Gordon ao box para um reabastecimento, apesar de saber que só um outro período prolongado de interrupção é que permitiria a Gordon chegar ao fim da corrida sem um pit stop extra.

O veterano gerente de equipe Jim McGee seguiu a mesma estratégia com o seu homem, Pruett, como o fez Tom Anderson com Vasser.

Quatro voltas depois, com o pelotão ainda circulando atrás do pace car, Penske decidiu adotar a mesma estratégia. Andretti e os restantes, seguindo como cordeiros — todos, isto é, menos Tracy, que estava tão colado a Unser que não pode reagir com a rapidez suficiente quando o líder abrutamente virou para o pit lane. Compreensivelmente, Tracy culpou a sua equipe por o não ter informado do pit stop iminente de Unser. O erro foi atenuado quando Tracy parou na volta seguinte. Por isso o atraso adicional deixou o canadense irritado no fundo do pelotão.

"Ninguém me informou que estavamos dentro da reserva," protestou ele. "Se eu tivesse sabido, teria prestado atenção (a Unser fazendo o pit stop)."

Duas enormes varredoras mecânicas limparam os destroços da pista enquanto o drama se desenrolava no pit lane, e na altura em que as bandeiras verdes foram mostradas novamente no final da 43ª volta, o regime anterior dos homens da frente tinha sido derrubado. Gordon tinha agora reconquistado a liderança, seguido brevemente por André Ribeiro, que tinha subido impressionantemente com o LCI Reynard-Honda da equipe Tasman, até abandonar pouco depois devido ao câmbio quebrado. Vasser tinha assim ascendido a segundo, na frente de Pruett, que tinha feito outro breve pit stop, recebendo combustível, na 41ª volta.

Meia dúzia de voltas depois, nova interrupção. Ela foi recebida por um coletivo suspiro de alívio por parte dos pilotos e dos membros das equipes da frente, especialmente Gordon e o pessoal da Walker. O consumo de combustível continuou em questão, mas com o guru da eletrónica da equipe Ron Ruzewski mantendo um olhar atento sobre a informação da teleme-

TECATE

VISA
MOTOROLA

ITT AUTOMOTIVE
ITT AUTOMOTIVE
Kmart

Ultrapassar é extremamente difícil no tortuoso circuito do parque mas não houve falta de renhida ação. No topo à esquerda: o Lola Tecate/Quaker State de Adrian Fernandez defende-se do Combustion Engineering/Indeck Reynard de Teo Fabi.

No meio à esquerda: Danny Sullivan conquistou o último ponto com o Reynard VISA mas Parker Johnstone não conseguiu terminar a sua primeira participação da temporada no Motorola Cellular Reynard-Honda da Comptech Racing.

À esquerda: Paul Tracy na frente do colega de equipe Michael Andretti. Ansiosa por contrariar a ameaça representada por Al Unser Jr., a Newman-Haas decidiu copiar a estratégia de reabastecimentos da equipe Penske — e como resultado perdeu todas as hipóteses de vitória.

Jimmy Vasser (acima) resistiu à implacável pressão de Scott Pruett e Michael Andretti na fase final para obter o segundo lugar, o melhor resultado até à data de sua carreira na Indy Car. Os quatro primeiros ficaram a menos de um segundo.

A apertada pista de Detroit torna as colisões quase inevitáveis. A mancha de borracha no bico do Reynard Pennzoil de Gil de Ferran (à direita) conta a sua própria história.

Fotos: Michael C. Brown

Uma questão de tempo . . .

A pilotagem vitoriosa de Robby Gordon, durante a qual ele mostrou cuidado na fase inicial, e depois resistiu a um grupo de perseguidores ansiosos, proporcionou mais uma prova da sua maturidade crescente. Durante as sessões livres e de qualificação, porém, ele sobreviveu a três diferentes toques no muro.

O primeiro incidente aconteceu na sessão livre de 6ª feira de manhã. "O carro fugiu na segunda parte da Curva Dois," explicou Gordon, que fora o mais rápido até aquela altura. "Eu tirei o pé do acelerador e o carro foi contra o muro. Foi a primeira vez que o carro me fugiu naquela parte da pista. Eu fui um mero passageiro."

Intrépido, e com o carro reparado, Gordon prosseguiu para alcançar depois a pole provisória no final tarde.

No dia seguinte, tendo saído para a pista nos minutos finais da qualificação, justamente quando Andretti tentava desalojá-lo da sua pole, Gordon perdeu novamente o controlo do seu carro, que estava com pneus novos, na Curva Três. Andretti foi incapaz de evitar um toque no Reynard errante. Felizmente nenhum carro sofreu qualquer dano sério, embora o incidente tenha certamente custado a Andretti qualquer hipótese de conquistar a pole.

O terceiro contratempo de Gordon surgiu durante o warm-up da manhã da corrida, quando um acelerador momentaneamente preso o levou contra o muro de pneus na Curva Três. O seu carro mais uma vez escapou sem damos sérios. Na realidade, foi concertado antes do fim da sessão.

"Estas coisas acontecem," disse ele. "É nisso que a minha equipe me apoia a 100 por cento. Se eu bater o carro, eles farão o que for necessário para o arranjarem. Se tivermos de ter acidentes, queremos que aconteçam nos treinos, não na corrida."

De fato, Gordon conseguiu varrer todos os pensamentos sobre os incidentes da sua cabeça. No domingo, ele junto consistência com tenacidade, ficando a quatro pontos do líder do campeonato Jacques Villeneuve, que não conseguiu melhor do que um distante nono lugar.

"Foi um fim de semana difícil," concluiu Gordon. "Lutamos o tempo todo. Isso é o que torna esta vitória tão recompensadora."

---

tria e o próprio Gordon fazendo uma utilização sagaz do controlo da mistura dentro do carro, eles perceberam que não deveriam ter dificuldades em chegar ao fim.

"A chave principal foi não puxar demais," explicou Gordon, que partiu do restart final pouco na frente de um conjunto mal-humorado que compreendia Vasser, Pruett, Andretti e Vasser. "Nas primeiras voltas abri um pouco a liderança e o Derrick veio no rádio e disse: 'Hei, não puxes tanto'".

"A minha equipe ganhou esta corrida para mim. O Derreck fez todas as chamadas certas e nós vencemos pela estratégia do combustível e por rápidos reabastecimentos."

Vasser, que largara em 14º depois de encontrar um grupo de carros lentos quando os seus pneus estavam no seu melhor durante as qualificações, também realizou uma excelente prova para alcançar o melhor resultado na sua carreira.

"A equipe chamou-me nos momentos certos," notou Vasser. "No fim, eu sabia que o Robby tinha problemas de pneus e eu esperei que ainda tivesse mais. Mas foi muito difícil passar. Estava mais ou menos esperançado que algo ocorresse e ao mesmo tempo assegurava-me que não se passava nada de errado com o meu carro."

O 3º lugar de Pruett fê-lo ascender a terceiro no campeonato.

"Os pneus foram fabulosos," disse Pruett dos seus Firestones. "De fato, penso que tivemos um pouco de vantagem. Só que não estavamos em posição de tirar partido disso. Foi a mesma situação que tivemos em Miami. Se temos uma oportunidade, tentamos passar, mas com o calibre dos pilotos que tivemos na frente do pelotão, é difícil porque eles não cometem erros."

Andretti, por sua vez, fez eco dos comentários de Pruett depois de terminar em quarto a somente 1,055s do vencedor.

"Eles realmente seguraram-me e não consegui passar," afirmou Andretti. "Tentei tudo mas foi impossível passar."

"A nossa estratégia estava certa em relação aos pneus. As bandeiras amarelas estragaram-nos a corrida. Íamos fazer aquilo que o (Unser) Junior fez. Ele não parou (na 37ª volta), por isso nós não paramos. Azar o nosso: a única vez que Roger faz uma chamada errada, nós seguimo-lo!"

Não obstante, Andretti não estava à procura de desculpas: "O carro esteve bom todo o fim de semana. A corrida é que não nos correu de feição. Deveria, teria, podia — mas não!"

Unser estava igualmente cabisbaixo, tendo também detido uma esperança legítima de vitória. De fato, ele teria certamente terminado à frente de Andretti se não tivesse sido superado nos boxes durante a segunda série de reabastecimentos.

"Penso que tinhamos o carro mais rápido," reivindicou ele. "Perdemos tudo no último reabastecimento. Pura e simplesmente não podemos adivinhar quando irão surgir as amarelas e foi isso que se passou."

Neste dia, a sorte não esteve com Andretti ou Unser. Gordon foi o bafejado, mas ele, também, tinha efetuado uma corrida impecável. A sua segunda vitória da temporada não foi mais do que merecida.

Abaixo: Emerson Fittipaldi levanta uma roda sobre o recém-remodelado piso de cimento a caminho de um decepcionante 10º lugar para a Marlboro Team Penske.

Michael C. Brown

BREVES

Fotos: Michael C. Brown

• Parker Johnstone (acima) fez a sua primeira largada na Copa PPG com o Motorola Cellular Reynard-Honda da Comptech Racing. O veterano engenheiro de corrida Trevor Harris também efetuou um regresso ao campeonato. Johnstone debateu-se para encontrar um bom equilíbrio para o seu carro mas estava firmemente em 12º antes de se desentender com Eliseo Salazar.

• A mais notável entre as melhorias introduzidas no circuito desde o ano anterior foi a repavimentação completa e o alargamento da reta traseira The Strand. "Eles definitivamente remediaram a pista da corrida," disse Al Unser Jr., "mas ainda não há locais para ultrapassar." Se os planos atuais se materializarem nada será mudado antes do regresso dos carros da Indy a Belle Isle em 1996...

• A Newman-Haas Racing causou buchicho no sábado de manhã quando o seu chassis suplente foi enviado para o campo de testes da Ford, perto de Dearborn. Michael Andretti e Paul Tracy tinham sentido uma granulação excessiva dos seus pneus Goodyear durante o último warm-up. Por isso o veterano piloto Mario Andretti foi encarregado de limpar alguma borracha fresca para a corrida da tarde. Pat Patrick, dono de uma equipe adversária, protestou contra o estratagema, embora os comissários da IndyCar tenham considerado que era legal visto que Mario não estava oficialmente inscrito para Detroit. A sessão foi, porém, imputada como um dos 16 dias autorizados de testes da equipe.

• A excelente pilotagem de Jimmy Vasser incluiu uma briga intensa nas etapas iniciais com Gil de Ferran e Christian Fittipaldi. "Foi uma corrida muito fértil em acontecimentos," resumiu Vasser (à direita). "Fui

atingido por trás por um brasileiro indisciplanado (de Ferran), depois fui bloqueado por outro (Fittipaldi), que ziguezagueava nas retas. Foi absolutamente ridículo. Depois um brasileiro passou por mim e prosseguiu para ultrapassar o outro brasileiro. Pensei que eles se mereciam um ao outro naquela altura. Estava a pensar com os meus botões quando é que os dois iam aos pneus."

• Robby Gordon tornou-se o primeiro piloto desta temporada a obter um máximo de 22 pontos para o campeonato, por ganhar desde a pole e liderar durante mais voltas. O feito rendeu-lhe um total de US$ 105.000 segundo o esquema de bónus do Marlboro Pole Award.

• Alec Mertens (acima), diretor técnico da equipe PacWest, assumiu o papel adicional como engenheiro de corrida de Danny Sullivan a seguir à demissão repentina de Will Phillips.

PPG INDY CAR WORLD SERIES • 8ª PROVA

ITT AUTOMOTIVE DETROIT GRAND PRIX

THE RACEWAY ON BELLE ISLE PARK,
DETROIT, MICHIGAN

11 DE JUNHO, 77 VOLTAS – 260,223 KM

Clas.	Piloto (Nac.)	Nº.	Equipe/Patrocinadores/Carro-Motor	Pneus	Vel. Qlf.	Tempo Qlf.	Pos.	Voltas	Tempo/Causa	Méd. Km/h	Pts.
1	**Robby Gordon (USA)**	**5**	**Walker *Valvoline/Cummins Special* Reynard 95I-Ford**	**GY**	**174,316**	**1m 09,795s**	**1**	**77**	**1h 56m 11,607s**	**134,374**	**22**
2	**Jimmy Vasser (USA)**	**12**	**Ganassi *Target/STP* Reynard 95I-Ford**	**GY**	**171,749**	**1m 10,838s**	**14**	**77**	**1h 56m 11,952s**	**134,368**	**16**
3	**Scott Pruett (USA)**	**20**	**Patrick Racing *Firestone/Pennzoil* Lola T95/00-Ford**	**FS**	**172,846**	**1m 10,388s**	**5**	**77**	**1h 56m 12,387s**	**134,358**	**14**
4	**Michael Andretti (USA)**	**6**	**Newman-Haas *Kmart/Texaco Havoline* Lola T95/00-Ford**	**GY**	**172,706**	**1m 10,445s**	**6**	**77**	**1h 56m 12,662s**	**134,354**	**12**
5	**Al Unser Jr, (USA)**	**1**	**Marlboro Team Penske Penske PC24-Mercedes**	**GY**	**173,859**	**1m 09,978s**	**2**	**77**	**1h 56m 15,633s**	**134,296**	**10**
6	**Adrian Fernandez (MEX)**	**10**	**Galles *Tecate/Quaker State* Lola T95/00-Mercedes**	**GY**	**172,687**	**1m 10,453s**	**7**	**77**	**1h 56m 18,866s**	**134,234**	**8**
7	**Teo Fabi (I)**	**33**	**Forsythe *Combustion Engineering/Indeck* Reynard 95I-Ford**	**GY**	**173,826**	**1m 09,991s**	**3**	**77**	**1h 56m 24,599s**	**134,123**	**6**
8	**Paul Tracy (CDN)**	**3**	**Newman-Haas *Kmart/Budweiser* Lola T95/00-Ford**	**GY**	**173,508**	**1m 10,119s**	**4**	**77**	**1h 56m 24,894s**	**134,119**	**5**
9	**Jacques Villeneuve (CDN)**	**27**	**Team Green *Player's Ltd,* Reynard 95I-Ford**	**GY**	**172,133**	**1m 10,679s**	**9**	**77**	**1h 56m 52,252s**	**133,596**	**4**
10	**Emerson Fittipaldi (BR)**	**2**	**Marlboro Team Penske Penske PC24-Mercedes**	**GY**	**170,881**	**1m 11,197s**	**17**	**77**	**1h 56m 52,974s**	**133,581**	**3**
11	**Stefan Johansson (S)**	**16**	**Bettenhausen *Alumax Aluminum* Penske PC23-Mercedes**	**GY**	**171,882**	**1m 10,783s**	**12**	**77**	**1h 56m 53,071s**	**133,579**	**2**
12	**Danny Sullivan (USA)**	**17**	**PacWest Racing Group *VISA* Reynard 95I-Ford**	**GY**	**172,106**	**1m 10,690s**	**10**	**77**	**1h 56m 55,803s**	**133,528**	**1**
13	**Marco Greco (BR)**	**55**	**Galles *Brastemp/Int, Sports* Lola T95/00-Mercedes**	**GY**	**168,984**	**1m 11,996s**	**21**	**77**	**1h 57m 18,609s**	**133,095**	
14	Hiro Matsushita (J)	25	Arciero-Wells *Panasonic/Duskin/YKK* Reynard 95I-Ford	FS	161,316	1m 15,419s	26	75	Em prova		
15	**Mauricio Gugelmin (BR)**	**18**	**PacWest Racing Group *Hollywood* Reynard 95I-Ford**	**GY**	**172,010**	**1m 10,730s**	**11**	**74**	**Em prova**		
16	***Gil de Ferran (BR)**	**8**	**Hall Racing *Pennzoil Special* Reynard 95I-Mercedes**	**GY**	**171,086**	**1m 11,112s**	**16**	**73**	**Em prova**		
17	***Christian Fittipaldi (BR)**	**15**	**Walker *Marlboro/Chapeco Special* Reynard 95I-Ford**	**GY**	**171,804**	**1m 10,815s**	**13**	**72**	**Em prova**		
18	***Andre Ribeiro (BR)**	**31**	**Tasman Motorsports *LCI International* Reynard 95I-Honda**	**FS**	**170,257**	**1m 11,459s**	**19**	**52**	**Transmissão**		
19	Parker Johnstone (USA)	49	Comptech *Motorola Cellular* Reynard 95I-Honda	FS	161,267	1m 15,441s	27	49	Acidente		
20	*Eliseo Salazar (RCH)	7	Dick Simon *Cristal/Mobil 1/Copec* Lola T95/00-Ford	GY	166,813	1m 12,934s	24	47	Acidente		
21	*Carlos Guerrero (MEX)	22	Simon *Herdez/Viva Mexico!* Lola T94/00-Ford	GY	160,640	1m 15,736s	28	36	Acidente		
22	Christian Danner (D)	64	Project Indy *No-Touch/Van Dyne* Reynard 94I-Ford	GY	168,466	1m 12,218s	23	35	Acidente		
23	Eric Bachelart (B)	19	Payton-Coyne *The Agfa Car* Lola T94/00-Ford	FS	166,541	1m 13,053s	25	33	Transmissão		
24	Bobby Rahal (USA)	9	Rahal/Hogan *Miller Genuine Draft* Lola T95/00-Mercedes	GY	172,236	1m 10,637s	8	16	Radiador furado		
25	Eddie Cheever (USA)	14	A,J, Foyt *Copenhagen Racing* Lola T95/00-Ford	GY	169,689	1m 11,697s	20	13	Acidente		
26	Alessandro Zampedri (I)	34	Payton-Coyne *The Mi-Jack Car* Lola T94/00-Ford	FS	168,636	1m 12,145s	22	13	Acidente		
27	Bryan Herta (USA)	4	Ganassi *Target/Scotch Video* Reynard 95I-Ford	GY	170,638	1m 11,298s	18	1	Incêndio		
NS	**Raul Boesel (BR)**	**11**	**Rahal/Hogan *Duracell Charger* Lola T95/00-Mercedes**	**GY**	**171,739**	**1m 10,842s**	**15**	**–**	**Não largou/motor**		

** Piloto Rookie (estreante)*

Bandeiras amarelas: Volta 1, motor morto/Boesel; voltas 13–16, acidente/Bachelart; voltas 31–33, acidente/C, Fittipaldi; voltas 36–42, acidente/Guerrero e Danner; voltas 49–55, acidente/Johnstone e Salazar. ***Total:*** cinco em 22 voltas.

Líderes: Robby Gordon, 1–8 (8 voltas); Al Unser Jr., 9–40 (32 voltas); Paul Tracy, 41–42 (2 voltas); Gordon, 43–77 (35 voltas). ***Totais:*** Gordon, 43 voltas; Unser, 32 voltas; Tracy, 2 voltas.

Volta mais rápida: Michael Andretti, 1m 12,339s, 168,186 Km, na 11ª volta.

Posições no campeonato: **1** Villeneuve, 79; **2** Gordon, 75; **3** Pruett, 66; **4** Unser, 61; **5** Tracy, 57; **6** Andretti, 55; **7** Rahal, 52; **8** Fabi, 50; **9** Gugelmin, 47; **10** E, Fittipaldi, 38; **11** C, Fittipaldi, 35; **12** Cheever, 28; **13** Boesel, 26; **14** Vasser, 25; **15** Johansson, 24; **16** Sullivan, 22; **17** Fernandez, 18; **18** Salazar, 16; **19** Zampedri e de Ferran, 7; **21** Danner, Bachelart e Luyendyk, 6; **24** Matsushita, 5; **25** Herta, 4; **26** Ribeiro, 3; **27** C, Guerrero e Hall, 2; **29** R, Guerrero e Brayton, 1.

PORTLAND

Polêmica vitória de Unser

Segundo a vasta maioria do público, estimado num recorde de 81.000 pessoas, Al Unser Jr. alcançara uma clara vitória no Budweiser/G.I. Joe's 200, patrocinado pela Texaco/Havoline. Aparentemente, o resultado catapultara o campeão para o comando do campeonato. Mas, depois da corrida houve a vistoria técnica obrigatória. No espaço de poucos minutos, começou a correr o rumor que alguma coisa estava errada com o Marlboro Penske-Mercedes vencedor. Um a um, os carros dos outros principais classificados foram examinados e liberados. Mas não o Penske. Finalmente, quase depois de três horas de deliberação, o Vice-Presidente para a Competição da IndyCar, Kirk Russell, anunciou solenemente que o carro vencedor não estava conforme a chamada "regra das duas polegadas." A penalização era a desclassificação.

Jimmy Vasser foi declarado vencedor. Talvez não fosse mais do que ele merecesse a seguir a uma prova muito positiva no Target/STP Reynard-Ford/Cosworth de Chip Ganassi. Mas a história não terminou aqui. O Marlboro Team Penske apresentou um protesto contra a decisão dos comissários. Quando este foi recusado, a equipe interpôs um recurso formal. Os resultados foram mantidos em suspenso enquanto era nomeado um painel de três juizes e ambos os lados prepararam os seus casos para serem apresentados no Tribunal de Apelo. Por fim, em setembro, depois de três dias de audiências, o assunto foi resolvido a favor da Penske. E a vitória de Unser foi restaurada.

Jacques Villeneuve fez uma largada arrebatadora para conquistar a liderança inicial (à esquerda) mas o Penske-Mercedes de Al Unser Jr. dominou a corrida.

Jimmy Vasser (abaixo) foi proclamado vencedor no domingo à noite -- mas prematuramente, como se veio a revelar.

QUALIFICAÇÕES

A visita a Oregon foi a primeira oportunidade do ano para os correrem num circuito permanente.

"É mais fácil ganhar velocidade num circuito permanente," declarou Jacques Villeneuve. "Podemos puxar mais pelo carro. Um circuito citadino, como Detroit, está sempre muito sujo no primeiro dia, o que não acontece numa pista como esta."

"Numa corrida citadina, andamos como num kart — não há margem para erros por causa dos muros — mas nos circuitos permanentes podemos trabalhar com maior facilidade na regulagem dos carros."

Villeneuve confirmou as suas palavras ao ser o mais rápido nos dois dias das qualificações com o Reynard-Ford do Team Green. Só para assegurar sua primeira pole na Indy, o piloto de 26 anos melhorou três vezes o seu próprio novo recorde da pista durante a meia-hora final da sessão.

"Melhoramos um pouco o carro e hoje estava muito bem equilibrado," disse ele. "Com a Indy Car tão competitiva, precisamos de uma volta quase perfeita para ficar com a pole. Penso que foi o mais próximo de uma volta perfeita que jamais fiz. Claro, a pole não é tão importante como a corrida, mas é sempre uma grande sensação por ter o carro mais rápido."

A Target/Chip Ganassi voltou a ser competitiva, com Vasser a reivindicar o lugar de fora na fila dianteira do grid e o seu colega Brian Herta estabeleceu a 2ª melhor volta do fim de semana durante a sessão livre de sábado. De fato, Herta e Villeneuve eram os únicos membros do "clube menos de um minuto", embora Herta não tenha melhorado tanto como ele esperava com pneus novos e acabou num ligeiramente decepcionante 8º.

Unser melhorou bastante no segundo dia, saltando de 9º para 3º no grid provisório, na frente de Maurício Gugelmin, que não estava satisfeito com a estabilidade do seu Hollywood/PacWest Reynard.

"É difícil fazer uma volta boa," afirmou o brasileiro. "Se eu entrar por dentro nas curvas, o carro se solta na saída. Consegui fazer uma boa volta mas isso não é a resposta."

Os compatriotas Christian Fittipaldi (Reynard-FordMarlboro/Chapecó) e Gil de Ferran (Reynard-Mercedes Pennzoil) ocuparam a terceira fila, evidenciando ambos uma boa forma na sua primeira visita a Portland, seguindo-se Paul Tracy, que estava pouco satisfeito apesar de ser o mais rápido do contingente Lola.

"Fundamentalmente, tínhamos qualquer coisa de errado na suspensão," confiou Tracy. "O carro está a ficar um pouco melhor mas nos debatemos com comportamento subesterçante e não conseguimos descobrir do que é."

CORRIDA

O Portland International Raceway estava ao seu melhor na manhã da corrida. A pista era banhada pelo sol, com o cume nevado do Mount Hound proporcionando uma vista majestosa para o oriente. Já se juntava uma grande multidão. Era um espetáculo glorioso.

Uma agradável prova do PPG-Firestone Indy Lights proporcionou adequada envolvência e as espaçosas áreas de visão dos espectadores, incluindo dois novos pontos excitantes na Curva Um e por detrás da reta, estavam repletas quase até à lotação bem antes dos carros Indy começarem a se reunir na reta principal antecedendo a largada.

Villeneuve estava determinado a fazer uso completo da sua vantagem de largar da pole e na realidade acelerou forte e cedo. O juiz de partida oficial Jim Swintal confessou posteriormente que tinha considerado não dar sinal de largada, mas dada a proximidade das Festival Curves, muito apertadas e frequentemente palco de cenas dramáticas devido à tentação, por vezes, irresistível dos pilotos para frearem demasiado tarde. No entanto, ele mostrar a bandeira verde. A corrida começara.

Unser estava colado atrás de Villeneuve e passou imediatamente

Fotos: Michael C. Brown

À direita: Stefan Johansson perdeu dois lugares quando o seu Alumax Penske ficou sem combustível com a bandeira de chegada à vista.

Foi outra corrida decepcionante para Gil de Ferran (página oposta) mas Bobby Rahal subiu novamente ao pódio com o Miller Genuine Draft Lola.

Marco Greco (abaixo à direita) pontuou pela primeira vez na temporada com o Lola-Ford da Dick Simon, enquanto o seu compatriota Raul Boesel (abaixo) levou o Duracell Lola-Mercedes ao 5º lugar.

Como sempre no meio da ação, Michael Andretti (abaixo à direita) terminou uma corrida repleta de incidentes no 4º lugar.

Vasser, cujas rodas traseiras derraparam momentaneamente quando pisou fundo no acelerador. Tracy, entretanto, fazia uma largada sensacional desde a 4ª fila, saltando para 3º, passando Vasser, freando tarde, no meio das Festival Curves.

Villeneuve completou a 1ª volta com uma vantagem de 1 s sobre Unser e Tracy, com Vasser ainda em 4º na frente de Gugelmin, Christian Fittipaldi, De Ferran, Herta e Rahal. Andretti fechava os dez primeiros.

O líder dilatou a sua vantagem nas três voltas seguintes em cerca de 1 s por volta, mas depois, quase tão rapidamente, Unser começou a reduzir o déficit. Na 7ª volta, os dois líderes andavam juntos, e claramente, Unser tinha em vista o comando. Tracy não podia (ou não queria) igualar aquele andamento no início, mas, por sua vez, começou a distanciar-se de Vasser, enquanto Gugelmin, em 5º, se debatia para manter ao abrigo de um longo grupo de perseguidores ansiosos atrás do seu PacWest-Reynard.

Na 20ª volta tinha-se tornado óbvio que Unser estava na posse do carro mais rápido. O campeão movia-se de um lado para o outro e serpenteava enquanto tentava descobrir uma forma de ultrapassar Villeneuve, mas o canadense agüentou bem os seus ataques. Até à 25ª volta, isto é, quando Unser o forçou a adotar uma trajetória defensiva na freada para as Festival Curves. No último momento, Unser abriu bruscamente e quando Villeneuve deslizou por ter freado um pouco tardiamente e blocado as rodas dianteiras, Unser precipitou-se inteligentemente por dentro. Foi um exemplo clássico do professor que dá uma lição ao aluno.

"Desejava poder dizer que o provoquei," recordou Unser com um brilho nos olhos, oferecendo ao seu adversário o benefício da dúvida. "Eu peguei uma boa trajetória na saída da última curva (a Nove) e definitivamente ele sabe como tornar o seu carro extremamente largo! Ele meteu o seu carro muito dentro da curva e eu tentei passar pela direita por uma linha mais por fora, por isso, ele não sabia onde eu estava. Eu esperava que isso o distraísse e foi o que aconteceu. Por uma razão qualquer, ele entrou demasiado na curva por dentro e eu pude passá-lo."

"Fez-me lembrar o que se passou há dois anos, quando o Mansell cometeu o mesmo erro do Jacques."

Unser, obviamente, achou a manobra intensamente satisfatória. E

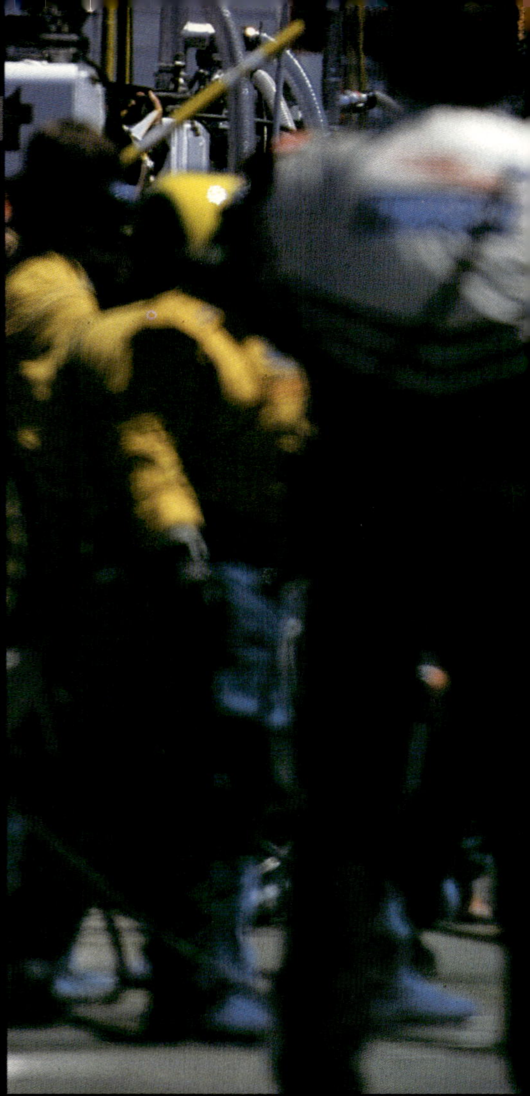

Fotos: Michael C. Brown

GOOD

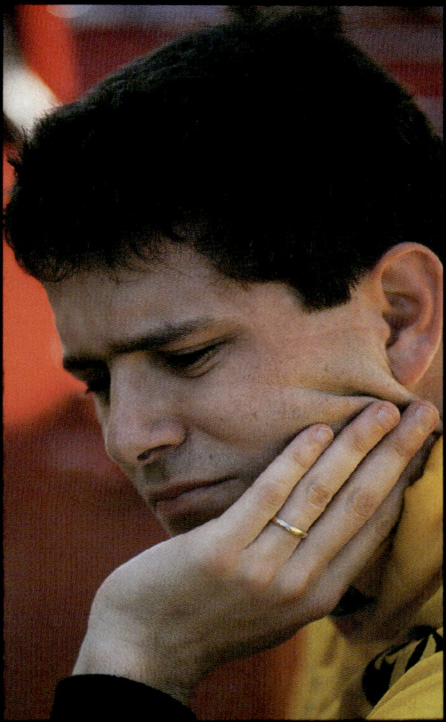

Havoline

mal se encontrou no comando, rapidamente se escapou, estabelecendo um fosso de 9 s antes de fazer o primeiro pit stop programado na 33ª volta. Durante três voltas, Villeneuve recuperou a liderança antes de também parar para reabastecer. Unser assumiu depois o comando das operações e nunca foi seriamente desafiado, acabando por vencer com um avanço de 28,861 s.

A verdadeira corrida desenrolava-se atrás do Marlboro-Penske nº1. Villeneuve regressou em 2º após o seu pit stop, mas depressa Tracy começou a desafiá-lo. Na 54ª volta, mesmo antes do pace car entrar em pista na sequência de um incidente na Festival Curves, Tracy tirou partido de uma hesitação momentânea de Villeneuve no meio do tráfego, ao mergulhar por dentro da Curva Dois.

Infelizmente, nenhum canadense chegou ao fim. Villeneuve foi forçado a abandonar na 70ª volta quando um amortecedor traseiro falhou na freada da Festival Curves, enquanto Tracy, que se sentia pessimamente — diagnosticado uma amigdalite —, sucumbiu a um idêntico obscuro problema mecânico quando a sua embreagem — atualmente considerada um dos componentes mais fiáveis — explodiu a somente 7 voltas do fim.

Os seus azares devem ter passado para Christian Fittipaldi, que fazia uma boa prova no Reynard Marlboro/Chapecó de Derrick Walker... até rodar para fora da pista na Curva Três quando circulava sozinho em 3º lugar na 83ª volta. Pior: ele deixou o motor morrer.

"É uma pena porque tínhamos terminado os reabastecimentos e muito pouca coisa ainda podia acontecer para arruinar uma boa classificação," disse um cabisbaixo Fittipaldi. "Eu estou realmente irritado comigo próprio." Pelo menos ele foi capaz de admitir o seu erro. Neste dia o impressionante jovem rookie merecia muito mais do que o seu 11º lugar final.

Herta também tinha algumas aspirações a uma boa classificação, tendo feito uma boa corrida no início. Ele subiu dois lugares no seu primeiro reabastecimento, depois ascendeu a 5º quando o seu colega da Target/Chip Ganassi, freou demasiado tarde na Festival Curves quando tentava passar na 47ª volta um Scott Pruett em dificuldades. Tristemente, as aspirações de Herta evaporaram-se no mesmo lugar, quatro voltas depois, quando Andretti avaliou mal a sua freada e bateu na traseira de Herta, quando ele fazia a curva. O impacto foi suficiente para Herta abandonar.

Andretti voltou à pista em terceiro atrás de Vasser (outra vez) e De Ferran, depois recuperou o 3º lugar, atrás do colega de equipe Tracy, antes de ser forçado a ir ao box para trocar um pneu traseiro danificado (ocorrido a seguir a outra colisão com Vasser) quando faltavam menos de dez voltas para o final.

Os variados dramas possibilitaram a Vasser reconquistar o 2º lugar na 96ª volta e no final teve de trabalhar duro para se defender dos ataques de Bobby Rahal, que tinha pilotado com a sua habitual velocidade e astúcia no Lola-Mercedes Miller Genuine Draft.

"Eu ganhava ao Jimmy no final mas não me podia dar ao luxo de o tentar passar porque perderia muito se falhasse a ultrapassagem," concluiu o tricampeão, cuja equipe Rahal/Hogan fora forçada a instalar um novo motor no seu carro a seguir ao warm-up.

"Isso foi um pouco aborrecido," confessou ele, "porque gostamos sempre de correr com um motor novo — para termos a certeza que não existem fugas — mas a equipe fez um excelente trabalho. O carro portou-se bem. Fizemos modificações em todos os nossos reabastecimentos e o carro respondeu."

Stefan Johansson subiu até 4º após uma excelente corrida a partir de um decepcionante 12º lugar no grid no Penske PC23-Mercedes Alumax, até que ficou sem combustível na saída da última curva. Andretti, que seguia atrás, não teve a mínima hipótese de evitar o carro do sueco, que abrandou subitamente, e bateu-lhe na traseira.

"Foi realmente um corrida divertida," disse Johansson, que caiu para 6º na classificação final. "Foi difícil porque havia sempre alguém demasiado próximo na traseira e alguém na frente para apanhar."

O dramático dia de Andretti terminou com o 4º lugar, enquanto Raul Boesel completou um bom dia para a Rahal/Hogan ao terminar em 5º no Lola-Mercedes Duracell.

Michael C. Brown

Vasser arrisca a sua pretensão

Jimmy Vasser sobressaiu na noite que se seguiu à corrida quando foi informado que Al Unser Jr. fora desqualificado. Vasser estava claramente constrangido com o seu papel de vencedor de recurso. Ele quase parecia embaraçado por ser subitamente cercado pela imprensa e aceitou os louros com uma humildade característica.

A decisão, claro, foi posteriormente revertida, mas a esplêndida prestação de Vasser tinha meramente servido para reconfirmar o talento que ele demonstrara durante uma carreira muito prometedora nos escalões inferiores do automobilismo.

O californiano de 29 anos teve a primeira oportunidade de pilotar um carro da Indy em 1992, quando o veterano Jim Hayhoe regressou às provas após a uma longa ausência para tomar conta dos seus numerosos negócios. O dono de equipe Rick Galles também proporcionou uma valiosa ajuda na formação da nova equipe, e nos dois anos seguintes, com um reduzido orçamento, Vasser estabeleceu a sua credibilidade que teve como ponto alto um 3º lugar em Phoenix, em 1993.

Vasser e Hayhoe tiveram sua primeira campanha completa na Indy em 1994, terminando em 4º em Surfers Paradise e em Indianápolis com um dos novos chassis Reynard. Mas depois a equipe chegou a uma encruzilhada. O dinheiro ainda era escasso e finalmente Hayhoe concluiu um acordo para que o seu protegido entrasse na promissora equipe de Chip Ganassi.

A associação germinou rapidamente e Vasser formou uma relação sólida com o engenheiro Julian Robertson e com o chefe de equipe Grant Weaver. Portland foi sua segunda largada da primeira fila, ao que seguiu o melhor resultado da sua carreira com um 2º lugar em Detroit, duas semanas antes.

Unser ganha, depois perde, depois ganha novamente

Michael C. Brown

A montanha russa emocional de Al Unser Jr. continuou em Portland. O campeão fez uma bela prova que parecia ter terminado numa clara vitória. A sua alegria, porém, extinguiu-se completamente com a comunicação de que sua equipe Penske não tinha cumprido a "regra das duas polegadas."

A norma está em vigor há mais de 12 anos, introduzida como um meio para reduzir as prestações após a proibição dos carros-saia. Exige um espaço mínimo de duas polegadas entre o ponto mais baixo da parte inferior da carroçaria do carro — geralmente uma placa anti-derrapante montada debaixo do tanque de combustível ("o plano de referência") — e o fundo dos pontões laterais.

De fato, o carro de Unser, que tinha sido beneficiado com uma nova parte inferior da carroçaria, circulava visivelmente mais baixo do que os seus adversários, emitindo regularmente partículas finas de pó das suas placas anti-derrapantes de Jabroc (um material de madeira cara e de grande densidade). De acordo com os habituais procedimentos da Indy Car, os comissários notificaram a equipe Penske sobre o assunto.

"Nós informamos sempre o pessoal do estado do fundo porque isso pode exacerbar o problema (e limar a placa anti-derrapante)," afirmou o Vice-Presidente para a Competição da IndyCar, Kirk Russell.

A Penske optou por ignorar os avisos e a 10 voltas do final da corrida, uma das placas anti-derrapantes soltou-se do fundo do carro.

A equipe argumentou que como a placa se tinha perdido — devido, como foi reclamado, a Unser ter subido um corretor alto — então a medição era inválida. Os comissários não concordaram.

"A integridade da regra é importante porque as equipes preparam os seus carros baseadas na integridade das regras," disse Russell. "Nós inspecionamos os carros regularmente e raramente encontramos um carro que não obedece às especificações. O Penske tem três áreas que servem como plano de referência. Uma peça foi arrancada e as duas restantes foram severamente desgastadas e as medidas não correspondem às especificações."

Em consequência, o carro de Unser foi desqualificado, embora Roger Penske tenha declarado a inocência da equipe. Um extenso processo de apelo desenrolou-se durante os três meses seguintes. Só em outubro o assunto foi finalmente resolvido depois de três dias de audiências no Tribunal de Apelo.

Os juizes deliberaram durante mais dois dias antes de revelarem a sua decisão, que foi a favor da Penske Racing. A vitória de Unser e os pontos foram restabelecidos.

BREVES

• Pela primeira vez nesta temporada, os pneus Firestone Firehawk não se igualaram aos Goodyear Eagles. O primeiro piloto Scott Pruett ficou bastante frustrado depois de se qualificar somente em 17º e terminar em 13º. "Desde o primeiro dia que decidimos voltar à Indy, sabíamos que esta temporada iria ser de aprendizado," disse o Chefe da Bridgstone/Firestone Motorsports, Al Speyer (abaixo). "Demorou até à 9ª prova para encontrarmos um problema. Sabíamos que existiriam situações desta natureza."

Fotos: Michael C. Brown

• "Estamos em férias," reclamou o diretor técnico da Renault Sport Bernard Dudot quando inquirido para explicar porque é ele e o seu superior imediato, Christian Contzen, visitavam a corrida da Indy Car no PIR. O duo passou a maior parte do fim de semana na companhia de Jacques Villeneuve, que subsequentemente foi convidado para testar um Williams-Renault de Fórmula 1 em Silverstone, Inglaterra...

• Os tempos parciais obtidos nas séries de curvas do lado ocidental do circuito revelaram que o Alumax Penske-Mercedes do sueco Stefan Johansson era regularmente o mais rápido, embora uma asa traseira quebrada durante a última qualificação tenha o impedido de repetir a sua melhor volta da sessão livre da manhã.

• Robby Gordon não teve um bom fim de semana. Ele foi consistentemente superado pelo seu colega da Walker Racing, Christian Fittipaldi, e caiu para 16º no grid depois do suporte da alavanca do câmbio se ter quebrado na qualificação. Gordon (acima) fez dois longos pit stops mas salvou alguns pontos para o campeonato ao terminar em 8º

• Gil de Ferran rubricou outra forte prestação no Pennzoil Reynard-Mercedes de Jim Hall. O brasileiro era 4º até ser eliminado por um mecanismo quebrado do acelerador, a três voltas do fim.

• Danny Sullivan e a equipe VISA/PacWest pegaram um susto quando um erro de comunicação no seu segundo pit stop levou Sullivan a acelerar um pouco cedo demais, arrancando assim a mangueira do reabastecimento do lado do box da tanque de combustível. O metanol em derramamento irrompeu em chamas no espaço de escassos segundos, mas o trabalho genuíno de diversas equipes, incluindo da A.J. Foyt possibilitou que todos escapassem ilesos.

• A seguir a uma longa liderança na principal liga de baseball, Andrew Craig (à direita) anunciou em Portland que o campeonato PPG iria proporcionar testes de rotina no novo Homestead Motorsports Park, na Flórida, antes do início da temporada de 1996. "Pensamos que é uma excelente maneira para dar o pontapé de saída da temporada com uma grande promoção para as corridas da Indy Car," disse Craig. "Irá proporcionar uma grande oportunidade para os fãs conhecerem as equipes e os pilotos, e permitirá à imprensa obter algumas histórias durante o que é tradicionalmente uma época do ano bastante sossegada."

PPG INDY CAR WORLD SERIES • 9ª PROVA

BUDWEISER/G.I. JOE'S 200 PRESENTED BY TEXACO/HAVOLINE

PORTLAND INTERNATIONAL RACEWAY, PORTLAND, OREGON

25 DE JUNHO, 102 VOLTAS – 320,090 KM

Clas.	Piloto (Nac.)	Nº.	Equipe/Patrocinadores/Carro-Motor	Pneus	Vel. Qlf.	Tempo Qlf.	Pos.	Voltas	Tempo/Causa	Méd. km/h	Pts.
†1	**Al Unser Jr. (USA)**	**1**	**Marlboro Team Penske Penske PC24-Mercedes**	**GY**	**188,087**	**1m 00,064s**	**3**	**102**	**1h 54m 49,410s**	**167,259**	†
2	**Jimmy Vasser (USA)**	**12**	**Ganassi *Target/STP* Reynard 95I-Ford**	**GY**	**188,238**	**1m 00,016s**	**2**	**102**	**1h 55m 17,971s**	**166,569**	**20**
3	**Bobby Rahal (USA)**	**9**	**Rahal/Hogan *Miller Genuine Draft* Lola T95/00-Mercedes**	**GY**	**186,883**	**1m 00,451s**	**9**	**102**	**1h 55m 19,229s**	**166,540**	**16**
4	**Michael Andretti (USA)**	**6**	**Newman-Haas *Kmart/Texaco Havoline* Lola T95/00-Ford**	**GY**	**186,725**	**1m 00,502s**	**10**	**102**	**1h 55m 30,433s**	**166,270**	**14**
5	**Raul Boesel (BR)**	**11**	**Rahal/Hogan *Duracell Charger* Lola T95/00-Mercedes**	**GY**	**186,531**	**1m 00,565s**	**11**	**102**	**1h 55m 32,071s**	**166,231**	**12**
6	**Stefan Johansson (S)**	**16**	**Bettenhausen *Alumax Aluminum* Penske PC23-Mercedes**	**GY**	**186,519**	**1m 00,569s**	**12**	**101**	**Ficou s/combustível**		**10**
7	**Mauricio Gugelmin (BR)**	**18**	**PacWest Racing Group *Hollywood* Reynard 95I-Ford**	**GY**	**187,892**	**1m 00,126s**	**4**	**101**	**Em prova**		**8**
8	**Robby Gordon (USA)**	**5**	**Walker *Valvoline/Cummins Special* Reynard 95I-Ford**	**GY**	**185,784**	**1m 00,809s**	**16**	**101**	**Em prova**		**6**
9	**Adrian Fernandez (MEX)**	**10**	**Galles *Tecate/Quaker State* Lola T95/00-Mercedes**	**GY**	**185,897**	**1m 00,772s**	**14**	**101**	**Em prova**		**5**
10	***Gil de Ferran (BR)**	**8**	**Hall Racing *Pennzoil Special* Reynard 95I-Mercedes**	**GY**	**187,770**	**1m 00,166s**	**6**	**100**	**Em prova**		**4**
11	**Marco Greco (BR)**	**99**	**Simon *Brastemp/Int, Sports* Lola T95/00-Ford**	**GY**	**182,715**	**1m 01,830s**	**22**	**100**	**Em prova**		**3**
12	***Christian Fittipaldi (BR)**	**15**	**Walker *Marlboro/Chapeco Special* Reynard 95I-Ford**	**GY**	**187,887**	**1m 00,128s**	**5**	**100**	**Em prova**		**2**
13	Scott Pruett (USA)	20	Patrick Racing *Firestone/Pennzoil* Lola T95/00-Ford	FS	185,300	1m 00,968s	17	99	Em prova		1
14	***Andre Ribeiro (BR)**	**31**	**Tasman Motorsports *LCI International* Reynard 95I-Honda**	**FS**	**183,605**	**1m 01,531s**	**20**	**99**	**Em prova**		
15	*Eliseo Salazar (RCH)	7	Dick Simon *Cristal/Mobil 1/Copec* Lola T95/00-Ford	GY	182,571	1m 01,878s	23	99	Em prova		
16	Alessandro Zampedri (I)	34	Payton-Coyne *The Mi-Jack Car* Lola T94/00-Ford	FS	179,868	1m 02,809s	25	97	Em prova		
17	Hiro Matsushita (J)	25	Arciero-Wells *Panasonic/Duskin/YKK* Reynard 95I-Ford	FS	180,676	1m 02,528s	24	96	Em prova		
18	Paul Tracy (CDN)	3	Newman-Haas *Kmart/Budweiser* Lola T95/00-Ford	GY	187,591	1m 00,223s	7	95	Embraiagem		
19	Eric Bachelart (B)	19	Payton-Coyne *The Agfa Car* Lola T94/00-Ford	FS	178,088	1m 13,436s	26	95	Em prova		
20	Jacques Villeneuve (CDN)	27	Team Green *Player's Ltd,* Reynard 95I-Ford	GY	189,276	59,687s	1	70	Suspensão		2
21	**Emerson Fittipaldi (BR)**	**2**	**Marlboro Team Penske Penske PC24-Mercedes**	**GY**	**185,810**	**1m 00,800s**	**15**	**69**	**Motor**		
22	Danny Sullivan (USA)	17	PacWest Racing Group *VISA* Reynard 95I-Ford	GY	185,131	1m 01,023s	18	63	Incêndio no box		
23	Teo Fabi (I)	33	Forsythe *Combustion Engineering/Indeck* Reynard 95I-Ford	GY	186,436	1m 00,596s	13	62	Acidente		
24	*Carlos Guerrero (MEX)	22	Simon *Herdez/Viva Mexico!* Lola T95/00-Ford	GY	182,889	1m 01,771s	21	62	Acidente		
25	Eddie Cheever (USA)	14	A.J. Foyt *Copenhagen Racing* Lola T95/00-Ford	GY	184,540	1m 01,218s	19	60	Sobre-aquecimento		
26	Bryan Herta (USA)	4	Ganassi *Target/Scotch Video* Reynard 95I-Ford	GY	187,538	1m 00,240s	8	49	Acidente		

** Piloto Rookie (estreante)*

Bandeiras amarelas: Voltas 50–52, acidente/Herta and Andretti; voltas 63–68, acidente/Fabi e Guerrero, ***Total:*** duas em nove voltas.

Líderes: Jacques Villeneuve, 1–24 (24 voltas); Al Unser Jr., 25–32 (8 voltas); Villeneuve, 33–34 (2 voltas); Unser, 35–102 (68 voltas). ***Totais:*** Unser, 76 voltas; Villeneuve, 26 voltas.

Volta mais rápida: Al Unser Jr., 1m 01,466s, 183,797 km/h, na 7ª volta.

Classificações no campeonato: **1** Villeneuve e Gordon, 81; **3** Andretti, 69; **4** Rahal, 68; **5** Pruett, 67; **6** Unser, 61; **7** Tracy, 57; **8** Gugelmin, 55; **9** Fabi, 50; **10** Vasser, 45; **11** E, Fittipaldi e Boesel, 38; **13** C, Fittipaldi, 37; **14** Johansson, 34; **15** Cheever, 28; **16** Fernandez, 23; **17** Sullivan, 22; **18** Salazar, 16; **19** de Ferran, 11; **20** Zampedri, 7; **21** Danner, Bachelart e Luyendyk, 6; **24** Matsushita, 5; **25** Herta, 4; **26** Greco e Ribeiro, 3; **28** C, Guerrero e Hall, 2; **30** R, Guerrero e Brayton, 1.

† Al Unser Jr. inicialmente desqualificado, é posteriormente dado como vencedor em setembro, após decisão favorável do Tribunal de Apelação, ao recurso interposto pela sua equipe
Classificações e pontos no campeonato provisórios, dependendo da resposta ao recurso interposto pela Marlboro Team Penske após esta prova.

1 – VILLENEUVE | 2 – TRACY | 3 – VASSER

ROAD AMERICA

Boa estratégia dá vitória a Villeneuve. Melhor resultado de André Ribeiro.

Jacques Villeneuve tem grande afinidade por Road America. Ele agora conta com duas vitórias em duas participações no ultra-rápido circuito permanente do Wisconsin. Como aconteceu em 1994, quando alcançou sua primeira vitória na Indy Car, Villeneuve, trabalhando em conjunto com o veterano engenheiro Tony Cicale, optou por uma regulagem de fraco apoio aerodinâmico no Reynard-Ford/Cosworth Player's Ltd do Team Green. Mais uma vez isso trouxe dividendos nas longas retas que predominam no traçado com quatro milhas. "Conseguimos pôr o carro a andar nas curvas, apesar do fraco apoio aerodinâmico," disse Villeneuve, "por isso tivemos um carro muito forte."

A equipe de Villeneuve, liderada por Barry Green, contribuiu imenso para a sua vitória ao adotar uma perfeita estratégia de reabastecimentos. Em contraste, as esperanças dos brasileiros Gil de Ferran e Christian Fittipaldi ficaram efetivamente desfeitas durante a segunda série de pit stops. O compatriota Raul Boesel também estava preparado para o desafio até que o seu Lola-Mercedes Duracell foi vítima de uma falha na transmissão.

Paul Tracy superou a dor intensa de um pé esquerdo quebrado para terminar em segundo para a Newman-Haas Racing, enquanto outra excelente prova de Jimmy Vasser lhe permitiu tornar-se no primeiro piloto a garantir três presenças consecutivas no pódio durante esta temporada intensamente competitiva. O Reynard-Honda LCI de André Ribeiro passou a linha de chegada como uma sombra de Vasser, assegurando o melhor resultado tanto da sua carreira como da emergente equipe Tasman Motorsports.

Capitalizando a sua segunda pole consecutiva, Jacques Villeneuve prepara-se para consolidar a sua vantagem sobre o Reynard Pennzoil de Gil de Ferran, com Raul Boesel, Michael Andretti, Al Unser Jr., Scott Pruett, Paul Tracy e Christian Fittipaldi a liderarem a perseguição.

QUALIFICAÇÕES

Uma recente repavimentação da pista proporcionou um aumento dramático na velocidade em comparação com o ano anterior. Diversas equipes, incluindo a Newman-Haas, PacWest, Forsythe e Patrick Racing tinham aproveitado a oportunidade para testar no novo piso, embora, ironicamente, as suas conclusões fossem afetadas por alguns remendos feitos em muitas das curvas após o fim de semana da corrida SCCA June Sprints.

"A pista está mais escorregadia do que quando testamos aqui," relatou Michael Andretti. "Eles tiraram muita da aderência. Está quase dois segundos mais lenta por volta do que anteriormente."

Gradualmente, porém, à medida que os carros deixavam alguma borracha no novo piso, os tempos começaram a baixar. A última qualificação foi significativamente mais rápida do que a de 6ª feira e os derradeiros minutos proporcionaram momentos sensacionais — 24 pilotos bateram o velho recorde de volta de Paul Tracy de 1m45,416s.

Andretti foi o primeiro a dar cartas, ascendendo ao topo da tabela de tempos com 1m41,416s no Lola-Ford Kmart/Texaco Havoline. De Ferran depois subiu ao primeiro lugar, fazendo 1m41,294s na sua volta-canhão final com o Reynard-Mercedes Pennzoil de Jim Hall.

"Eu sabia que era terceiro e na última volta andamos um pouco nos limites," disse Villeneuve com um sorriso endiabrado. "Às vezes batemos, outras conseguimos. Desta vez resultou!"

Por isso Villeneuve pode assegurar a pole. De Ferran tinha de ficar no lugar de fora da primeira fila.

"Foi divertido," admitiu ele. "Eu gostei. Vi o tempo no meu écran e disse, "Ninguém vai bater isto!" Mas não iria ser assim. "A minha equipe falou-me pelo rádio e disseram-me que o Jacques me tinha batido. Ele esteve bem."

Andretti estava um pouco desapontado por terminar em terceiro.

Boesel subiu muito bem para assegurar a sua melhor posição no grid desde a prova inaugural em Miami, enquanto Al Unser Jr. era o quinto mais rápido no Team Penske Marlboro, prejudicado por um carro demasiado subesterçante. Outro esforço notável foi efetuado por Scott Pruett, apesar de ter caído para sétimo no Lola-Ford de Pat Patrick depois de ter estabelecido a melhor volta no primeiro dia.

"Na verdade, estou surpreendido," declarou Pruett. "Somos consistentes, mas não suficientemente rápidos. Toda a gente está a andar bem; é um pelotão muito competitivo."

André Ribeiro superou os grandes problemas de câmbio na 6ª feira e uma falha na embreagem no sábado de manhã para se qualificar em 12º na sua primeira visita a Road America no Reynard-Honda LCI da equipe Tasman. Parker Johnstone, equipado com um carro semelhante, efetuou as sua melhor prestação até hoje, 13º no carro da Comptech Racing.

CORRIDA

A pequena estância de férias de Elkhart Lake, localizada na pitoresca região Kettle Moraine no Wisconsin, oferece uma cena de serena tranquilidade durante quase todo o ano. Cerca de 1.600m a sul, a famosa pista de Road America proporciona uma justaposição curiosa, especialmente quando os carros da Indy vêm à terra. Este ano, a combinação do 40º aniversário do circuito e a briga pelo título da Copa PPG foi suficiente para atrair a maior enchente de sempre num só dia na história do desporto profissional do estado.

Acreditem-me, com 75.000 fãs entusiastas das corridas antecipando avidamente uma prova de 200 milhas num dos melhores (e mais rápidos) circuitos permanentes do mundo, paz e tranquilidade são palavras que dificilmente nos passam pela cabeça.

A excitação raiou a febre enquanto Villeneuve se preparava para liderar o forte pelotão de 28 carros em direção à bandeira verde. O pole reduziu o ritmo, fez a última curva (a 14) muito devagar, depois soltou os 800 cavalos do Cosworth enquanto acelerava até quase aos 320 km/h na subida da colina, passando pelos boxes em direção à Curva Um.

Villeneuve conseguiu manter a vantagem sobre Ferran, enquanto Boesel superou Andretti no arranque inicial. Andretti tentou reverter a situação na freada para a Curva Um e depois novamente na Curva Cinco, mas em vão. Boesel permanecia em terceiro.

Seguia-se Unser, em quinto no fim da primeira volta, na frente de Pruett e Tracy, que tinha feito um dos seus ataques iniciais depois de outro decepcionante período final de qualificações que tinha deixado o Lola Kmart/Budweiser num distante 11º lugar no grid.

Tracy ultrapassou Pruett na segunda volta, depois ganhou mais duas posições quando, mesmo na sua frente, Andretti e Unser se envolveram num acidente assustador na saída da Curva Três.

"Penso que ele me tinha passado e eu não sabia que ele estava ali no meu ângulo morto," disse Andretti.

Unser, viu o incidente de um perspetiva diferente: "Coloquei-me ao lado dele e ele veio em minha direção," reclamou depois de ter prosseguido em dificuldades até à curva seguinte, abandonando em seguida com a suspensão dianteira esquerda quebrada. "Estou irritado com o Michael porque ele tem mais experiência".

O resto do pelotão circulou atrás do pace-car durante duas voltas enquanto os destroços eram removidos. Villeneuve assumiu depois o controlo das operações.

O único verdadeiro drama do franco-canadense surgiu durante o warm-up, na manhã da corrida, quando um problema no mecanismo do acelerador o impediu de completar mais do que duas voltas.

"O carro fugia um pouco nas curvas," disse ele, "especialmente com o tanque cheio, mas era rápido."

De Ferran deu uma valente perseguição no 2º lugar. Uma embreagem inoperativa não lhe causava problemas na pista, mas de Ferran apercebeu-se que o poderia prejudicar seriamente durante os reabastecimentos. Por consequência, o chefe de equipe Gerald Davis decidiu chamar de Ferran ao box uma volta mais cedo do que o estipulado originalmente. Dessa forma, pensou ele, não encontraria outros carros no seu caminho quando a equipe tentasse empurrar o Reynard.

A estratégia dos reabastecimentos é sempre crítica nesta pista de quatro milhas e enquanto a maioria das equipes optou por parar na 17ª volta, Villeneuve, Tracy e Bryan Herta no Reynard-Ford Target/Scotch Vídeo, todos tiraram partido ao ficarem na pista durante mais uma volta com pneus quentes.

Villeneuve regressou a pista com uma vantagem dilatada sobre Boesel (que tinha passado de Ferran), até a sua margem ser corroída por outra situação de bandeiras amarelas quando Eddie Cheever se emaranhou com Eric Bachelart, indo parar à caixa de brita da Curva 12.

Christian Fittipaldi tinha subido de nono para quarto no Reynard Marlboro/Chapecó, na frente de Herta e Tracy, que era prejudicado

Fotos: Michael C. Brown

DURACELL
TARGET
Bud

Foto maior: o magnífico circuito de Road America permitiu a Gil de Ferran mostrar o seu indiscutível talento mas a sua sorte é que não mudou.

Da esquerda para a direita: uma ultrapassagem agressiva pelo colega de equipe Bobby Rahal deixou Raul Boesel em cima da caixa de brita da Curva Seis; Paul Tracy superou uma dor intensa provocada pelo seu pé esquerdo quebrado para conquistar um brioso 2º lugar para a Newman-Haas; o rookie André Ribeiro confirmou o potencial do motor Honda com um 4º lugar no Reynard LCI; Jimmy Vasser realizou mais uma prova impressionante ao volante do Reynard Target/STP.

Fotos: Michael C. Brown

Michael C. Brown

O fator sentir-se bem

A terceira vitória na temporada de Jacques Villeneuve fê-lo ascender à liderança do campeonato. Ele beneficiou do fim de semana negro de Robby Gordon, com quem estava empatado no comando após a corrida de Portland, ter tido um fim de semana terrível no Wisconsin depois de ter abandonado cedo devido a uma falha na transmissão depois de duas excursões fora da pista.

Villeneuve chegou confiante ao estado dos lacticínios. Em 1994, claro, ele emergiu triunfante a seguir a uma batalha com Tracy, enquanto desta vez a sua confiança própria recebeu um impulso adicional depois de ter alcançado a sua primeira pole na Indy Car, em Portland.

"É muito divertido pilotar em Road America," declarou ele, "especialmente quando temos um bom carro. É uma longa pista, com longas retas e por isso podemos correr com muito pouco apoio aerodinâmico. Nós tivemos uma boa regulagem aqui no ano passado e aprendemos mais algumas coisas novas em Portland, por isso pudemos correr com muita confiança."

"Tivemos muito trabalho mas todo o Team Green fez um trabalho tremendo. Temos uma boa relação dentro da equipe. Uma coisa é ter um bom carro rápido mas também nos temos de sentir bem. Por isso, é verdadeiramente importante trabalhar bem com a nossa equipe."

"É mais importante ter uma boa relação com a equipe do que ter o melhor equipamento."

Nesta etapa da temporada, parecia que Villeneuve tinha o melhor de ambos os mundos.

pelo seu pé quebrado e, como ele receava, deixou morrer o motor depois de parar para reabastecer.

Tracy ultrapassou Herta na freada para a Curva Cinco no restart e depois de Herta ter sido forçado a abrir na saída, ele depois pagou o preço por se tentar defender do ataque determinado de Bobby Rahal (Lola-Mercedes Miller Genuine Draft) na subida da colina para a Curva Seis. Herta ficou sem combustível na linha de fora e prontamente fez deslocar o carro para a caixa de brita.

Após outra breve interrupção, Tracy prosseguiu o seu ataque ao forçar a passagem por Boesel na entrada da Curva Cinco, até perder o lugar novamente na volta seguinte quando deixou muito espaço livre na saída da Curva Um. Teo Fabi, que seguia perto, também aproveitou a oportunidade para passar quando Tracy resvalou para o lado devido a sujeira nos pneus. Mas o canadense recuperou de imediato ao fazer uma ultra passagem por fora na Curva Cinco. Foi uma excelente manobra!

As bandeiras amarelas foram mostradas mais vez na 30ª volta devido a um incidente entre os companheiros de equipe da PacWest Maurício Gugelmin e Danny Sullivan. Após uma rápida análise do consumo de combustível do líder, Barry Green chamou Villeneuve para o seu segundo reabastecimento.

A estratégia apanhou algumas equipes de surpresa, visto que 19 voltas é consensualmente considerado como o máximo que um carro da Indy poderá percorrer com um depósito cheio com 40 galões (181,8 litros) de metanol. Boesel, Tracy, Jimmy Vasser (Reynard-Ford Target/STP), Fabi, Rahal, Adrian Fernandez (Lola-Mercedes Tecate/Quaker State), Pruett — que fora retardado por um furo no início da corrida — e Eric Bachelard (Lola T94/00-Ford Agfa), todos optaram por reabastecer na 30ª volta, desse modo deram um pulo sobre os restantes.

De Ferran, ao perder a hipótese de reabastecer com Villeneuve, herdou o comando durante algumas voltas durante a interrupção. O chefe de equipe Davis e o engenheiro Bill Pappas contemplaram a hipótese de uma tentativa de distanciamento do pelotão, tirando partido do pouco combustível no carro mas foram contrariados por Jim Hall. De Ferran caiu para o 15º quando parou para reabastecer na última volta com bandeiras amarelas. Todas as esperanças por um lugar no pódio há muito que tinham desaparecido quando um problema de câmbio o levou a sair de pista pouco antes do final.

O restart na 35ª volta viu Villeneuve a assumir de novo o comando. Na perseguição do líder, Tracy mergulhou sobre Boesel por dentro na entrada da Curva Cinco, e numa repetição virtual do incidente que envolveu Herta no início da corrida, Rahal tirou novamente partido, metendo-se por dentro do seu colega de equipe enquanto aceleravam em direção à Curva Seis. Em sua defesa, Boesel foi traído por um problema na troca do câmbio e depois de se libertar da brita, ele abandonou pouco depois com a transmissão quebrada.

A corrida foi interrompida por mais duas breves situações de bandeiras amarelas, primeiro quando o Mi-Jack Lola T94/00-Ford de Alessandro Zanardi saiu de pista na Curva 12 enquanto disputava o 10º lugar com o seu colega de equipe Bachelard e depois quando De Ferran precisou de ser retirado da mesma caixa de brita. As intromissões anularam quaisquer preocupações acerca do consumo de combustível e mesmo que Tracy atacasse a fundo até ao final ele não seria capaz de impedir Villeneuve de receber a bandeira axadrezada. Atendendo às circunstâncias, Tracy estava encantado com o 2º lugar.

"O meu pé está muito, muito inflamado," disse Tracy. "Na verdade, sinto-o como ao meu coração. Está simplesmente a bater: boom, boom! Tive alguns problemas na minha primeira parada — parecia que alguém espetava uma faca no meu pé — por tudo isso penso que foi um excelente resultado para a equipe. Obtivemos as nossas posições na pista e as corridas são isso mesmo."

Uma excelente estratégia e uma prova isenta de erros permitiu a Vasser acabar em terceiro, mesmo na frente de Ribeiro e Rahal, que cruzaram a linha de chegada separados por menos de dois décimos de segundos. Fernandez e Pruett também ficaram bem classificados.

Um reabastecimento mal atempado e um motor morto anularam o bom trabalho de Christian Fittipaldi no início da corrida, relegando-o para oitavo, na frente de Fabi, que tinha andado em quarto até sair de pista a cinco voltas do fim. Stefan Johansson, que como de Ferran, fizera o seu último pit stop demasiado tarde, fechou os dez primeiros no Penske PC23 Alumax.

Bachelard sobreviveu a uma tarde fértil em acontecimentos para terminar em 11º para a Payton-Coyne Racing, enquanto Johnstone obteve o último ponto para o campeonato — e o primeiro da sua carreira — após uma prova segura no Reynard-Honda da Comptech.

Abaixo: Al Unser Jr. foi eliminado na 3ª volta quando tentava ultrapassar Michael Andretti numa das rápidas retas, que dão ao circuito o seu caráter único, e terminou numa colisão a alta velocidade na qual ambos os pilotos tiveram muita sorte em escapar ilesos.

Michael C. Brown

BREVES

* Hubert Stromberger (abaixo) fez uma fraca estreia na Indy Car ao volante do Reynard 94I-Ford da Project Indy. A experiência anterior do austríaco de 32 anos limitara-se essencialmente ao Campeonato Europeu de Fórmula Opel, no qual ele obtivera duas vitórias significativas durante os dois anos anteriores. Stromberger qualificou-se no fundo do pelotão e sobreviveu a uma rodada para terminar em 16º.

Fotos: Michael C. Brown

* Além de receber do Marlboro Pole Award US$10.000, J. Villeneuve amealhou mais um bónus de US$30.000 por vencer da pole.

* O fim de semana miserável de Robby Gordon incluiu um atropelamento quase iminente a um gamo durante os primeiros treinos de sexta-feira. "Era enorme," exclamou Gordon.

* Emerson Fittipaldi (à direita) parecia mais competitivo em Road America do que em qualquer das três corridas anteriores, embora os resultados não refletissem propriamente isso. Depois perdeu uma volta devido a um reabastecimento confuso. "É impressionante", disse um frustrado Fittipaldi. "Parece que todas as coisas que nunca aconteceram nos últimos dez anos aconteceram-me todas nas últimas três corridas. Tudo o que podemos fazer é ir para Toronto e esperar ter mais sorte lá."

* O engenheiro da Lola Mike Wright, que trabalhou com a equipe de A.J. Foyt na parte inicial da temporada, ofereceu alguma ajuda valiosa ao piloto da Payton-Coyne Eric Bachelart depois de o belga se ter debatido para descobrir um bom equilíbrio na 6ª feira no seu Lola. Ironicamente, durante a corrida, Bachelart envolveu-se num par de incidentes com o piloto da Foyt, Eddie Cheever.

* Paul Tracy quebrou o pé esquerdo quando teve um acidente com o seu kart durante uma corrida perto da sua nova casa em Phoenix, Arizona, no fim de semana anterior. O Dr. Terry Trammell, Diretor dos Serviços Médicos da Indy Car, colocou uma placa de metal e cinco parafusos para ajudar ao processo de cura, equipando Tracy com uma sola interior em fibra de carbono. Como um mal nunca vem só, a casa de Tracy foi assaltada na mesma semana.

* Christian Fittipaldi sofreu uma falha de motor monumental no sábado de manhã que deixou o Reynard Marlboro/Chapecó de Derrick Walker envolvido em fumo e chamas. Surpreendentemente, os carro sofreu poucos danos, embora Fittipaldi mudasse para o carro de reserva, equilibrando o resto do fim de semana.

PPG INDY CAR WORLD SERIES • 10ª PROVA

TEXACO/HAVOLINE 200

ROAD AMERICA,
ELKHART LAKE, WISCONSIN

9 DE JULHO, 50 VOLTAS – 321,860 KM

Clas.	Piloto (Nac.)	Nº.	Equipe/Patrocinadores/Carro-Motor	Pneus	Vel. Qlf.	Tempo Qlf.	Pos.	Voltas	Tempo/Causa	Méd. km/h	Pts.
1	**Jacques Villeneuve (CDN)**	**27**	**Team Green *Player's Ltd.* Reynard 95I-Ford**	**GY**	**228,852**	**1m 41,261s**	**1**	**50**	**1h 55m 29,659s**	**167,207**	**22**
2	**Paul Tracy (CDN)**	**3**	**Newman-Haas *Kmart/Budweiser* Lola T95/00-Ford**	**GY**	**226,060**	**1m 42,512s**	**11**	**50**	**1h 55m 30,625s**	**167,185**	**16**
3	**Jimmy Vasser (USA)**	**12**	**Ganassi *Target/STP* Reynard 95I-Ford**	**GY**	**224,377**	**1m 43,281s**	**14**	**50**	**1h 55m 32,038s**	**167,151**	**14**
4	***Andre Ribeiro (BR)**	**31**	**Tasman Motorsports *LCI International* Reynard 95I-Honda**	**FS**	**225,880**	**1m 42,594s**	**12**	**50**	**1h 55m 32,956s**	**167,135**	**12**
5	**Bobby Rahal (USA)**	**9**	**Rahal/Hogan *Miller Genuine Draft* Lola T95/00-Mercedes**	**GY**	**226,997**	**1m 42,090s**	**6**	**50**	**1h 55m 33,151s**	**167,124**	**10**
6	**Adrian Fernandez (MEX)**	**10**	**Galles *Tecate/Quaker State* Lola T95/00-Mercedes**	**GY**	**224,167**	**1m 43,378s**	**15**	**50**	**1h 55m 34,951s**	**167,081**	**8**
7	**Scott Pruett (USA)**	**20**	**Patrick Racing *Firestone/Pennzoil* Lola T95/00-Ford**	**FS**	**226,583**	**1m 42,276s**	**7**	**50**	**1h 55m 35,416s**	**167,069**	**6**
8	***Christian Fittipaldi (BR)**	**15**	**Walker *Marlboro/Chapeco Special* Reynard 95I-Ford**	**GY**	**226,433**	**1m 42,343s**	**9**	**50**	**1h 55m 41,858s**	**166,915**	**5**
9	**Teo Fabi (I)**	**33**	**Forsythe *Combustion Engineering/Indeck* Reynard 95I-Ford**	**GY**	**226,440**	**1m 42,340s**	**8**	**50**	**1h 55m 43,059s**	**166,886**	**4**
10	**Stefan Johansson (S)**	**16**	**Bettenhausen *Alumax Aluminum* Penske PC23-Mercedes**	**GY**	**223,752**	**1m 43,570s**	**17**	**50**	**1h 55m 45,207s**	**166,835**	**3**
11	**Eric Bachelart (B)**	**19**	**Payton-Coyne *The Agfa Car* Lola T94/00-Ford**	**FS**	**219,232**	**1m 45,705s**	**25**	**50**	**1h 55m 50,783s**	**166,699**	**2**
12	**Parker Johnstone (USA)**	**49**	**Comptech *Motorola Cellular* Reynard 95I-Honda**	**FS**	**224,504**	**1m 43,223s**	**13**	**50**	**1h 55m 50,902s**	**166,698**	**1**
13	Hiro Matsushita (J)	25	Arciero-Wells *Panasonic/Duskin/YKK* Reynard 95I-Ford	FS	219,096	1m 45,770s	26	50	1h 55m 52,413s	166,661	
14	Bryan Herta (USA)	4	Ganassi *Target/Scotch Video* Reynard 95I-Ford	GY	226,321	1m 42,394s	10	49	Em prova		
15	**Emerson Fittipaldi (BR)**	**2**	**Marlboro Team Penske Penske PC24-Mercedes**	**GY**	**223,139**	**1m 43,854s**	**21**	**49**	**Em prova**		
16	*Hubert Stromberger (A)	64	Project Indy *No-Touch/Van Dyne/Marcelo* Reynard 94I-Ford	GY	213,091	1m 48,752s	27	49	Em prova		
17	Eddie Cheever (USA)	14	A.J. Foyt *Copenhagen Racing* Lola T95/00-Ford	GY	221,856	1m 44,454s	22	48	Em prova		
18	*Eliseo Salazar (RCH)	7	Dick Simon *Cristal/Mobil 1/Copec* Lola T95/00-Ford	GY	223,255	1m 43,800s	20	48	Em prova		
19	*Carlos Guerrero (MEX)	22	Simon *Herdez/Viva Mexico!* Lola T95/00-Ford	GY	204,914	1m 53,091s	28	48	Em prova		
20	Alessandro Zampedri (I)	34	Payton-Coyne *The Mi-Jack Car* Lola T94/00-Ford	FS	221,628	1m 44,562s	23	48	Em prova		
21	***Gil de Ferran (BR)**	**8**	**Hall Racing *Pennzoil Special* Reynard 95I-Mercedes**	**GY**	**228,780**	**1m 41,294s**	**2**	**45**	**Acidente**		
22	**Raul Boesel (BR)**	**11**	**Rahal/Hogan *Duracell Charger* Lola T95/00-Mercedes**	**GY**	**227,417**	**1m 41,901s**	**4**	**41**	**Transmissão**		
23	**Marco Greco (BR)**	**99**	**Simon *Brastemp/Int, Sports* Lola T95/00-Ford**	**GY**	**220,114**	**1m 45,281s**	**24**	**38**	**Em prova**		
24	**Mauricio Gugelmin (BR)**	**18**	**PacWest Racing Group *Hollywood* Reynard 95I-Ford**	**GY**	**223,720**	**1m 43,585s**	**18**	**29**	**Acidente**		
25	Danny Sullivan (USA)	17	PacWest Racing Group *VISA* Reynard 95I-Ford	GY	223,443	1m 43,713s	19	29	Acidente		
26	Robby Gordon (USA)	5	Walker *Valvoline/Cummins Special* Reynard 95I-Ford	GY	223,986	1m 43,461s	16	17	Transmissão		
27	Michael Andretti (USA)	6	Newman-Haas *Kmart/Texaco Havoline* Lola T95/00-Ford	GY	227,927	1m 41,673s	3	2	Acidente		
28	Al Unser Jr. (USA)	1	Marlboro Team Penske Penske PC24-Mercedes	GY	227,365	1m 41,924s	5	2	Acidente		

** Piloto Rookie (estreante)*

Bandeiras amarelas: Voltas 3–4, acidente/Unser e Andretti; voltas 19–20, rebocado/Cheever; volta 22, rebocado/Herta; voltas 29–33, acidente/Gugelmin e Sullivan; volta 37, rebocado/Zampedri; voltas 45–47, rebocado/de Ferran. ***Total:*** seis em 14 voltas.

Líderes: Jacques Villeneuve, 1–29 (29 voltas); Gil de Ferran, 30–33 (4 voltas); Villeneuve, 34–50 (17 voltas). ***Totais:*** Villeneuve, 46 voltas; de Ferran, 4 voltas.

Volta mais rápida: Jacques Villeneuve, 1m 45,684s, 219,275 km/h, na 29ª volta.

Classificações no campeonato: **1** Villeneuve, 103; **2** Gordon, 81; **3** Rahal, 78; **4** Tracy e Pruett, 73; **6** Andretti, 69; **7** Unser, 61; **8** Vasser, 59; **9** Gugelmin, 55; **10** Fabi, 54; **11** C. Fittipaldi, 42; **12** E. Fittipaldi e Boesel, 38; **14** Johansson, 37; **15** Fernandez, 31; **16** Cheever, 28; **17** Sullivan, 22; **18** Salazar, 16; **19** Ribeiro, 15; **20** de Ferran, 11; **21** Bachelart, 8; **22** Zampedri, 7; **23** Danner e Luyendyk, 6; **25** Matsushita, 5; **26** Herta, 4; **27** Greco, 3; **28** C. Guerrero e Hall, 2; **30** R. Guerrero, Johnstone e Brayton, 1.

Classificações e pontos no capeonato provisórios, dependendo da resposta ao recurso interposto pela Marlboro Team Penske após Portland.

TORONTO

1 – ANDRETTI

2 – RAHAL

3 – VILLENEUVE

Regresso de Andretti

O circuito temporário Exhibition Place de Toronto tem sido há muito tempo um proveitoso terreno de caça para Michael Andretti. Ele venceu cinco das dez corridas Indy disputadas naquela cidade cosmopolita, situada à beira do Lago Ontário.

A última vitória de Andretti surgiu exatamente 12 meses depois do seu último sucesso na Indy Car e na mesma pista. Representou a 3ª vitória da temporada para a Newman-Haas Racing e terminou finalmente com a sua sequência de azares.

Desta vez, a sorte sorriu a Andretti. Ele tinha-se contentado em circular um pouco atrás dos homens da frente no início da corrida de 98 voltas e como Jacques Villeneuve (Reynard-Ford Player's Ltd.) e Jimmy Vasser (Reynard-Ford Target/STP) tinham acabado de passar pela entrada do box quando pela primeira vez foram exibidas as bandeiras amarelas, na 19ª volta, Andretti tirou partir disso quando o chefe de equipe da Newman-Haas Lee White freneticamente chamou o seu piloto para reabastecer.

"O Lee estava mesmo em cima do acontecimento. Termos sido capazes de fazer aquele pit stop, deu-nos a liderança e a vitória," declarou Andretti. "Eu realmente tenho de agradecer ao Lee."

Bobby Rahal manteve a pressão sobre Andretti ao terminar em segundo no seu Lola-Mercedes Miller Genuine Draft, apesar das preocupações em relação a um motor em sobreaquecimento. O pole Villeneuve manteve as suas aspirações ao título com uma madura condução até ao 3º lugar.

Página ao lado: Desfrutando, para variar, de boa sorte, Michael Andretti resistiu à pressão intensa de Bobby Rahal para obter a sua primeira vitória desde a última visita da Indy Car a Toronto, 12 meses antes.

Um desafio único

O circuito citadino Exhibition Place de Toronto é significativamente irregular e perigoso em algumas partes, mas para os pilotos representa um teste exigente de empenho. A pista dispõe de uma ampla variedade de curvas nos seus 2,73 km como também é palco de velocidades extremas que variam desde a longa reta no Lake Shore Boulevard, onde os carros atingem uma velocidade máxima de 290 km/h, até ao subsequente gancho apertado da Curva Três, que é negociado a uns calmos 56 km/h. As Curvas 10 e 11, que antecedem a reta de chegada, proporcionam talvez o maior desafio, especialmente devido a algumas lombas assustadoras que os pilotos mais corajosos tentam negociar em condições de qualificação com o pé a fundo — a cerca de 274 km/h!

Os carros dá Indy proporcionam uma visão espetacular à medida que abrem caminho através dessas curvas à vista dos boxes e das bancadas repletas, embora em 1994 o aspeto do perigo tenha sido realçado durante os treinos livres quando Bryan Herta perdeu o controle do Lola da A.J. Foyt e bateu com força na saída da Curva Onze. Herta sofreu lesões graves que incluíram a fratura de uma perna e da pélvis.

Felizmente, desta vez não houve repetições daquele acidente. Não obstante, devido à reconstrução em curso no Exhibition Place, aquela seção da pista irá ser substituída por uma nova sequência de curvas e o pit lane também será revisto, ficando tudo pronto a tempo do Molson Indy Toronto de 1996. Os pilotos reagiram de forma diversa às notícias. "Não há dúvidas, são as curvas mais duras de todas as corridas do ano," disse Michael Andretti. "São mesmo perigosas mas nós respeitamo-as. São curvas para pilotos. Vou sentir falta delas no próximo ano."

O segundo classificado Bobby Rahal também afirmou ter pena de ver as mudanças. "As curvas são rudes, o carro salta em todo o lado, e sim, gostaríamos que fossem mais suaves, mas como piloto de corridas, este é o tipo de curvas que gostamos de encontrar porque realmente exigem muito da nossa atenção."

Michael C. Brown

QUALIFICAÇÕES

A batalha pela supremacia entre os fabricantes rivais de chassis Reynard e Lola continuou inquebrantável em Toronto. Curiosamente, os Lolas pareciam ser superiores durante as sessões livres matinais, ao passo que nas tardes de qualificação, com uma ligeira subida na temperatura, os Reynard foram superiores.

"Essa foi a nossa história durante todo o ano," notou Paul Tracy, que foi o terceiro mais rápido na manhã com o Lola-Ford Cosworth Kmart/Budweiser da Newman-Haas Racing, depois escorregou para um decepcionante 10º lugar no grid final. "O carro é excelente quando a pista está fresca, mas mal começa a aquecer, o carro começa a ficar muito subesterçante."

Rahal, que impôs o ritmo no sábado de manhã com aquela que iria ser a melhor volta do fim de semana, 57,646s, foi igualmente afetado nas qualificações, deixando o caminho aberto para os Reynard ocuparem as primeiras posições do grid.

De fato, pela 3ª corrida consecutiva, Villeneuve emergia com a pole.

"O carro é muito bom nas curvas rápidas e nós não perdemos velocidade nas curvas lentas," declarou ele. "Isso é muito importante nesta pista porque tem um pouco de tudo. Nós precisamos mesmo de um bom carro em todas as situações."

Villeneuve, como sempre, prestou homenagem ao pessoal do Team Green por lhe fornecerem um bom carro. Ele, também, mereceu crédito pelo seu estilo diabólico. A sua velocidade através da perigosa e ondulada Curva 11 em frente dos pits foi terrível de observar. Na verdade, o tempo oficial da EDS revelou que ele cruzou a linha de chegada, situada imediatamente antes da saída da curva, a uns 272 km/h.

Vasser saltou de 6º no grid provisório para conquistar um lugar na fila dianteira, enquanto Teo Fabi assegurou o 3º Reynard-Ford na frente de pelotão com garra no carro de Jerry Forsythe.

Scott Pruett foi o mais rápido do contigente Lola, celebrando a chegada da Nike como o principal patrocinador da equipe de Pat Patrick ao obter o lado de fora da 2ª fila no seu Lola-Ford Firestone. Pruett andou sempre perto dos homens da frente em todo o fim de semana, embora na sessão final de qualificação tenha sido castigado em oito minutos depois de causar uma interrupção de bandeira vermelha quando rodou (sem danos) e ficou parado na Curva Um.

"O carro esteve bom, só não consegui tirar o melhor dele," refletiu ele com uma candura refrescante. "A temperatura estava a subir e nós não tivemos a oportunidade de regular o carro quando saímos com o melhor jogo de pneus."

Os pilotos Lola, Rahal e Andretti, ficaram quase com o mesmo tempo de Pruett num grid muito renhido, que viu os dez primeiros classificados separados por meio segundo.

CORRIDA

Villeneuve comandou o pelotão de 27 carros em direção à bandeira verde que os aguardava, numa formação lado a lado impressionantemente precisa e foi agraciado por um bramido de aprovação por parte da enorme (e esmagadoramente apoiante) multidão quando liderou Vasser & Companhia na Curva Um em frente ao imponente arco Princess Gate. A largada foi limpa, embora um problema elétrico tenha desligado momentaneamente o motor de Fabi. O soluço permitiu a Pruett ascender a terceiro, seguido por fora por Andretti. Rahal viu-se preso atrás do italiano, e por isso foi ultrapassado por Andretti e Tracy, que emergiu em sexto depois de largar do décimo lugar. Tracy também passou Fabi no Lake Shore Boulevard, depois colocou-se atrás do colega de equipe Andretti na freada para a Curva Três. Mais atrás no pelotão, a temporada miserável de Bryan Herta prosseguiu enquanto ele era inadvertidamente varrido de lado por Stefan Johansson na freada para a curva do gancho. Abandono do carro Target/Scotch Vídeo nº4 com a sua suspensão dianteira quebrada.

A ordem estabeleceu-se rapidamente após as trocas iniciais de posições, com Villeneuve a manter uma magra liderança sobre Vasser e Pruett. Andretti e Tracy eram os seguintes na frente de Fabi, que avistava nos seus espelhos Rahal, Al Unser Jr. (Penske-Mercedes Marlboro) e Gil de Ferran (Reynard-Mercedes Pennzoil).

A primeira alteração significativa surgiu na 17ª volta, quando Pruett rodou na Curva Oito. Constou que a pirueta tinha sido provocada por água expelida de uma união quebrada no seu motor Ford/Cosworth, que por sua vez o levou ao abandono algumas voltas depois devido ao sobreaquecimento do propulsor XB.

A seguir, Unser também ficou fora da contenda a seguir a uma infeliz tentativa de ultrapassagem a Rahal na Curva Três: "Tentei passar por um buraco que não existia e fui contra a traseira do Bobby," confessou ele.

O carro de Unser ficou com a suspensão dianteira esquerda danificada e imobilizou-se na saída da curva cega, precipitando a primeira interrupção da tarde.

As bandeiras amarelas foram mostradas na linha de chegada mesmo quando Villeneuve e Vasser estavam quase completando a 18ª volta. Andretti, entretanto, estava uns poucos segundos atrás dos lideres da corrida depois de ter sido ligeiramente atrasado pela rodada de Pruett, e pode prestar atenção à agitada chamada via rádio de Lee White para fazer um pit stop.

O reabastecimento efetuado por Tim Bumps e pelos mecânicos da Newman-Haas permitiu a Andretti regressar sem sequer perder um lugar, visto que quase toda a gente tinha aproveitado a oportunidade para receber combustível e pneus .

Villeneuve e Vasser continuaram na frente quando a bandeira verde foi mostrada no início da 24ª volta. Lá mais trás no fundo do pelotão, porém, instalou-se o caos visto que um grande grupo de carros se emaranhou antes da bandeira verde ser acenada. As equipes Dick Simon e Payton-Coyne foram totalmente eliminadas no incidente. Foi quase um milagre que todos os pilotos tenham escapado ilesos, especialmente porque o carro de Carlos Guerrero passou por cima do de Alessandro Zampedri.

Fotos: Michael C. Brown

Acima, do topo para baixo: Jacques Villeneuve mostrou-se como um candidato ao título com outro lugar no pódio; uma penalização stop & go relegou Christian Fittipaldi para 9º; Teo Fabi foi 4º após uma boa performance; Eddie Cheever sobreviveu a um toque com o vencedor da corrida.

À direita: exibindo uma precisão caraterística, Bobby Rahal afasta-se do Hollywood Reynard de Maurício Gugelmin.

hollywood
Genuine Draft
Shell
BOSCH

Michael C. Brown

Raul Boesel (à direita) passa pelo imponente arco Princess Gate, o marco mais distintivo do circuito de Toronto, no seu caminho para um bem merecido 6º lugar.

Abaixo: troféus bizarros que refletem outro aspeto da cultura do Canadá, Bobby Rahal, Michael Andretti e o favorito local Jacques Villeneuve comemoram no pódio.

Enquanto as bandeiras amarelas eram mostradas novamente e a maioria do pelotão abrandou para tentar passar pelos destroços, Villeneuve e Vasser aproveitaram para irem aos boxes para reabastecerem. Tal foi o atraso no meio do pelotão que os antigos lideres puderam regressar à pista em 5º e 6º. Na frente encontravam-se Andretti, Maurício Gugelmin, que tinha ainda de reabastecer o seu Reynart Hollywood/PacWest, mais Tracy e Rahal.

Após um longo processo de limpeza, Andretti fez uso total da sua posição na pista ao disparar para uma clara liderança. A vantagem de Gugelmin por andar com pouco combustível foi contrabalançada pelos seus pneus já gastos e notou-se imediatamente que ele estava a segurar um grupo de carros.

Tracy, em particular, decidiu que não se podia dar ao luxo de esperar. Prontamente o canadense se colocou ao lado de Gugelmin na aproximação para o gancho da Curva Três. Gugelmin, porém, garantiu que Tracy teria de tomar a trajetória mais longa, por fora, e quando Tracy tentou virar para a curva ele fez um ligeiro contato com o pneu dianteiro esquerdo do brasileiro — o suficiente para levar o seu Lola Kmart/Budweiser a rodar. A impaciência de Tracy saiu-lhe cara. Ele teve de esperar até que todo o pelotão passasse antes de poder virar e retomar a direção certa. Nessa altura já tinha caído para 17º.

Rahal, no entanto, optou por uma aproximação mais conservadora. Claro, ele podia ver Andretti ganhando pelo menos 0,5 s por volta, mas pensou que como ainda faltava mais de metade da corrida para disputar, haveria muito tempo para recuperar o atraso. Homem sensato.

Na 43ª volta, Andretti tinha dilatado a sua vantagem para mais de 8 s sobre Gugelmin, que tinha uma fila de carros nos seus espelhos. Quando o brasileiro finalmente foi aos boxes, a estratégia de prudência de Rahal tornou-se evidente quando ele partiu em perseguição do líder da corrida. Em cinco voltas Rahal reduziu a metade o atraso para Andretti. Já tinha 6 s de vantagem sobre Villeneuve, que se debatia para se defender de Vasser, Fabi e de Ferran.

"O carro esteve bom nas primeiras 10 ou 15 voltas," explicou Villeneuve. "Depois disso os pneus foram-se embora, pouco a pouco, e foi duro. O Michael e o Bobby foram hoje definitivamente mais rápidos do que nós."

A corrida permaneceu inalterada a seguir à segunda série de reabastecimentos. Andretti continuou a liderar, apesar da margem sobre Rahal diminuir regularmente. Atrás, em 3º, Villeneuve distanciava-se mais.

Villeneuve conseguiu ganhar terreno a Vasser depois dos reabastecimentos, até que o californiano se aproximou gradualmente quando a corrida atingia o seu auge. Infelizmente, Vasser não pode tirar dividendos de seu ritmo, abandonando a 12 voltas do fim com o coletor de escapamento quebrado. Fabi avançou para desafiar Villeneuve, sem nunca conseguir abrir caminho, enquanto as esperanças de uma boa classificação para De Ferran eram traídas por uma embreagem quebrada.

Gordon (Reynard-Ford Valvoline/Cummins) atacou forte no final, terminando na cauda da briga Villeneuve-Fabi. Boesel também estava pouco atrás após uma boa prova no seu Lola-Mercedes Duracell. Adrian Fernandez conduziu solidamente até 7º no carro similar Tecate/Quaker State de Rick Galles, seguido por Tracy, que recuperara. Os dois Fittipaldi fecharam os dez primeiros, Christian pouco à frente do tio Emerson apesar de ter perdido tempo precioso devido a uma penalização stop & go por violação da linha divisória depois de fazer o seu segundo reabastecimento programado.

O maior interesse, porém, estava centrado na cabeça do pelotão. Rahal anulara completamente o atraso em relação a Andretti. Só que, descobrir um caminho para passar era uma questão totalmente diferente.

"O Michael é um adversário leal," declarou Rahal. "Ele não serpenteou pela pista. Ele não nos barra. Pensei em forçar mas penso que ainda acabaríamos sentados no muro. Não valia a pena correr o risco."

Rahal fez a volta mais rápida da corrida enquanto perseguia implacavelmente Andretti. Na 76ª volta, a sua pressão quase que dava resultado quando Andretti esteve prestes a ser posto fora da corrida ao tentar passar Eddie Cheever. Sullivan, que perdera diversas voltas ao ficar sem combustível, tinha acabado de ultrapassar Cheever na freada para a Curva Três. Andretti tentou segui-lo até Cheever fechar no seu bico. O par bateu rodas mas sem danos sérios.

Rahal não foi capaz de tirar partido do deslize momentâneo do líder.Ele tinha os seus próprios problemas.

"A temperatura da água subiu a 15 voltas do fim," contou Rahal. "A equipe me disse que eu tinha de me afastar para que entrasse ar nos radiadores. Eu não queria deixar de pressionar o Michael mas sempre que me aproximava, o alarme da temperatura regressava. Penso que tivemos sorte em terminarmos em segundo."

Andretti estava agradecido pela demora. "O Bobby estava andando bem. Ele realmente manteve-me sob pressão, e foi divertido. Eu sabia que não podia cometer um erro e tive de andar tão forte como podia."

"Esta vitória é formidável para nós. Nós tivemos certamente carros melhores do que este mas nunca conseguimos ganhar corridas. Hoje tínhamos um carro médio e ganhamos. É estranho. Quando é o nosso dia ..."

Michael C. Brown

BREVES

Fotos: Michael C. Brown

• André Ribeiro (acima) deu sequência ao melhor resultado da sua carreira em Road America ao levar o Reynard-Honda LCI da Tasman ao fazer o melhor tempo no sábado de manhã, até que mitigou o seu esforço ao roçar no muro na saída da Curva Um. Este incidente roubou suas esperanças de um bom lugar no grid, visto que uma fissura num componente da suspensão traseira só se manifestou na qualificação final. Ribeiro terminou em 13º depois de uma rodada quando tentava passar Gordon, embora mais uma vez se tenha revelado uma promessa ao conseguir fazer a 3ª melhor volta da corrida.

• Robby Gordon foi incapaz de repetir a sua pole de 1994. Na verdade, ele qualificou-se somente em 7º depois de se debater para descobrir o equilíbrio no seu Valvoline/Cummins Reynard, especialmente nas freadas. O progresso de Gordon na corrida foi dificultado por um comportamento subesterçante, como também pela localização do boxe da sua equipe, no meio da curva do pit lane, o que lhe custou alguns segundos.

• O slogan "Just do it" adornava a lateral do Patrick Racing Lola-Ford de Scott Pruett. Ao conservar o estilo de campanha publicitária da marca, que também dá um apoio substancial à estrela do tênis Andre Agassi e à legenda do basquetebol Michael Jordan, embora o nome Nike não estivesse em evidência.

• O pessoal de Carlos Guerrero, chefiado por Steve Gough, teve outro fim de semana atarefado a seguir ao fogo durante os treinos em Road America que infligiu danos sérios num dos lados do carro Herdez/ /Viva Mexico! do mexicano e o obrigou a utilizar o Lola de reserva de '94 no resto do fim de semana. Guerrero não só regressou ao seu chassi regular em Toronto, como teve também o luxo de ter um segundo carro de '95 de reserva graças a um acordo que o verá permanecer com a Dick Simon Racing em 1996.

• O ritmo de Villeneuve constituiu uma surpresa para o Team Green, que no ano passado se definhara no meio do pelotão durante o fim de semana de Toronto. "Pensávamos que iríamos outra vez ter dificuldades aqui," admitiu o chefe dos mecânicos Kyle Moyer. "Pensamos que se saíssemos daqui em 5º lugar, já ficávamos muito satisfeitos." Villeneuve superou as expetativas ao qualificar-se na pole, terminando em 3º e dilatando a sua vantagem no campeonato.

• Um compromisso para testar o seu Alfa Romeo do Campeonato Alemão de Turismo impediu Christian Danner de se sentar ao volante do seu Project Indy Reynard. O veterano Jeff Wood respondeu bem ao convite, até que a sua primeira experiência com um câmbio sequencial resultou num motor em sobreregime. Sem fundos adicionais para cobrir os custos da reconstrução do Ford/Cosworth, Wood foi substituído no sábado, por Buddy Lazier (abaixo).

PPG INDY CAR WORLD SERIES • 11ª PROVA

MOLSON INDY TORONTO

EXHIBITION PLACE CIRCUIT,
TORONTO, ONTARIO, CANADÁ

16 JULHO, 98 VOLTAS – 280,726 KM

Clas.	Piloto (Nac.)	Nº.	Equipe/Patrocinadores Carro-Motor	Pneus	Vel. Qlf.	Tempo Qlf.	Pos.	Voltas	Tempo/Causa	Méd. km/h	Pts.
1	**Michael Andretti (USA)**	**6**	**Newman-Haas *Kmart/Texaco Havoline* Lola T95/00-Ford**	**GY**	**176,920**	**58,289s**	**6**	**98**	**1h 50m 25,202s**	**152,541**	**21**
2	**Bobby Rahal (USA)**	**9**	**Rahal/Hogan *Miller Genuine Draft* Lola T95/00-Mercedes**	**GY**	**176,970**	**58,272s**	**5**	**98**	**1h 50m 25,627s**	**152,531**	**16**
3	**Jacques Villeneuve (CDN)**	**27**	**Team Green *Player's Ltd,* Reynard 95I-Ford**	**GY**	**177,660**	**58,046s**	**1**	**98**	**1h 50m 58,015s**	**151,789**	**15**
4	**Teo Fabi (I)**	**33**	**Forsythe *Combustion Engineering/Indeck* Reynard 95I-Ford**	**GY**	**177,070**	**58,239s**	**3**	**98**	**1h 50m 58,543s**	**151,778**	**12**
5	**Robby Gordon (USA)**	**5**	**Walker *Valvoline/Cummins Special* Reynard 95I-Ford**	**GY**	**176,457**	**58,441s**	**7**	**98**	**1h 50m 59,893s**	**151,746**	**10**
6	**Raul Boesel (BR)**	**11**	**Rahal/Hogan *Duracell Charger* Lola T95/00-Mercedes**	**GY**	**175,021**	**58,921s**	**16**	**98**	**1h 51m 03,646s**	**151,640**	**8**
7	**Adrian Fernandez (MEX)**	**10**	**Galles *Tecate/Quaker State* Lola T95/00-Mercedes**	**GY**	**175,229**	**58,851s**	**15**	**98**	**1h 51m 07,838s**	**151,565**	**6**
8	**Paul Tracy (CDN)**	**3**	**Newman-Haas *Kmart/Budweiser* Lola T95/00-Ford**	**GY**	**176,157**	**58,541s**	**10**	**98**	**1h 51m 19,005s**	**151,313**	**5**
9	***Christian Fittipaldi (BR)**	**15**	**Walker *Marlboro/Chapeco Special* Reynard 95I-Ford**	**GY**	**175,779**	**58,667s**	**12**	**98**	**1h 51m 22,049s**	**151,244**	**4**
10	**Emerson Fittipaldi (BR)**	**2**	**Marlboro Team Penske Penske PC24-Mercedes**	**GY**	**174,712**	**58,958s**	**17**	**98**	**1h 51m 22,698s**	**151,229**	**3**
11	**Eddie Cheever (USA)**	**14**	**A.J. Foyt *Copenhagen Racing* Lola T95/00-Ford**	**GY**	**174,561**	**59,076s**	**20**	**97**	**Em prova**		**2**
12	**Mauricio Gugelmin (BR)**	**18**	**PacWest Racing Group *Hollywood* Reynard 95I-Ford**	**GY**	**175,520**	**58,754s**	**14**	**96**	**Em prova**		**1**
13	***Andre Ribeiro (BR)**	**31**	**Tasman Motorsports *LCI International* Reynard 95I-Honda**	**FS**	**176,325**	**58,485s**	**9**	**96**	**Em prova**		
14	Stefan Johansson (S)	16	Bettenhausen *Alumax Aluminum* Penske PC23-Mercedes	GY	174,892	58,964s	18	94	Em prova		
15	Buddy Lazier (USA)	64	Project Indy *No-Touch/Van Dyne/Marcelo* Reynard 94I-Ford	GY	166,530	1m 01,925s	27	93	Em prova		
16	***Gil de Ferran (BR)**	**8**	**Hall Racing *Pennzoil Special* Reynard 95I-Mercedes**	**GY**	**176,041**	**58,579s**	**11**	**89**	**Embreagem**		
17	Jimmy Vasser (USA)	12	Ganassi *Target/STP* Reynard 95I-Ford	GY	177,369	58,141s	2	85	Escapamento		
18	Danny Sullivan (USA)	17	PacWest Racing Group *VISA* Reynard 95I-Ford	GY	175,573	58,736s	13	83	Motor		
19	Hiro Matsushita (J)	25	Arciero-Wells *Panasonic/Duskin/YKK* Reynard 95I-Ford	FS	170,526	1m 00,474s	26	66	Sist. Arrefecimento		
20	**Marco Greco (BR)**	**55**	**Galles *Brastemp/Int, Sports* Lola T95/00-Mercedes**	**GY**	**171,286**	**1m 00,206s**	**25**	**45**	**Transmissão**		
21	*Eliseo Salazar (RCH)	7	Dick Simon *Cristal/Mobil 1/Copec* Lola T95/00-Ford	GY	172,823	59,670s	22	23	Acidente		
22	Eric Bachelart (B)	19	Payton-Coyne *The Agfa Car* Lola T94/00-Ford	FS	171,411	1m 00,163s	24	22	Acidente		
23	Alessandro Zampedri (I)	34	Payton-Coyne *The Mi-Jack Car* Lola T94/00-Ford	FS	173,428	59,462s	21	22	Acidente		
24	*Carlos Guerrero (MEX)	22	Simon *Herdez/Viva Mexico!* Lola T95/00-Ford	GY	172,697	59,714s	23	22	Acidente		
25	Scott Pruett (USA)	20	Patrick Racing *Firestone/Nike* Lola T95/00-Ford	FS	176,994	58,264s	4	19	Sist. Arrefecimento		
26	Al Unser Jr. (USA)	1	Marlboro Team Penske Penske PC24-Mercedes	GY	176,440	58,447s	8	17	Acidente		
27	Bryan Herta (USA)	4	Ganassi *Target/Scotch Video* Reynard 95I-Ford	GY	174,754	59,011s	19	0	Acidente		
NS	Jeff Wood (USA)	64	Project Indy *No-Touch/Van Dyne/Marcelo* Reynard 94I-Ford	GY	159,583	1m 04,621s	–	–	Abandono		

** Piloto Rookie (estreante)*

Bandeiras amarelas: Voltas 17–22, acidente/Unser; voltas 23–30, acidente/Salazar, Bachelart, Guerrero e Zampedri. ***Total:*** duas em 14 voltas.

Líderes: Jacques Villeneuve, 1–23 (23 voltas); Michael Andretti, 24–62 (39 voltas); Villeneuve, 63 (1 volta); Andretti, 64–98 (35 voltas). ***Totais:*** Andretti, 74 voltas; Villeneuve, 24 voltas.

Volta mais rápida: Bobby Rahal, 58,830s, 175,291 km/h, na 60ª volta.

Classificações no campeonato: **1** Villeneuve, 118; **2** Rahal, 94; **3** Gordon, 91; **4** Andretti, 90; **5** Tracy, 78; **6** Pruett, 73; **7** Fabi, 66; **8** Unser, 61; **9** Vasser, 59; **10** Gugelmin, 56; **11** C, Fittipaldi e Boesel, 46; **13** E, Fittipaldi, 41; **14** Johansson e Fernandez, 37; **16** Cheever, 30; **17** Sullivan, 22; **18** Salazar, 16; **19** Ribeiro, 15; **20** de Ferran, 11; **21** Bachelart, 8; **22** Zampedri, 7; **23** Danner e Luyendyk, 6; **25** Matsushita, 5; **26** Herta, 4; **27** Greco, 3; **28** C, Guerrero e Hall, 2; **30** R, Guerrero, Johnstone e Brayton, 1.

Classificações e pontos no campeonato provisórios, dependentes do recurso interposto pela Marlboro Team Penske após Portland

CLEVELAND

1 – VILLENEUVE

2 – HERTA

3 – VASSER

Villeneuve ganha. De Ferran lidera, mas bate.

O Medic Drug Grand Prix of Cleveland, patrocinado pela Dairy Mart, caracterizou-se por um final extraordinário com Jacques Villeneuve obtendo sua quarta vitória da temporada no Player's Ltd. Reynard-Ford/Cosworth do Team Green.

A verdadeira estrela do espectáculo foi, porém, Gil de Ferran. O brasileiro desmentiu o seu estatuto de rookie ao se qualificar na pole e liderou confiantemente até a vantagem no Pennzoil Reynard-Mercedes ser anulada pelas bandeiras amarelas perto do final.

Uma característica disputa pelas posições no espaçoso circuito temporário Burke Lakefront Airport, durante a qual a superioridade de Ferran foi desafiada por Michael Andretti, Robby Gordon, Bryan Herta e Villeneuve. Uma mal pensada tentativa de Gordon para tomar a liderança deixou Andretti na frente, até que o vencedor de Toronto foi afetado por um problema de ignição. De Ferran então vislumbrou uma oportunidade de recuperar o 1º lugar a cinco voltas do fim, ao mesmo tempo que tentava passar Scott Pruett. A manobra terminou em desastre visto que Pruett e de Ferran colidiram.

Andretti, Herta e Villeneuve, cada um se revezou na frente durante os dramáticos 6,5 kms finais antes de Villeneuve emergir vitorioso. Herta terminou em segundo, o melhor resultado da sua carreira no Target/Scotch Video Reynard-Ford de Chip Ganassi, com o colega de equipe Jimmy Vasser conseguindo o último lugar do pódio depois de um vigoroso ataque no seu idêntico carro Target/STP.

Fotos: Michael C. Brown

Foto maior: O pole Gil de Ferran lidera o pelotão em direção à primeira curva enquanto Jacques Villeneuve explora a vastidão do circuito de Cleveland. Uma corrida extraordinária terminou em desapontamento cruel para o brasileiro e para o veterano dono de equipe Jim Hall (abaixo). Um lapso momentâneo custou a Bryan Herta (à esquerda) a sua primeira vitória na Indy Car mas o sempre consistente Bobby Rahal (abaixo à esquerda) conseguiu o 4º lugar.

Michael C. Brown

QUALIFICAÇÕES

Os concorrentes da Copa PPG voltaram a recordar a natureza competitiva da luta pelo título de 1995 visto que cada uma das quatro sessões cronometradas colocou um piloto diferente no topo dos monitores. Paul Tracy foi o primeiro a ganhar vantagem, batendo o recorde da pista com 59,168s na primeira sessão livre de 6ª feira no seu Lola-Ford Kmart/Budweiser. Mais tarde, o colega de equipe da Newman-Haas Michael Andretti reivindicou a pole provisória com 58,328s, seguido por outros pilotos em Lolas, Tracy e Raul Boesel (Lola-Mercedes Duracell).

Sábado foi totalmente diferente, com os pilotos Reynard na frente. Primeiro, Vasser saltou para o topo na sessão livre da manhã, depois De Ferran teve uma sensacional melhoria na última volta das qualificações para ascender de nono para primeiro!

"Acredito que esta pole foi amadurecida," falou De Ferran depois de assegurar a sua primeira pole e a primeira da temporada para o motor Mercedes-Benz/Ilmor. "Sinto-me um pouco decepcionado depois de Elkhart (onde foi batido na última volta por Villeneuve), mas aconteceu finalmente. Foi definitivamente uma volta canhão. Freamos um pouco mais tarde do que na volta anterior, freamos um pouco menos do que na anterior e aceleramos um pouco mais cedo. Tomamos um par a mais de riscos."

Villeneuve manteve a sua toada competitiva ao assegurar o lugar no lado de fora da fila dianteira, à frente de Herta, que terminou uma decepcionante sequência de corridas. Na verdade, uma tomada de tempo não-oficial na Curva Oito feita pelo computador de bordo do seu Reynard, revelou que a melhor volta de Herta teria sido suficiente para a pole se o seu motor não começasse a pedir combustível enquanto ele fazia a chicane final que antecede a meta.

"Não estou muito preocupado," disse Herta. "Sei o que poderia ter sido — e o melhor é que a equipe também sabe. O importante é que somos novamente competitivos. O carro está bom. Mal posso esperar pela corrida."

Teo Fabi efetuou outro excelente esforço, quarto no seu Combustion Engineering/Indeck Reynard-Ford após algumas mudanças drásticas na regulagem dos amortecedores, o que melhorou imenso a estabilidade do carro na pista irregular do aeroporto. André Ribeiro assegurou que cinco Reynards preenchessem a frente do grid — equipados com três motores diferentes — no seguimento de outra forte performance no seu Reynard-Honda LCI International.

Tracy liderou o contingente Lola, num decepcionante sexto, enquanto Pruett (Firestone Lola-Ford) e Robby Gordon (Valvoline/Cummins Reynard-Ford) também ficaram a 0,3 s do pole. Vasser, que impusera o andamento na manhã, não encontrou a melhoria esperada com pneus frescos e quedou-se num baixo 15º num grid muito renhido. Ao todo, 20 carros qualificaram-se abaixo do anterior recorde da pista.

CORRIDA

No dia da corrida o sol abrasador não conseguiu dissipar a neblina, especialmente devido ao vento do Lago Erie. Os pilotos sabiam que iriam estar numa corrida difícil.

A ação começou mesmo antes da bandeira verde ser acenada, com os pilotos da terceira fila, Tracy e Ribeiro, colidindo na saída da chicane em frente aos boxes. Pruett, que seguia perto, e um inocente Boesel também se envolveram.

Ribeiro foi o mais azarado, abandonando no final da primeira volta com o radiador furado. Tracy juntou-se à cauda do pelotão mas depressa abandonou com a suspensão danificada, enquanto Pruett perdia mais de uma volta antes de poder retomar a corrida. Boesel também continuou depois de perder várias posições.

De Ferran, livre do caos atrás de si, assumiu a liderança, perseguido por Villeneuve e Fabi que passou Herta na primeira curva. Andretti foi o que mais beneficiou da hecatombe a meio do pelotão, emergindo

Ao lado: enquanto a cidade de Cleveland assume um ar de languidez na intensa umidade dos Grandes Lagos, Michael Andretti continua o seu ataque. Problemas de ignição deitaram a baixo os seus intentos de vitória na parte final.

Jimmy Vasser (abaixo) subiu de 15º no grid para um lugar no pódio com o Target/STP Reynard-Ford de Chip Ganassi.

em 5º depois de largar em 10º. Seguia-se Gordon, enquanto Al Unser Jr. protagonizou um forte ataque inicial, subindo de 13º no grid para 7º em apenas quatro voltas. Infelizmente, o atual campeão baixou na classificação com igual rapidez devido a um problema elétrico. Pelo menos, um longo pit stop permitiu a Unser adotar um andamento competitivo antes de abandonar com uma falha de transmissão.

Villeneuve seguiu De Ferran como uma sombra durante o início, mas rapidamente o carro amarelo Pennzoil começou a distanciar-se. Na 20ª volta, de Ferran dilatou a sua vantagem em mais de 8 s. Fabi permaneceu atrás de Villeneuve enquanto Herta seguia isolado em 4º depois de se afastar da briga entre Andretti e Gordon.

Frustrado por não conseguir passar Andretti, Gordon foi o primeiro dos homens da frente a reabastecer, na 25ª volta. Quatro voltas depois seguiu-se De Ferran. Fabi foi quem permaneceu mais tempo em pista, esperando até à 33ª volta antes de entrar para trocar de pneus e encher o tanque de metanol. As estratégias divergentes permitiram a De Ferran manter a sua vantagem confortável. Fabi, entretanto, pudera despojar Villeneuve do 2º lugar. Um excelente reabastecimento por parte da Walking Racing fez ascender Gordon a 4º, na frente de Herta e Andretti.

A margem de Gil de Ferran baixou para 3 s na 40ª volta enquanto tentava dobrar Pruett pela segunda vez. Mesmo assim, o brasileiro parecia seguro na frente do pelotão. O fosso para Fabi estabilizou-se à volta dos 8 s.

Villeneuve, entretanto, viu-se pressionado por Gordon. Na 46ª volta, Gordon conseguiu ultrapassar o seu adversário na ampla aproximação à Curva Um. Villeneuve tentou recuperar, só que foi empurrado quase até à grama enquanto Gordon lutava para manter a sua vantagem. Da traseira de ambos os carros saiu uma nuvem de poeira enquanto roncavam através do território inexplorado, e como nenhum estava disposto a ceder um centímetro, não foi surpresa ver os dois homens a frearem muito tarde para a curva seguinte, que é para a direita. Enquanto os seus carros iam pela grama, Herta e Andretti ultrapassaram-nos agradecidamente seguindo por uma trajetória mais convencional.

Gordon encontrou finalmente uma forma de passar Villeneuve. Então regressou logo atrás da briga entre Herta e Andretti antes de mais uma vez começar a série seguinte de reabastecimentos na 58ª volta.

Como anteriormente, Fabi foi o último dos primeiros a parar. Desta vez, depois de Phil LePan e de sua equipe terem reabastecido com incrível rápidez, Fabi regressou à pista na frente de Ferran. A estratégia de equipe tinha funcionado perfeitamente. Cruelmente, porém, o motor de Fabi calou-se na volta seguinte. O tubo de escapamento do wastegate quebrara.

"Aquilo foi de quebrar o coração," suspirou o chefe de equipe da Forsythe Racing, Tony Brunetti.

O desapontamento amargo de Fabi aliviou Ferran, que agora liderava com vantagem em relação a Andretti. Seguia-se Gordon, com 7 s de atraso na 68ª volta, tendo atrás de si Herta, com um atraso similar, depois de perder tempo no segundo reabastecimento. Villeneuve era um solitário 5º, na frente de Adrian Fernandez (Lola-Mercedes Tecate/Quaker State), que procurava defender-se de Vasser. A sua luta serviu para animar aquilo que de outra forma ameaçava degenerar numa procissão a alta velocidade.

Mas depois surgiram as primeiras e únicas bandeiras amarelas da tarde quando Eric Bachelard perdeu controle do instável Lola T94/00-Ford Agfa de Dale Coyne na Curva Nove.

O restart aconteceu a 14 voltas do fim. Gordon, de novo interessado, tentou uma manobra impossível na Curva Um enquanto mergulhava não só pelo retardatário Pruett como por Andretti e De Ferran! O Reynard Valvoline/Cummins liderou a corrida durante alguns momentos antes de rapidamente derrapar longe do apex.

Michael C. Brown

Há dois lados em todas as histórias

Fotos: Michael C. Brown

Sem causar surpresa, Gil de Ferran e Scott Pruett (abaixo) viram de perspetivas totalmente diferentes o acidente que acabou com as esperanças de uma bem merecida primeira vitória do brasileiro na Indy Car.

"Simplesmente não posso conceber o que ia na cabeça dele," argumentou um furioso De Ferran (acima). "Em que estaria pensando?" Tinha duas voltas de atraso. Se eu estivesse lutando pela liderança com ele e se fosse a última curva da última volta, então diria com bastante clareza, são as corridas, mas..."

Pruett, porém, defendeu veementemente as suas ações: "Eu e o Michael (Andretti) fomos detidos por um retardatário que saía da cruva anterior," explicou ele, "e o Michael parecia que estava com problemas porque eu me aproximava rapidamente dele. Coloquei-me a seu lado para o passar, e depois, indo para a chicane, o Michael meteu para dentro do retardatário, por isso ficamos os três lado a lado. Eu só vi de relance o De Ferran quando ele entrou para a curva."

"Sinto que foi só um mau julgamento da parte dele (De Ferran). Ele colocou-me numa situação em que eu não tinha para onde ir. Se tivesse esperado, podia ter passado na reta."

Curiosamente, os observadores neutrais deram também opiniões diversas. Michael Andretti, por exemplo, que teve a melhor visão de tudo, pôs-se do lado de Pruett: "Se De Ferran fosse esperto, teria visto que eu estava fora da trajatória com Pruett me passando; por isso ele deveria ter esperado até que eles saissem da curva e depois ultrapassava (o Pruett). Não podem ir três lado a lado naquela curva. Mas isso é só inexperiência."

Não obstante, alguns pilotos credenciados condenaram Pruett por permanecer no meio do barulho por ele ter duas voltas de atraso e estar afastado da luta por uma boa classificação final.

"Considero que o Scott é um bom amigo e um piloto muito bom, mas ele estava ali fora do contexto," testemunhou Dominic Dobson, um antigo piloto da Indy Car, agora sócio da equipe PacWest. "Só faltavam algumas voltas e ele não se deveria ter imiscuído com os líderes."

Gordon reatou em terceiro.

Andretti então atacou De Ferran, cujos pneus pegaram sujidade por ter andado a reduzida velocidade atrás do pace-car. Na volta seguinte, Andretti tentou atacar pela trajetória interior da Curva Um.

"Eu tinha-o passado," contou Andretti. "De repente olhei para os meus espelhos e, oh, oh, aí vem o Robby!"

Gordon mais uma vez aproximava-se rapidamente por uma trajetória cada vez mais apertada, com poucas esperanças de fazer a curva. Andretti viu-o aproximar-se e, prudentemente, afastou-se. De Ferran foi igualmente forçado a tomar uma ação evasiva. Como consequência do drama, Andretti ficou na frente. Pruett evitou a confusão e colocou-se na frente de Ferran, Herta e Villeneuve enquanto Gordon se dirigia para os boxes.

Pruett arriscou, ficando no meio dessa fantástica luta final entre os quatro primeiros. A sua presença serviu de amortecedor para Andretti. Na verdade, o motor de Andretti adoeceu a cinco voltas do fim.

O drama intensificou-se na 86ª volta, quando Andretti foi involuntariamente atrasado na Curva Oito por Parker Johnstone, que tentava chegar ao fim apesar da suspensão quebrada num incidente com Carlos Guerrero. Pruett colocou-se ao lado do enfraquecido Andretti, seguido de perto por De Ferran.

Subitamente, Andretti apercebeu-se que podia manter esperanças: "Não podem entrar três lado a lado naquela curva," apontou ele. "Quando eu vi (De Ferran entrar ao lado de Pruett) freei a fundo porque sabia que eles estavam acabados."

De fato, De Ferran e Pruett colidiram e foram direito aos pneus, abandonando. Andretti tivera uma moratória.

O foco mudou-se depois para Herta e Villeneuve, que correram lado a lado durante quase toda a 87ª volta antes de Herta se reafirmar no 2º lugar. Depois foi em perseguição de Andretti. Com pouco mais de uma volta para o fim, Herta foi apanhado quando o motor de Andretti falhou na aproximação da Curva Nove. Herta, sem poder acreditar na sua sorte, escolheu a trajetória interior na freada... depois, para seu horror, apercebeu-se que as bandeiras amarelas ainda estavam sendo mostradas como resultado do incidente Pruett/De Ferran.

"Não pensava passá-lo mas algo estava errado e eu não sabia o que fazer," disse Herta. "Deixei-me levar pelo entusiasmo. Depois lembrei-me de uma reunião de pilotos há algumas corridas atrás onde (o comissário-chefe) Wally (Dallenbach) tinha dito que se passassemos inadvertidamente alguém sob bandeiras amarelas, não seriamos penalizados se o deixassemos passar novamente."

Por consequência, Herta abrandou na saída da curva e Andretti prontamente o passou. Mas também o fez Villeneuve.

O drama ainda não terminara. Andretti, apesar da ignição deficiente no motor, precipitou-se por dentro de Villeneuve enquanto os líderes freavam a fundo pela última vez para a Curva Um. Foi uma manobra desesperada que só conseguiu danificar a suspensão de Andretti. Villeneuve, felizmente, emergiu ileso do ataque e defendeu-se do esforço final de Herta para conquistar a vitória.

"Isso foi duro," disse um exausto Villeneuve. "Não tinhamos apoio aerodinamico suficiente para a corrida. Após algumas voltas, o carro era mesmo difícil de dirigir. Nós andavamos por lá. As bandeiras amarelas permitiram-nos arrefecer os pneus e depois pude forçar nas últimas dez voltas."

"O carro não funcionava perfeitamente mas este foi um grande dia para a equipe Player's", concordou, encantado, Barry Green, o dono do seu carro. "Batemo-los de qualquer maneira."

BREVES

* Entre aqueles que mereciam melhor sorte estavam Raul Boesel e Adrian Fernandez (acima): ambos subiram até aos cinco primeiros antes de serem detidos por problemas de motor.

* Sábado não foi um bom dia para Paul Tracy. Primeiro, ele chegou tarde à sessão livre da manhã, depois prontamente saiu da pista e bateu com força num farol orientador de aterrissagem. 'Billy' Simmonds e equipe efetuaram as reparações, que demoraram 40 minutos e após isso Tracy bateu novamente na Curva Oito.

* Gil de Ferran obteve a primeira pole para Jim Hall desde que o texano voltou a constituir de novo a sua equipe de Indy Car em 1991 depois de uma ausência de quase dez anos. Tristemente, no domingo, De Ferran não foi capaz de dar a Hall o presente de 60º aniversário que ele mais gostava.

* A ação continuou mesmo depois da bandeira axadrezada, quando um frustrado Robby Gordon gesticulou furiosamente a Michael Andretti e fez os dois carros baterem na volta de honra. Gordon alegou que Andretti tinha deliberadamente dirigido contra ele na corrida, furando um pneu e acabando com as suas esperanças de vitória. Andretti rejeitou fervorosamente a reclamação e acusou Gordon de pilotar "como um louco." Os comissários da Indy Car impuseram uma multa de US$10.000 a Gordon (abaixo) e suspenderam condicionalmente ambos os pilotos até ao fim da temporada. "É o desfecho de coisas que aconteceram esta temporada e nós temos de por cobro a isso," afirmou o comissário chefe-adjunto Dennis Swan.

Fotos: Michael C. Brown

* Gordon também foi alvo das críticas de Villeneuve, com quem se embrulhou em diversas batalhas renhidas. "Não podemos correr roda a roda com o Robby e disfrutar da nossa corrida," disse o vencedor da prova. "Isto é uma corrida de Indy Car, não de todo-o-terreno. Quando vamos a 270 km/h não há interesse em tentar atingir o outro carro ou empurrá-lo para a grama." Em contraste, Villeneuve elogiou Herta (com ele, acima) após a sua briga na parte final. "Quando corremos contra alguém como o Bryan, é muito divertido. Mesmo se estivermos perto um do outro, temos espaço e é divertido. Assim é que deviam ser as corridas."

PPG INDY CAR WORLD SERIES • 12ª PROVA

MEDIC DRUG GRAND PRIX OF CLEVELAND PRESENTED BY DAIRY MART

BURKE LAKEFRONT AIRPORT CIRCUIT, CLEVELAND, OHIO

23 DE JULHO, 90 VOLTAS – 343,118 KM

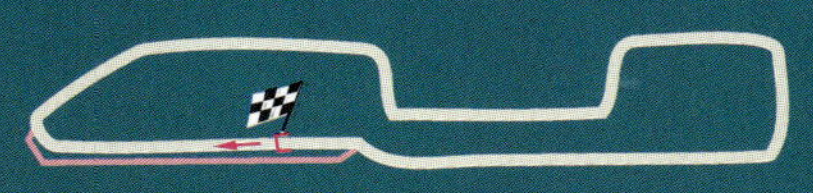

Clas.	Piloto (Nac.)	Nº.	Equipe/Patrocinadores Carro-Motor	Pneus	Vel. Qlf.	Tempo Qlf.	Pos.	Voltas	Tempo/Causa	Méd. km/h	Pts.
1	**Jacques Villeneuve (CDN)**	**27**	**Team Green *Player's Ltd,* Reynard 95I-Ford**	**GY**	**237,346**	**57,826s**	**2**	**90**	**1h 38m 19,151s**	**209,390**	**20**
2	**Bryan Herta (USA)**	**4**	**Ganassi *Target/Scotch Video* Reynard 95I-Ford**	**GY**	**237,230**	**57,854s**	**3**	**90**	**1h 38m 20,308s**	**209,349**	**16**
3	**Jimmy Vasser (USA)**	**12**	**Ganassi *Target/STP* Reynard 95I-Ford**	**GY**	**234,114**	**58,624s**	**15**	**90**	**1h 38m 22,723s**	**209,263**	**14**
4	**Bobby Rahal (USA)**	**9**	**Rahal/Hogan *Miller Genuine Draft* Lola T95/00-Mercedes**	**GY**	**235,355**	**58,315s**	**11**	**90**	**1h 38m 23,028s**	**209,254**	**12**
5	**Danny Sullivan (USA)**	**17**	**PacWest Racing Group *VISA* Reynard 95I-Ford**	**GY**	**234,399**	**58,553s**	**14**	**90**	**1h 38m 28,475s**	**209,060**	**10**
6	**Robby Gordon (USA)**	**5**	**Walker *Valvoline/Cummins Special* Reynard 95I-Ford**	**GY**	**236,275**	**58,088s**	**8**	**90**	**1h 38m 38,050s**	**208,721**	**8**
7	**Michael Andretti (USA)**	**6**	**Newman-Haas *Kmart/Texaco Havoline* Lola T95/00-Ford**	**GY**	**231,974**	**58,229s**	**10**	**90**	**1h 38m 39,705s**	**208,663**	**6**
8	**Stefan Johansson (S)**	**16**	**Bettenhausen *Alumax Aluminum* Penske PC23-Mercedes**	**GY**	**231,974**	**59,165s**	**20**	**89**	**Em prova**		**5**
9	**Alessandro Zampedri (I)**	**34**	**Payton-Coyne *The Mi-Jack Car* Lola T94/00-Ford**	**FS**	**229,817**	**59,720s**	**24**	**89**	**Em prova**		**4**
10	***Eliseo Salazar (RCH)**	**7**	**Dick Simon *Cristal/Mobil 1/Copec* Lola T95/00-Ford**	**GY**	**225,699**	**1m 00,810s**	**27**	**88**	**Em prova**		**3**
11	**Parker Johnstone (USA)**	**49**	**Comptech *Motorola Cellular* Reynard 95I-Honda**	**FS**	**232,217**	**59,103s**	**19**	**88**	**Em prova**		**2**
12	**Adrian Fernandez (MEX)**	**10**	**Galles *Tecate/Quaker State* Lola T95/00-Mercedes**	**GY**	**233,057**	**58,890s**	**18**	**87**	**Em prova**		**1**
13	Hiro Matsushita (J)	25	Arciero-Wells *Panasonic/Duskin/YKK* Reynard 95I-Ford	FS	229,891	59,701s	23	86	Em prova		
14	***Gil de Ferran (BR)**	**8**	**Hall Racing *Pennzoil Special* Reynard 95I-Mercedes**	**GY**	**237,391**	**57,815s**	**1**	**85**	**Acidente**		**2**
15	**Marco Greco (BR)**	**55**	**Galles *Brastemp/Int, Sports* Lola T95/00-Mercedes**	**GY**	**225,866**	**1m 00,765s**	**26**	**84**	**Em prova**		
16	Scott Pruett (USA)	20	Patrick Racing *Firestone* Lola T95/00-Ford	FS	236,308	58,080s	7	83	Acidente		
17	*Carlos Guerrero (MEX)	22	Simon *Herdez/Viva Mexico!* Lola T95/00-Ford	GY	227,434	1m 00,346s	25	82	Em prova		
18	Al Unser Jr. (USA)	1	Marlboro Team Penske Penske PC24-Mercedes	GY	234,447	58,541s	13	70	Transmissão		
19	Teo Fabi (I)	33	Forsythe *Combustion Engineering/Indeck* Reynard 95I-Ford	GY	236,588	58,011s	4	67	Cabeça do escapamento		
20	**Raul Boesel (BR)**	**11**	**Rahal/Hogan *Duracell Charger* Lola T95/00-Mercedes**	**GY**	**235,735**	**58,221s**	**9**	**65**	**Probl. elétricos**		
21	Eric Bachelart (B)	19	Payton-Coyne *The Agfa Car* Lola T94/00-Ford	FS	230,107	59,645s	22	63	Acidente		
22	Eddie Cheever (USA)	14	A.J. Foyt *Copenhagen Racing* Lola T95/00-Ford	GY	231,468	59,294s	21	48	Motor		
23	**Mauricio Gugelmin (BR)**	**18**	**PacWest Racing Group *Hollywood* Reynard 95I-Ford**	**GY**	**235,344**	**58,318s**	**12**	**35**	**Pressão da gasolina**		
24	***Christian Fittipaldi (BR)**	**15**	**Walker *Marlboro/Chapeco Special* Reynard 95I-Ford**	**GY**	**233,919**	**58,673s**	**16**	**22**	**Motor**		
25	**Emerson Fittipaldi (BR)**	**2**	**Marlboro Team Penske Penske PC24-Mercedes**	**GY**	**233,192**	**58,856s**	**17**	**22**	**Tubo de água**		
26	Paul Tracy (CDN)	3	Newman-Haas *Kmart/Budweiser* Lola T95/00-Ford	GY	236,438	58,048s	6	17	Suspensão		
27	***Andre Ribeiro (BR)**	**31**	**Tasman Motorsports *LCI International* Reynard 95I-Honda**	**FS**	**236,560**	**58,018s**	**5**	**1**	**Furo no radiador**		

** Piloto Rookie (estreante)*

Bandeiras amarelas: Voltas 70–75, acidente/Bachelart. ***Total:*** um em 6 voltas.

Líderes: Gil de Ferran, 1–28 (28 voltas); Jacques Villeneuve, 29–31 (3 voltas); Teo Fabi, 32 (1 volta); de Ferran, 33–60 (28 voltas); Fabi, 61–66 (6 voltas); de Ferran, 67–77 (11 voltas); Andretti, 78–88 (11 voltas); Villeneuve, 89–90 (2 voltas). ***Totais:*** De Ferran, 67 voltas; Andretti, 11 voltas; Fabi, 7 voltas; Villeneuve, 5 voltas.

Volta mais rápida: Não divulgada.

Posições no campeonato: **1** Villeneuve, 138; **2** Rahal, 106; **3** Gordon, 99; **4** Andretti, 96; **5** Tracy, 78; **6** Vasser e Pruett, 73; **8** Fabi, 66; **9** Unser, 61; **10** Gugelmin, 56; **11** C, Fittipaldi e Boesel, 46; **13** Johansson, 42; **14** E, Fittipaldi, 41; **15** Fernandez, 38; **16** Sullivan, 32; **17** Cheever, 30; **18** Herta, 20; **19** Salazar, 19; **20** Ribeiro, 15; **21** de Ferran, 13; **22** Zampedri, 11; **23** Bachelart, 8; **24** Danner e Luyendyk, 6; **26** Matsushita, 5; **27** Greco e Johnstone, 3; **29** C, Guerrero e Hall, 2; **31** R, Guerrero e Brayton, 1.

Classificações e pontos no campeonato são provisórias dependendo da resposta ao recurso interposto pela Marlboro Team Penske, após Portland.

MICHIGAN

Pruett: primeira vitória da Firestone e da Patrick com a menor diferença.

O resultado final de uma das mais excitantes provas da temporada parecia estar decidido quando Al Unser Jr. abordou por fora a Curva Um e passou que nem foguete por Scott Pruett, quando os dois protagonistas da corrida se lançaram na 250ª e última volta. Mas, Pruett, em busca da sua primeira vitória na Indy Car, ainda não estava batido: «Eu me concentrei em sair direito da Curva Dois para depois o atacar na reta.»

Pruett manteve-se a par do Penske-Mercedes de Unser e a multidão se levantou para vibrar com o terrífico desempenho do piloto nas curvas Três e Quatro, que levou a melhor na segunda mais disputada vitória da história da Indy Car. Mais tarde, Pruett admitiu: «Na verdade nunca pensei me sair tão bem, mas quando a vitória nos passa tão perto, a gente tem que dar um forcinha.»

A forma como Pruett pilotou na última volta não só lhe garantiu a primeira vitória, com uma vantagem de apenas 0,056 s, como a primeira vitória para Firestone e Pat Patrick (o dono do team), que em 95 regressaram à Indy Car.

Unser elogiou a audácia de Pruett na última volta, enquanto que Adrian Fernandez encheu de orgulho o seu patrão Rick Galles e a torcida mexicana com o seu melhor resultado (3º) ao volante do Lola-Mercedes Tecate/Quaker State.

PPG INDY CAR WORLD SERIES • 13ª PROVA

1 – PRUETT | 2 – UNSER | 3 – FERNANDEZ

Depois de um excitante duelo que fez delirar a multidão, Scott Pruet conseguiu corajosamente ultrapassar Al Unser Jr. na última volta e dar a primeira vitória à Firestone na Indy Car desde 1974
Foto: Michael C.Brown

QUALIFICAÇÕES

Durante o primeiro dia de treinos oficiais na pista do Michigan, pairava no ar uma série de temas que serviram de conversa. Desde lembranças do trabalho feito no Inverno até às novas regras de restrição nos motores para diminuir a velocidade, todo o mundo teve motivo para conversa.

A omnipresente preocupação com a segurança ganhou força aquando do acidente de Robby Gordon na 6ª feira. Uma vez detectada a causa do acidente — uma falha na suspensão traseira — os projetistas da Reynard aconselharam todas as equipes a substituir os braços de suspensão e partiram para o desenho de novos componentes. Durante essa noite, a Pratt & Miller, de Wixom, Michigan, fabricou novos braços de suspensão, que foram imediatamente fornecidos às equipes.

Outro tópico de conversa no Michigan foi a eficiência do motor Honda, principalmente depois do estreante André Ribeiro, ao volante da Reynard-Honda da Tasman, ter sido cronometrado a 369,334 km/h, enquanto Paul Tracy, com a Lola-Ford/Cosworth da Kmart/Budweiser, não conseguiu superar os 367,611 km/h...

Na manhã seguinte, Jacques Villeneuve entrou na pista com a garra dum leão, marcando 374,376 km/h no velocímetro do Reynard-Ford, mas Parker Johnstone, no Reynard-Ford da Comptech Racing, não ficou muito atrás, atingindo cerca de 370,732 km/h.

Ninguém esperava que se atingissem velocidades dessas numa única sessão de treinos, disputada sob o clima morno da manhã de sábado. O primeiro a sair para a pista foi Michael Andretti e com a Lola-Ford do Newman-Hass considerou-se muito satisfeito ao atingir uma velocidade máxima de 365,4608 km/h: "O carro estava bom, tão bom quanto é possível. O seu rendimento está no máximo."

O segundo piloto a entrar foi Teo Fabi, que levou a Reynard-Ford da Forsythe Racing aos 365,641 km/h: "Todo o mundo está a dar o máximo e se a temperatura continua a subir, talvez a pole fique para nós. Nas retas damos o máximo e o apoio aerodinâmico dos nossos carros é quase nulo. Por isso, não há muito mais a fazer."

Fabi foi o mais rápido durante 45 minutos. Nem Ribeiro conseguiu se aproximar, resumindo-se a uns decepcionantes 361,152 km/h. Depois veio Johnstone; a sua volta de aquecimento valeu 365,654 km/h — acima do melhor de Fabi — e a velocidade não parou de subir. Na sua última volta, Johnstone conseguiu 368,732 km/h e ninguém mais o agarrou.

Parker Johnstone largou limpinho da pole para controlar a corrida com o Reynard-Honda do time Comptech. Michael Andretti, Teo Fabi, Jimmy Vasser, Jacques Villeneuve e Maurício Gugelmin bem o perseguiram.

Em baixo: Já perto do final, Al Unser Jr. fez uma inesperada parada no box mas recuperou a liderança na última volta. Só depois de muito pressionado a entregou a Pruett.

Depois de segurar a sua primeira pole e a primeira pole também para a Honda e a Competch (bem como a primeira pole para a Firestone desde 1974), Johnstone declarou: "Trabalho com a Honda há onze anos e isto é simplesmente fantástico."

CORRIDA

Tempo perfeito e velocidades elevadas combinados garantiram a enorme assistência no majestoso oval no dia da corrida. O céu bem azul e a paisagem pastoral que caracteriza a zona de Irish Hills contrastavam com o gracioso colorido do paddock.

As expetativas eram enormes quando os 26 carros (menos o de Gordon, acidentado na 6ª feira) se agruparam no grid. O entusiasmo era ainda maior nos teams com motores Honda e pneus Firestone graças às brilhantes performances de Ribeiro e Johnstone.

Após duas falsas partidas, Johnstone manteve sua vantagem, tirando partido dos sábios conselhos de Rick Mears e Al Unser, verdadeiros especialistas em pistas ovais. Johnstone aguentou bem a pressão de Fabi na Curva Um e, pela primeira vez na sua carreira, liderou a corrida durante a primeira volta completa.

Fabi, Andretti, Villeneuve e Jimmy Vasser (este na Reynard-Ford da Target/STP) seguiram Johnstone e mantiveram as posições de largada. Tracy subiu de 8º para 6º, na frente de Maurício Gugelmin (Reynard-Ford Hollywood) e Bryan Herta (Reynard-Ford Target/Scotch Vídeo). Ribeiro e Pruett completavam o top ten.

Entretanto, a calmaria reinante foi perturbada pelo acidente de Carlos Guerrero na Curva Três, felizmente sem consequências para o piloto. Porém, a corrida teve de ser interrompida.

Andretti passou Fabi quase imediatamente após a nova largada, enquanto que o seu parceiro Tracy prosseguia o assalto aos lugares da frente, deixando Villeneuve em 4º à 22ª volta. Três voltas depois, Tracy conseguiu subir mais uma posição aproveitando um inesperado abrandamento de Andretti, que acabou por desistir com o motor a falhar constantemente.

Pouco depois, o motor Cosworth XB Série II do carro de Tracy cedeu e o canadense acabou a corrida mais cedo, depois de ter andado um bom tempo em 2º: "Eu nem estava esforçando o motor. Estou muito desapontado."

Também o exército Honda começava a ter problemas. A espetacular liderança de Johnstone durou 57 voltas, altura em que o seu carro se atravessou na Curva Quatro. O piloto do Oregon fez tudo para manter o carro dominado e conseguiu evitar a colisão com a Lola-Ford/Copenhagen de Eddie Cheever, a quem ia ganhar uma volta no momento em que perdeu a trajetória devido a um problema na roda traseira direita do seu carro. Esporadicamente, o mesmo problema foi sucedendo a outros pilotos durante a tarde.

Apesar das voltas perdidas devido à parada no box, Johnstone voltou à pista e fez a volta mais rápida (370,654 km/h) antes de ser definitivamente obrigado a abandonar devido aos freios.

Entretanto, Ribeiro herdou a liderança depois de, nas primeiras voltas, dirigir brilhantemente. O piloto brasileiro manteve o comando até meio da corrida, quando avarias elétricas no seu carro o obrigaram a abandonar.

Tanto Johnstone, com a pole, como Ribeiro, líder durante a maior parte do tempo, mereciam bem mais que um ponto no final. No entanto, os dois mostraram os seus argumentos, bem como os da Honda e da Firestone.

O afastamento das Honda deixou caminho aberto a Pruett e Unser, que passaram, respetivamente, para o 1º e 2º lugares. Inicialmente, Unser dispôs de uma ligeira vantagem que não durou muito; pouco depois, na 150ª volta, um pneu da Reynard-Ford de Hiro Matsushita estourou e as bandeiras amarelas agitaram-se de novo, pois o piloto tinha perdido o controle do carro. No recomeço, a dupla liderante prosseguiu o seu duelo para a vitória.

Foi uma despique interessante, que opôs chassis Lola a Penske, motor Ford a Mercedes e pneus Firestone a Goodyear. Havia muito em jogo, especialmente para os pilotos: Unser esperava ressuscitar as suas aspirações para vencer o campeonato e Pruett estava ansioso em obter a sua primeira vitória.

A elevada competitividade entre os dois afastou qualquer outro candidato à liderança na segunda parte da corrida. Gugelmin, por exemplo, perdeu tempo devido a problemas numa roda, o mesmo acontecendo a Villeneuve e Bobby Rahal (a dupla envolvida na vitória no campeonato). Depois de 163 voltas, Cheever tinha chegado calmamente a 3º mas o câmbio do seu carro cedeu. Também Herta conseguiu chegar a 3º mas acabou se envolvendo numa batida na Curva Dois. O acidente se deu quando o motor da Lola-Ford de Lyn St. James quebrou e Danny Sullivan, que seguia logo atrás, não teve tempo e espaço para evitar o embate. Infelizmente, depois do carro de Sullivan ter batido violentamente no muro, a roda dianteira direita penetrou no monocoque e o piloto acabou fraturando a pélvis.

Buddy Lazier fez uma excelente corrida na Lola T94/00-Ford do time Payton-Coyne. No princípio da corrida, o pouco credenciado piloto do Colorado foi castigado com uma paragem no box por ter passado em cima de uma mangueira de ar.

Fotos: Michael C. Brown

Michael C. Brown

Adrian Fernandez (em baixo) substitui numa corrida desgastante e obteve o seu melhor resultado com a Lola-Mercedes da Tecate/Quaker State.

Mesmo assim, quando regressou à pista, Lazier estava nos dez primeiros e conseguiu mesmo o 5º lugar que Emerson Fittipaldi parecia ter garantido.

Fernandez dirigiu com sensibilidade e terminou em 3º, seu melhor resultado de sempre, enquanto que Fabi não conseguia subir mais que a 4ª posição devido à instabilidade do chassis Reynard-Ford, que provocou danos nos pneus por diversas vezes.

Entretanto, o duelo entre Unser e Pruett prosseguia insensível ao resto da corrida. Durante as 100 voltas que se seguiram ao abandono de Ribeiro, os dois alternaram na liderança por oito vezes e tudo parecia decidido quando, a vinte voltas do final, Unser teve de ir ao box por causa de uma bolha no pneu traseiro direito.

Richard Buck e os mecânicos mudaram os quatro pneus mas Unser quase perdeu uma volta e chegou a pensar que tudo estava perdido. Pouco depois, a corrida parou de novo, desta vez porque a Lola-Ford de Alessandro Zampedri bateu forte no muro da Curva Quatro, devido ao estouro de um pneu.

Este acidente degenerou num sprint final de cinco voltas. Pruett parecia ter ainda vantagem, principalmente porque entre ele e Unser estavam vários pilotos mais lentos, mas Unser tinha no seu carro pneus novinhos e conseguiu recuperar rapidamente. Quando a bandeira branca foi agitada — significando que se entrava na última volta — Pruett tinha Unser grudado ao seu carro.

A multidão levantou-se quando Unser fez a Curva Um por fora. O ruído dos motores foi praticamente abafado quando Unser conseguiu passar para a liderança. A vitória parecia garantida.

Mas a maior experiência de Pruett dizia-lhe que não era assim, pelo menos, enquanto ele conseguisse manter-se no vácuo de Unser na reta que se aproximava.

"Unser serpenteou bastante e eu tentei não desgrudar dele", recordou Pruett, que prossegue: "Usamos todas as manobras possíveis e imaginárias e eu sabia que tinha dar tudo nas curvas Três e Quatro. Foi aí que os pneus Firestone me deram uma grande vantagem. Se quisesse, podia estar ali o dia todo a rodar ao máximo que tinha sempre pneus para passar todo o mundo. Andamos os dois no máximo mas eu consegui sempre manter-me ao lado dele. Nas curvas Três e Quatro estávamos virtualmente lado a lado."

Unser levou Pruett ao limite dos limites, mas ele não cedeu um milímetro. Com os carros ainda lado a lado à saída da Curva Quatro, Pruett cortou a linha de chegada com uma vantagem mínima e conseguiu venceu a corrida. Unser, que foi o primeiro a dar os parabéns a Pruett pela sua coragem e determinação, disse depois: "Fiz exatamente o mesmo a Dale Earnhardt numa corrida de stock cars. Foi uma corrida divertida, que mais posso dizer? Ambos dirigimos com o coração e venceu o melhor piloto."

Claro que Unser estava desiludido por não ter ganho, principalmente quando a vitória tinha estado tão perto. No entanto, só o fato da sua Penske ter revelado uma grande competitividade e lhe ter dado a oportunidade de discutir a corrida até ao fim, foi já um grande incentivo e um ótimo prêmio. Muito aplaudido pelo público presente, Unser disse no final: "Não foi um espetáculo?".

Johnstone salta para a ribalta

Foi nesta corrida no Michigan que Parker Johnstone revelou as suas qualidades de piloto. Ninguém duvida que o Reynard-Honda foi uma das melhores armas em pista, mas o piloto de Redmond (Oregon) sobressaiu graças ao magnífico esforço feito nos treinos de qualificação e ao conseguir aguentar a pressão de largar da pole e manter-se no controlo da corrida até ser retardado por uma avaria mecânica.

Percorrendo um caminho tortuoso por forma a conseguir os seus objetivos, Johnstone esperou muito pela sua oportunidade de afirmação como um dos melhores pilotos da Indy Car.

Quando jovem, Johnstone revelou-se um talentoso trompetista, mas decidiu sacrificar as ambições musicais em favor de uma carreira no automobilismo. Indianapolis tinha sido sempre seu principal objetivo, mas desde o seu primeiro passo no automobilismo, Johnstone nunca conseguiu pilotar outra coisa senão sedans ou carros esportivos. No entanto, Johnstone ganhou notoriedade, especialmente depois de, em 1987, se associar a Don Erb e Doug Peterson , ex-campeões da SCCA e donos do time Comptech Racing. Na sua primeira temporada na Luk Clutch Challenge da IMSA, Johnstone correu pela Comptech/Acura e venceu o campeonato, tendo repetido a proeza no ano seguinte (1988). Também na IMSA Camel Lights, Johnstone conquistou vários títulos para o team.

Quando a Honda decidiu entrar para a Indy Car em 1994, a Comptech — e Johnstone seguiram-lhes os passos. A maior parte do tempo era gasto em testes e mesmo sem experiência em pistas ovais, Johnstone desenvolveu afinidade pelos circuitos com curvas só para a esquerda.

Na oval do Michigan, isso ficou bem provado, mas mesmo depois de conquistar a pole, Johnstone não deixou de procurar aconselhar-se: "Hoje tive um dia feliz porque falei com Rick Mears e Al Unser esta manhã. Eles foram fantásticos".

"Mears sempre foi o meu ídolo. Analisei, no vídeo, a sua forma de dirigir e o seu estilo. Hoje, ele me falou de todos os aspectos da corrida." Johnstone lembrou também que "houve uma grande transformação em apenas dois dias. Ontem, na conferência de imprensa após eu ter feito a pole, as pessoas perguntavam: "Parker quê?". Hoje, julgo que mostramos a todos que pertencemos por direito a esta modalidade do esporte. Tudo isto tem sido muito emocionante."

Michael C. Brown

BREVES

• Os planos de Robby Gordon para conquistar o título desaparecem com a forte batida de 6ª feira. Gordon, que ficou inconsciente após o embate (foto abaixo) e passou uma noite no hospital, regressou ao circuito na noite de sábado com um autorização do neurologista que o autorizava a participar da corrida. "Nem pensar", disse o team médio da Indy Car, que invocou uma regra que especifica que, após uma lesão craniana, um atleta deve permanecer inativo durante uma semana.

• O braço de suspensão traseiro quebrado que originou o despiste de Gordon foi profundamente analisado pelo departamento de metalurgia da Cummins, um dos sponsors da Walker Racing. Conclui-se que a falha se deu como resultado de uma cromagem deficiente. Consequentemente, a Reynard substituiu todos os componentes de suspensão com esse problema.

• "Fiquei um pouco apreensivo na última volta", confessou Al Unser Jr. depois de ter sido tangencialmente derrotado por Scott Pruett. "Sabia que a minha oportunidade estava na Curva Três, mas assim que me aproximei mais dele pensei: "Que se dane, vamos em frente!" Então, em vez de esperar pela Curva Três, decidi atacar na Curva Um e julgo que foi aí que estraguei tudo. À saída da Curva Quatro, dificultei-lhe ao máximo a trajetória mas temos de pensar na segurança e ele acabou por me passar por fora e não havia mais nada a fazer. Mesmo assim, foi uma corrida espetacular. Pode crer, Al.

Fotos: Michael C. Brown

• Na tarde de sábado, Unser Jr. (foto acima) já tinha suado para a vitória na Corrida dos Campeões promovida pela Dodge. Unser conseguiu vencer Tom Kendall, estrela da Trans-Am, por uma margem mínima: 0.112 segundos.

• Os pilotos foram unanimes nos elogios ao novo revestimento da pista e aos novos regulamentos de segurança. "Não há dúvida que foi uma decisão acertada", declarou Michael Andretti, que foi mais rápido na segunda sessão de treinos, com 366,630 km/h. "Estamos dando o máximo, mas acreditem que, com o novo revestimento, estaríamos na mesma a andar no limite, o que significa que eu poderia fazer 380 km/h ou mais, o que seria uma perfeita loucura."

PPG INDY CAR WORLD SERIES • 13ª PROVA

MARLBORO 500

MICHIGAN INTERNATIONAL SPEEDWAY, BROOKLYN, MICHIGAN

30 DE JULHO, 250 VOLTAS – 804,650 KM

Clas.	Piloto (Nac.)	Nº.	Equipe/Patrocinadores/Carro/Motor	Pneus	Vel. Qlf.	Tmpo Qlf.	Pos..	Voltas	Tempo/Causa	Méd. km/h	Pts.
1	**Scott Pruett (USA)**	**20**	**Patrick Racing *Firestone* Lola T95/00-Ford**	**FS**	**224,841**	**32,023s**	**12**	**250**	**3h 07m 52,826s**	**159,676**	**20**
2	**Al Unser Jr. (USA)**	**1**	**Marlboro Team Penske Penske PC24-Mercedes**	**GY**	**224,296**	**32,100s**	**13**	**250**	**3h 07m 52,882s**	**159,675**	**16**
3	**Adrian Fernandez (MEX)**	**10**	**Galles *Tecate/Quaker State* Lola T95/00-Mercedes**	**GY**	**225,579**	**31,918s**	**11**	**249**	**Em prova**		**14**
4	**Teo Fabi (I)**	**33**	**Forsythe *Combustion Engineering/Indeck* Reynard 95I-Ford**	**GY**	**228,526**	**31,506s**	**2**	**247**	**Em prova**		**12**
5	**Emerson Fittipaldi (BR)**	**2**	**Marlboro Team Penske Penske PC24-Mercedes**	**GY**	**223,618**	**32,198s**	**17**	**245**	**Em prova**		**10**
6	**Stefan Johansson (S)**	**16**	**Bettenhausen *Alumax Aluminum* Penske PC23-Mercedes**	**GY**	**220,238**	**32,692s**	**21**	**244**	**Em prova**		**8**
7	**Jimmy Vasser (USA)**	**12**	**Ganassi *Target/STP* Reynard 95I-Ford**	**GY**	**227,982**	**31,582s**	**5**	**241**	**Em prova**		**6**
8	**Bobby Rahal (USA)**	**9**	**Rahal/Hogan *Miller Genuine Draft* Lola T95/00-Mercedes**	**GY**	**223,734**	**32,181s**	**16**	**240**	**Em prova**		**5**
9	***Christian Fittipaldi (BR)**	**15**	**Walker *Marlboro/Chapeco Special* Reynard 95I-Ford**	**GY**	**224,649**	**32,050s**	**25**	**239**	**Em prova**		**4**
10	**Jacques Villeneuve (CDN)**	**27**	**Team Green *Player's Ltd,* Reynard 95I-Ford**	**GY**	**228,239**	**31,546s**	**4**	**235**	**Em prova**		**3**
11	**Mauricio Gugelmin (BR)**	**18**	**PacWest Racing Group *Hollywood* Reynard 95I-Ford**	**GY**	**227,839**	**31,601s**	**6**	**232**	**Em prova**		**2**
12	***Gil de Ferran (BR)**	**8**	**Hall Racing *Pennzoil Special* Reynard 95I-Mercedes**	**GY**	**223,787**	**32,173s**	**15**	**226**	**Suspensão**		**1**
13	Alessandro Zampedri (I)	34	Payton-Coyne *The Mi-Jack Car* Lola T94/00-Ford	FS	218,197	32,998s	24	225	Acidente		
14	Buddy Lazier (USA)	19	Payton-Coyne *Agfa/Raynor* Lola T94/00-Ford	FS	220,783	32,611s	20	223	Em prova		
15	Bryan Herta (USA)	4	Ganassi *Target/Scotch Video* Reynard 95I-Ford	GY	226,652	31,767s	7	193	Acidente		
16	Danny Sullivan (USA)	17	PacWest Racing Group *VISA* Reynard 95I-Ford	GY	225,732	31,896s	9	189	Acidente		
17	Lyn St, James (USA)	90	Dick Simon *Giant/Strum/Whitlock* Lola T95/00-Ford	GY	219,847	32,750s	22	188	Acidente		
18	*Eliseo Salazar (RCH)	7	Dick Simon *Cristal/Mobil 1/Copec* Lola T95/00-Ford	GY	219,201	32,846s	23	175	Motor		
19	Eddie Cheever (USA)	14	A.J. Foyt *Copenhagen Racing* Lola T95/00-Ford	GY	223,546	32,208s	18	163	Transmissão		
20	Hiro Matsushita (J)	25	Arciero-Wells *Panasonic/Duskin* Reynard 95I-Ford	FS	218,245	32,990s	26	139	Acidente		
21	***Andre Ribeiro (BR)**	**31**	**Tasman Motorsports *LCI International* Reynard 95I-Honda**	**FS**	**225,722**	**31,898s**	**10**	**130**	**Probl. eléctricos**		**1**
22	Parker Johnstone (USA)	49	Comptech *Motorola Cellular* Reynard 95I-Honda	FS	230,458	31,242s	1	100	Travões		1
23	Paul Tracy (CDN)	3	Newman-Haas *Kmart/Budweiser* Lola T95/00-Ford	GY	226,540	31,782s	8	91	Motor		
24	**Raul Boesel (BR)**	**11**	**Rahal/Hogan *Duracell Charger* Lola T95/00-Mercedes**	**GY**	**224,266**	**32,105s**	**14**	**57**	**Motor**		
25	Michael Andretti (USA)	6	Newman-Haas *Kmart/Texaco Havoline* Lola T95/00-Ford	GY	228,413	31,522s	3	40	Probl. eléctricos		
26	*Carlos Guerrero (MEX)	22	Dick Simon *Herdez/Viva Mexico!* Lola T95/00-Ford	GY	223,480	32,218s	19	5	Acidente		
NS	Robby Gordon (USA)	5	Walker *Valvoline/Cummins Special* Reynard 95I-Ford	GY	—	—	—	—	Acidente nos treinos		

** Piloto Rookie (estreante)*

Bandeiras amarelas: Voltas 1–2, Largada c/bandeiras amarelas; voltas 6–15, acidente/Guerrero; voltas 150–156, acidente/Matsushita; voltas 177–187, peão/Salazar; voltas 194–207, acidente/St, James e Sullivan; voltas 237–244, acidente/Zampedri. ***Total:*** seis em 52 voltas.

Líderes: Parker Johnstone, 1–45 (45 voltas); Andre Ribeiro, 46 (1 volta); Paul Tracy, 47 (1 volta); Teo Fabi, 48 (1 volta); Eddie Cheever, 49–50 (2 voltas); Johnstone, 51–57 (7 voltas); Ribeiro, 58–88 (31 voltas); Scott Pruett, 89–90 (2 voltas); Mauricio Gugelmin, 91–92 (2 voltas); Ribeiro, 93–128 (36 voltas); Pruett, 129–131 (3 voltas); Al Unser Jr,, 132–152 (21 voltas); Pruett, 153–154 (2 voltas); Unser, 155–176 (22 voltas); Pruett, 177–188 (12 voltas); Unser, 189 (1 volta); Pruett, 190–207 (18 voltas); Unser, 208–229 (22 voltas); Pruett, 230–250 (21 voltas). ***Totais:*** Ribeiro, 68 voltas; Unser, 66 voltas; Pruett, 58 voltas; Johnstone, 52 voltas; Cheever e Gugelmin, 2 voltas; Tracy e Fabi, 1 volta.

Volta mais rápida: Parker Johnstone, 31,080s, 372,809 km/h, na 84ª volta.

Classificações no campeonato: **1** Villeneuve, 141; **2** Rahal, 111; **3** Gordon, 99; **4** Eretti, 96; **5** Pruett, 93; **6** Vasser, 79; **7** Tracy e Fabi, 78; **9** Unser, 77; **10** Gugelmin, 58; **11** Fernandez, 52; **12** E, Fittipaldi, 51; **13** C, Fittipaldi e Johansson, 50; **15** Boesel, 46; **16** Sullivan, 32; **17** Cheever, 30; **18** Herta, 20; **19** Salazar, 19; **20** Ribeiro, 16; **21** de Ferran, 14; **22** Zampedri, 11; **23** Bachelart, 8; **24** Danner e Luyendyk, 6; **26** Matsushita, 5; **27** Johnstone, 4; **28** Greco, 3; **29** C, Guerrero e Hall, 2; **31** R, Guerrero e Brayton, 1.

Classificações e pontos no campeonato provisórios, dependendo da resposta ao recurso interposto pela Marlboro Team Penske após Portland.

MID-OHIO

1 – UNSER

2 – TRACY

3 – VILLENEUVE

Al Unser Jr. vence e Villeneuve mantém favoritismo.

Em Mid-Ohio existiram três fases distintas. Nas primeiras voltas (de um total de 83), disputadas debaixo de uns sufocantes 35 graus, o detentor da pole, Jacques Villeneuve, manteve a vantagem até que Michael Andretti tomou a liderança. Apenas a quatro voltas do final, quando a Lola-Ford de Andretti parecia caminhar suavemente para a segunda vitória da temporada, o motor parou e o abandono foi inevitável.

O azar de Andretti foi a sorte de Al Unser Jr., que tirou partido de uma inspirada estratégia de Roger Penske e dirigiu o Penske-Mercedes Marlboro para uma soberba e merecida vitória. "É espantoso. É ótimo estar de volta. Foi uma corrida longa e muito trabalhosa. Foi uma pena Michael ter abandonado porque ele pilotou muito bem enquanto esteve em prova, mas o que se há-de fazer?"

Ao terminar em 2º, Paul Tracy deu alguma alegria a Paul Newman e Carl Hass, enquanto outro canadense — Villeneuve — manteve o seu implacável ataque ao título na PPG Cup com um tranquilizante 3º lugar.

Exausto, Villeneuve confessou: "Foi uma corrida dura. No princípio o carro estava ótimo, mas depois foi ganhando problemas de estabilidade e os freios foram desaparecendo. Estava tão quente que eu morria!"

Os problemas da Marlboro/Penske não foram inteiramente eliminados, mas a combinação da astúcia na estratégia, o trabalho limpo no box e o azar de Michael Andretti — sem esquecer as suas grandes qualidades como piloto — permitiram a Al Unser Jr. (Em baixo à esquerda) uma oportuna vitória.

No fundo à esquerda: Adrian Fernandez goza de enorme popularidade e encorajamento por parte dos seus sponsors mexicanos.

Michael C. Brown

Villeneuve confirmado na Formula 1

Um dia antes do início dos treinos para Mid-Ohio, Jacques Villeneuve esclareceu tudo: nada de Indy Car em 96; Jacques tinha aceite um desafio pessoal e um contrato financeiramente atraente para o Campeonato Mundial de Fórmula 1. Esta transferencia não foi uma surpresa.

Na verdade, há muitos meses que se falava na intenção do jovem piloto franco-canadense em seguir os passos de seu pai, cuja bri-lhante carreira na F1 com a Ferrari foi brutalmente interrompida pela sua morte nos treinos para o GP da Bélgica de 1982.

Nas duas semanas que separaram as corridas de Michigan e Mid-Ohio, os rumores se intensificaram, especialmente depois de Jacques ter testado durante três dias para a Williams-Renault. De fato, mesmo sem nunca antes se ter sentado num carro de F1, Villeneuve rodou apenas ligeiramente abaixo dos pilotos habituais da equipe, Damon Hill e David Coulthard. O seu destino estava traçado.

Na semana seguinte aos testes para a Williams, Villeneuve manteve silêncio acerca dos seus planos para 1996. Frank Williams, o dono da equipe, fez o mesmo e apenas disse que estava impressionado com a performance do jovem piloto.

Mas Villeneuve já tinha decidido. Em primeiro lugar, através do seu manager, Craig Pollock, Jacques avisou Barry Green (o seu patrão da Indy Car) das suas intenções e, depois, o seu sponsor de sempre (Player's) emitiu um comunicado em seu nome, em que se confirmava a sua saída para a Fórmula 1, mas sem especificar o team. "Foi uma das mais difíceis decisões que tomei", disse Villeneuve. "Sinto-me honrado por ter trabalhado com a Player's Ltd., Barry Greene e todo a equipe. Eles formam uma equipe fantástica e me deram a oportunidade de ganhar uma valiosa experiência.»

Duas semanas depois, a Williams-Renault confirmou finalmente que Villeneuve formaria equipe com Hill, cujo pai, Graham, foi Bi-Campeão Mundial de Fórmula1 e ganhou uma edição das 500 Milhas de Indianápolis.

Naturalmente, Barry Green ficou dividido: "É óbvio que estamos tristes por deixarmos de contar com Jacques no nosso team, mas, por outro lado, orgulhamo-nos de ter contribuído para o seu desenvolvimento como piloto.

Jacques é um dos melhores pilotos com quem já trabalhei e estou certo que ele terá um enorme êxito na Fórmula 1." Uma previsão com muitas hipóteses de ser confirmada.

QUALIFICAÇÕES

Depois dos impressionantes testes de Fórmula 1 para a Williams, na Inglaterra, Villeneuve chegou a Mid-Ohio transbordando confiança. Apesar disso — ou talvez por causa disso — o piloto de 24 anos caiu naquilo que ele próprio classificou como um estúpido erro ao bater no muro com o carro de reserva, durante os primeiros treinos de 6ª feira. Jacques teve sorte e o carro sofreu pequenos danos na suspensão do lado direito. À tarde, depois de regressar ao seu carro, Villeneuve se emendou e obteve a sua 4ª pole das últimas seis corridas e a terceira consecutiva em circuitos citadinos.

"O carro estava mesmo muito bom", disse Jacques, depois de ter batido o recorde da pista, que baixou de 1m07,773s para 1m06,836s. "O fato de termos testado aqui no início do ano deu resultado, principalmente na segunda metade da temporada. O carro está muito bem preparado."

Na realidade, qualquer das melhores três voltas de Villeneuve bastariam para a pole, embora uma última tentativa para ser ainda mais rápido tenha acabado numa escorregadela do carro — que bateu na zebra da Curva Um e chegou a andar em duas rodas.

Depois do incidente, Villeneuve confessou: "Fui longe demais ao tentar andar mais rápido. Quando bati no corretor, o carro levantou vôo e quase aconteceu um grande acidente". Mais uma vez, a sorte acompanhou Villeneuve e o carro sofreu apenas ligeiros estragos.

A meio da sessão de treinos de 6ª feira, quando foram conseguidos os melhores tempos, Bryan Herta andou perto de desafiar os tempos de Villeneuve.

"Fiquei muito feliz por ter chegado a 0,1 s de Jacques", disse Herta, "mas depois de ele regressar à pista, deixou todo o mundo para trás."

Herta foi incapaz de responder à performance de Villeneuve, apesar de ter conseguido manter o 2º lugar do grid. Acidentalmente, Herta fez o melhor tempo no sábado, embora abaixo da sua melhor volta de 6ª feira.

Andretti teve de se contentar com um lugar na 2ª fila do grid — a Lola melhor posicionada —, na frente dos Reynard-Ford de Maurício Gugelmin e Robby Gordon, que saltou dois lugares durante os treinos de sábado, mais lentos. Outros pilotos que conseguiram progressos assinaláveis foram Gil de Ferran (de 12º para 6º, no Reynard-Mercedes Pennzoil), Unser (de 13º para 8º) e o estreante Juan Fangio II, que conseguiu recuperar 1,5 segundos e subir de 22º para 14º.

CORRIDA

Uma vasta multidão assistiu à corrida, ocupando todos os melhores pontos para ver os carros evoluírem no pitoresco circuito de Mid-Ohio. Um mar de cores bem vivas assegurou um quadro lindo.

Como sempre acontece neste circuito, em vez de ocuparem a zona da chegada, em frente ao box, os 28 carros foram alinhados a meio da reta antecedente, em angulo descendente. Villeneuve tirou partido da pole e na primeira curva estava na frente da corrida. Conseguindo passar Herta por dentro (que admitiu ter freado cedo demais na primeira curva e foi também passado por Gugelmin), Andretti assumiu-se como principal perseguidor do líder.

Os dois pilotos da frente rapidamente ganharam espaço a Maurício Gugelmin que, por sua vez, se distanciava bastante de Herta nas curvas, provando que o carro deste já tinha problemas de direcionalidade. De Ferran, estava confortavelmente instalado em 5º lugar, enquanto Gordon recuperou os dois lugares perdidos na largada ao passar Unser na 3ª volta... Este grupo incluía também o piloto da casa, Bobby Rahal — que buscava desesperadamente um bom resultado para manter as aspirações ao título — e Unser, que seguia de perto mas sem ameaçar ninguém.

Na 20ª volta, Andretti tinha recuperado um dos dois segundos que o separavam do líder desde o início da corrida. Gugelmin já tinha 10s de atraso, sendo perseguido por Herta, cujo 4º lugar correspondia a outros 6 s de diferença face ao brasileiro. Unser continuava a não progredir e à 23ª volta, bem mais cedo que o previsto, foi ao box trocar pneus. Depois da primeira série de reabastecimentos, Unser conservava o 9º lugar, mas "o carro ainda não está como queríamos, pois os pneus se desgastam muito depressa", confessou ele.

Na volta a seguir á ida de Unser ao box, Andretti tentou passar Villeneuve na freada no final da reta, mas o canadense guardou a trajetória interior, obrigando Andretti a refazer o esquema, que quase resultou num passeio pela grama...

Decididamente, Villeneuve não estava disposto a entregar facilmente a liderança e Andretti decidiu esperar por uma melhor chance.

Ambos pararam no box na 28ª volta e regressaram à pista nas mesmas posições. Andretti sabia, porém, que a sua grande oportunidade de passar para a frente surgiria antes de Villeneuve recuperar totalmente o andamento. Mas, mais uma vez, o jovem piloto canadense recusou ceder na reta principal e duas curvas depois, com os pneus dos dois carros ainda abaixo do rendimento máximo, Andretti conseguiu se intrometer corajosamente na trajetória de Villeneuve, que nem teve de tempo para reagir. Num piscar de olhos, Andretti deixou Villeneuve bem para trás, ganhando 1 s por volta.

Villeneuve, por sua vez, começou a ser ameaçado por De Ferran e Rahal que foram muito rápidos nas respetivas idas ao box.

Na 39ª volta, De Ferran fez uma excelente ultrapassagem por fora e Villeneuve tentou, em vão, recuperar a sua posição. Pouco depois, Rahal, determinado em passar Villeneuve, só não conseguiu o seu objetivo porque escolheu a trajetória errada. As rodas dos carros se tocaram e Rahal acabou saindo da pista (batendo ironicamente numa barreira de publicidade à Miller Genuine Draft, seu sponsor) e permitindo ao jovem canadense manter a sua posição.

Rahal saiu ileso mas a sua fúria era enorme porque tinha ficado com a sensação que Villeneuve o tinha propositadamente empurrado para fora da pista. Com a corrida interrompida e os carros rodando lentamente a trás do pace car, Rahal — encorajado pelos seus fãs — saltou para a pista e gesticulou feio quando Villeneuve passou.

"Eu estava bem perto quando De Ferran passou Villeneuve bem no final da reta», explicou Rahal, que continuou: "Pensei que Jacques estava ficando cansado ou sem freios no carro. Escolhi a trajetória exterior porque aí existe espaço suficiente para os dois carros. Pareceu-me que ele me tinha dado espaço para passar, mas, afinal, ele me fechou."

Villeneuve, que classificou o toque nas rodas como um incidente próprio de corrida, estava mesmo com problemas nos freios do seu carro. Mesmo assim, depois da corrida, o canadense não mostrou raiva pela atitude de Rahal: "Afinal ele estava lutando pelo título. Estou na frente

Genuine Draft
Marlboro
Genuine
GOODYEAR
DESCENTE
DELCO
ucp

Bobby Rahal tenta corrigir uma escorregadela à medida que Al Unser Jr. se aproxima. As aspirações de Rahal em voltar a vencer a PPG Cup se esfumaram quando a sua Lola ficou fora de prova depois de um choque com Jacques Villeneuve.
Foto: Michael C. Brown

Michael C. Brown

À esquerda: Scott Goodyear, que esteve tão perto de vencer as 500 Milhas de Indianápolis para a Tasman, ganhou um ponto para a PPG Cup no seu regresso ao campeonato com uma das Reynard-Honda do team .

Paul Tracy (em baixo) teve melhor sorte que o seu parceiro da Newman-Hass e levou o seu Lola Kmart/Budweiser ao 2º lugar.

do campeonato e não parece nada bem que este acidente tenha ocorrido comigo. Mas não passou de erro normal em competição que, se não envolvesse um candidato ao título, nunca pareceria tão grave. Quando rodamos lado a lado àquela velocidade, o que acontece é o carro escorregar um pouquinho e as rodas se tocam.»

A interrupção da corrida permitiu a Roger Penske, o patrão de Unser, jogar de novo os dados.

"Al estava andando muito bem mas não conseguia passar ninguém", disse, mais tarde, Penske, que não hesitou em pôr as culpas todas no carro: "Na primeira parada no box, demos mais carga aerodinâmica e o comportamento melhorou."

Penske chamou Unser à box durante as bandeiras amarelas e o excelente trabalho de Richard Buck e sua equipe de mecânicos permitiu ao piloto o regresso à pista em apenas 10 s, visto que não era preciso um reabastecimento total. "Com o tanque cheio e pneus novos", prossegue Penske "sabíamos que os 20 s de diferença para o líder eram uma boa margem.»

Unser, que regressou em 11º, só precisava de ter o jogo certo para dar as cartas. E tinha. Após o recomeço da corrida, De Ferran começou a ter problemas com o motor Mercedes e na 50ª volta acabou por quebrar, adiando, mais uma vez, um lugar quase certo no pódio.

A situação se manteve até dois terços da distância quando, um a um, todos os que seguiam na frente Unser começaram a ter de ir ao box. Beneficiando das suas vantagens, Al Unser partiu para a conquista da liderança, o que conseguiu na 63ª volta, quando Paul Tracy, único do grupo da frente que ainda não tinha parado, teve também de ir ao box. Unser tinha ainda que ir ao box mais uma vez, que acabou sendo na 70ª volta. E, de novo, o excelente traba-lho do team e o fato de ele só precisar de reabastecer para 13 voltas, não demoraram muito tempo, tendo gasto apenas 11 s, perdendo apenas uma posição.

Andretti tomou a liderança e a vitória estava praticamente assegurada. Mas, como tinha acontecido em Cleveland três semanas atrás, o motor Ford/Cosworth não aguentou o ritmo e quebrou, deixando Andretti perfeitamente desolado: "Eu nem queria acreditar no que estava me acontecendo, principalmente depois de ter sido tão duro chegar ao primeiro lugar. Eu tinha dado tudo. Foi mesmo uma grande desilusão." O team de Andretti errou ao ter optado por utilizar o motor XB da Série I em vez do Série II, mais potente mas menos fiável.

O cruel destino de Andretti deu a Unser a chance que ele tanto esperava e à passagem da 80ª volta ele era o líder da corrida. Embora encontrando diversos pilotos atrasados nas últimas voltas, Unser conseguiu vencer com uma vantagem de 2,037s em relação a Tracy.

No final, Unser declarou: "Devo esta vitória a minha equipe. Roger adotou a estratégia perfeita e os meus homens fizeram um trabalho fabuloso. Como os pneus se desgastavam muito depressa, tínhamos que ir ao box fora da sequência normal. Tudo funcionou na perfeição."

Pela terceira vez em quatro edições dessa corrida, Paul Tracy garantiu o 2º lugar, aliviando a pressão na Newman-Hass, depois de na segunda série de reabastecimentos ultrapassar Villeneuve, que manteve intacto o seu favoritismo na corrida para o título, ao conseguir o 3º lugar.

"Trabalhamos no duro", disse um Villeneuve completamente exausto que, entre golfadas de ar, continuou: "Mesmo que não tenha andado tão depressa quanto o desejado, foi um bom resultado em termos de pontuação."

Adrian Fernandez terminou pouco atrás, em quarto, e pontuou pela oitava vez consecutiva no Lola-Mercedes Tecate/Quaker State depois de ter progredido bastante. Herta, classificou-se a seguir, depois de se esforçar imenso para terminar depois de ter perdido imenso tempo no box e de aguentar a pressão de Maurício Gugelmin, um piloto bem mais experiente mas que perdeu a chance de chegar ao pódio quando deixou o motor morrer durante a primeira visita ao box.

Michael C. Brown

BREVES

Fotos: Michael C. Brown

• Raul Boesel (em baixo) teve outro fim-de-semana para esquecer. Uma fuga de óleo obrigou-o a passar para o carro de reserva na manhã de 6ª feira, enquanto que um problema elétrico comprometeu o seu rendimento nos treinos de qualificação. Largando em 13º devido a problemas na motricidade do seu carro, Boesel caiu para 20º depois dele e Christian Fittipaldi se tocarem. Depois, o azarento brasileiro foi penalizado com um stop & go por ter ultrapassado com as bandeiras amarelas. Incansável, Boesel conseguiu recuperar de 24º para 8º — rubricando a 3ª volta mais rápida — antes de abandonar, a 10 voltas do final, com problemas no motor.

• Adrian Fernandez não estava nada contente com o desempenho da sua Lola-Mercedes durante 6ª feira. Contudo, no sábado, o engenheiro de motores, Ed Nathman, e o chefe da equipe de mecânicos, Owen Snyder, se esmeraram e o carro ficou muito melhor: "Ontem estávamos completamente à deriva e como não testamos o suficiente aqui, não conseguimos conhecer completamente o carro."

• Durante o primeiro reabastecimento, o Reynard-Honda de André Ribeiro pegou fogo e as suas esperanças num bom resultado se esfumaram. Um dos membros da equipe de box, Randy Lampard, não hesitou em penetrar nas chamas para ajudar Ribeiro a sai do cockpit. A extinção do fogo foi muito rápida graças à pronta ação dos outros membros do team e ninguém se machucou.

• No último warmup, Tony Van Dongen, chefe de mecânicos da Patrick Racing, foi atropelado pelo Lola-Ford Firestone de Scott Pruett na última qualificação, tendo sofrido ruptura de ligamentos numa perna.

• Maurício Gugelmin esteve em evidência durante todo o fim-de-semana, mas houve algo no cockpit do seu carro que muito o atrapalhou: "Um longo pedaço de cabo elétrico esteve todo o tempo interferindo com os meus pés e, além de dirigir, tive de ir jogando bola com a maldita coisa sempre me atrapalhando. Fiquei furioso e quando parei pela primeira vez no box, cometi um erro e deixei morrer o motor."

• Juan Fangio II (em baixo), colega de equipe de Gugelmin, foi outro dos heróis da corrida. Substituindo Danny Sullivan (ainda a recuperar de um acidente), Fangio conseguiu um brilhante 7º lugar na sua primeira corrida na Indy Car. Para Alan Mertens, engenheiro-chefe da equipe, Fangio foi incrível e dirigiu de uma forma soberba, tirando todo o rendimento do carro.

PPG INDY CAR WORLD SERIES • 14ª PROVA

MILLER GENUINE DRAFT 200

MID-OHIO SPORTS CAR COURSE,
LEXINGTON, OHIO

13 DE AGOSTO, 83 VOLTAS – 299,008 KM

Clas.	Piloto (Nac.)	Nº.	Equipe/Patrocinadores/Carro-Motor	Pneus	Vel. Qlf.	Tempo Qlf.	Pos.	Voltas	Tempo/Causa	Média	Pts.
1	**Al Unser Jr. (USA)**	**1**	**Marlboro Team Penske Penske PC24-Mercedes**	**GY**	**118.859**	**1m 08.148s**	**8**	**83**	**1h 44m 04.774s**	**107.110**	**20**
2	**Paul Tracy (CDN)**	**3**	**Newman-Haas *Kmart/Budweiser* Lola T95/00-Ford**	**GY**	**118.978**	**1m 08.080s**	**7**	**83**	**1h 44m 46.811s**	**107.075**	**16**
3	**Jacques Villeneuve (CDN)**	**27**	**Team Green *Player's Ltd.* Reynard 95I-Ford**	**GY**	**121.192**	**1m 06.836s**	**1**	**83**	**1h 44m 54.299s**	**106.947**	**15**
4	**Adrian Fernandez (MEX)**	**10**	**Galles *Tecate/Quaker State* Lola T95/00-Mercedes**	**GY**	**118.501**	**1m 08.354s**	**11**	**83**	**1h 44m 55.552s**	**106.926**	**12**
5	**Bryan Herta (USA)**	**4**	**Ganassi *Target/Scotch Video* Reynard 95I-Ford**	**GY**	**120.150**	**1m 07.416s**	**2**	**83**	**1h 44m 58.655s**	**106.873**	**10**
6	**Mauricio Gugelmin (BR)**	**18**	**PacWest Racing Group *Hollywood* Reynard 95I-Ford**	**GY**	**119.326**	**1m 07.881s**	**4**	**83**	**1h 44m 59.528s**	**106.858**	**8**
7	***Juan Fangio II (RA)**	**17**	**PacWest Racing Group *VISA* Reynard 95I-Ford**	**GY**	**118.196**	**1m 08.530s**	**14**	**83**	**1h 45m 10.949s**	**106.663**	**6**
8	**Robby Gordon (USA)**	**5**	**Walker *Valvoline/Cummins* Special Reynard 95I-Ford**	**GY**	**119.104**	**1m 08.008s**	**5**	**83**	**1h 45m 12.492s**	**106.637**	**5**
9	**Jimmy Vasser (USA)**	**12**	**Ganassi *Target/STP* Reynard 95I-Ford**	**GY**	**118.744**	**1m 08.214s**	**10**	**83**	**1h 45m 26.074s**	**106.407**	**4**
10	**Eddie Cheever (USA)**	**14**	**A.J. Foyt *Copenhagen Racing* Lola T95/00-Ford**	**GY**	**116.269**	**1m 09.666s**	**23**	**83**	**1h 45m 46.327s**	**106.065**	**3**
11	**Scott Pruett (USA)**	**20**	**Patrick Racing *Firestone* Lola T95/00-Ford**	**FS**	**117.327**	**1m 09.038s**	**21**	**82**	**Em prova**		**2**
12	**Scott Goodyear (CDN)**	**24**	**Tasman Motorsports *LCI/CNN/Motorola* Reynard 95I-Honda**	**FS**	**117.547**	**1m 08.908s**	**19**	**82**	**Em prova**		**1**
13	*Eliseo Salazar (RCH)	7	Dick Simon *Cristal/Mobil 1/Copec* Lola T95/00-Ford	GY	115.715	1m 10.000s	24	82	Em prova		
14	Alessandro Zampedri (I)	34	Payton-Coyne *The Mi-Jack Car* Lola T94/00-Ford	FS	114.385	1m 10.813s	28	81	Em prova		
15	Hiro Matsushita (J)	25	Arciero-Wells *Panasonic/Duskin* Reynard 95I-Ford	FS	114.993	1m 10.439s	26	81	Em prova		
16	Eric Bachelart (B)	19	Payton-Coyne *The Agfa Car* Lola T94/00-Ford	FS	114.802	1m 10.556s	27	81	Em prova		
17	Teo Fabi (I)	33	Forsythe *Combustion Engineering/Indeck* Reynard 95I-Ford	GY	118.027	1m 08.629s	16	80	Em prova		
18	*Carlos Guerrero (MEX)	22	Dick Simon *Herdez/Viva Mexico!* Lola T95/00-Ford	GY	115.710	1m 10.002s	25	80	Em prova		
19	Michael Andretti (USA)	6	Newman-Haas *Kmart/Texaco Havoline* Lola T95/00-Ford	GY	120.065	1m 07.463s	3	79	Motor		1
20	**Raul Boesel (BR)**	**11**	**Rahal/Hogan *Duracell Charger* Lola T95/00-Mercedes**	**GY**	**118.220**	**1m 08.516s**	**13**	**74**	**Motor**		
21	**Emerson Fittipaldi (BR)**	**2**	**Marlboro Team Penske Penske PC24-Mercedes**	**GY**	**117.586**	**1m 08.886s**	**18**	**65**	**Motor**		
22	**Marco Greco (BR)**	**55**	**Galles *Brastemp/Int. Sports* Lola T95/00-Mercedes**	**GY**	**116.450**	**1m 09.558s**	**22**	**62**	**Ficou s/combustível**		
23	Stefan Johansson (S)	16	Bettenhausen *Alumax Aluminum* Penske PC23-Mercedes	GY	117.847	1m 08.733s	17	61	Motor		
24	***Gil de Ferran (BR)**	**8**	**Hall Racing *Pennzoil Special* Reynard 95I-Mercedes**	**GY**	**119.039**	**1m 08.045s**	**6**	**49**	**Motor**		
25	***Christian Fittipaldi (BR)**	**15**	**Walker *Marlboro/Chapeco Special* Reynard 95I-Ford**	**GY**	**118.091**	**1m 08.591s**	**15**	**46**	**Incêndio**		
26	Bobby Rahal (USA)	9	Rahal/Hogan *Miller Genuine Draft* Lola T95/00-Mercedes	GY	118.805	1m 08.179s	9	38	Acidente		
27	***Andre Ribeiro (BR)**	**31**	**Tasman Motorsports *LCI International* Reynard 95I-Honda**	**FS**	**118.344**	**1m 08.445s**	**12**	**32**	**Incêndio**		
28	Parker Johnstone (USA)	49	Comptech *Motorola Cellular* Reynard 95I-Honda	FS	117.446	1m 08.968s	20	0	Acidente		
NQ	*Hubert Stromberger (A)	64	Project Indy *No-Touch/Van Dyne/Marcelo* Reynard 94I-Ford	GY	112.891	1m 11.751s	28	–	Não se qualificou		

Piloto Rookie (estreante)

Bandeiras amarelas: Voltas 39–44, acidente/Rahal. ***Total:*** Uma em 5 voltas.

Líderes: Jacques Villeneuve, 1–29 (29 voltas); Gil de Ferran, 30–31 (2 voltas); Michael Andretti, 32–59 (28 voltas); Villeneuve, 60 (1volta); Paul Tracy, 61–62 (2 voltas); Al Unser Jr., 63–69 (7 voltas); Andretti, 70–79 (10 voltas); Unser, 80–83 (4 voltas). ***Totais:*** Andretti, 38 voltas; Villeneuve, 30 voltas; Unser, 11 voltas; de Ferran e Tracy, 2 voltas.

Volta mais rápida: Al Unser Jr., 1m 09,947s, 186,360 km/h, na 73ª volta.

Classificações no campeonato: **1** Villeneuve, 156; **2** Rahal, 111; **3** Gordon, 104; **4** Unser e Andretti, 97; **6** Pruett, 95; **7** Tracy, 94; **8** Vasser, 83; **9** Fabi, 78; **10** Gugelmin, 66; **11** Fernandez, 64; **12** E. Fittipaldi, 51; **13** C. Fittipaldi e Johansson, 50; **15** Boesel, 46; **16** Cheever, 33; **17** Sullivan, 32; **18** Herta, 30; **19** Salazar, 19; **20** Ribeiro, 16; **21** de Ferran, 14; **22** Zampedri, 11; **23** Bachelart, 8; **24** Danner, Luyendyk e Fangio, 6; **27** Matsushita, 5; **28** Johnstone, 4; **29** Greco, 3; **30** C. Guerrero e Hall, 2; **32** R. Guerrero, Goodyear e Brayton, 1.

Classificações e pontos no campeonato provisórios, dependendo da resposta ao recurso interposto pela Marlboro Team Penske após Portland.

PPG INDY CAR WORLD SERIES • 15ª PROVA

1 – RIBEIRO | 2 – ANDRETTI | 3 – UNSER

NEW HAMPSHIRE

Aproveitando as vantagens do motor Honda e dos pneus Firestone, André Ribeiro ataca por dentro a Lola Kmart/Texaco Havoline de Michael Andretti para lhe tomar a liderança.
Foto: Michael C. Brown

Primeira vitória de André Ribeiro e da Honda.

Nas 200 Milhas da Nova Inglaterra, André Ribeiro dirigiu de forma soberba a Reynard-Honda da Tasman Motorsport e entrou no restrito grupo dos pilotos que venceram uma corrida na sua primeira temporada de Indy Car. Nos últimos dez anos, além dele, só Nigel Mansell e Jacques Villeneuve cometeram semelhante proeza.

Depois de ter dominado a segunda metade da corrida, André Ribeiro bateu Michael Andretti por 14,482 segundos — a terceira mais dilatada margem de vitória da temporada. No final, Ribeiro, de 29 anos, nem queria acreditar que tinha mesmo vencido a prova. Largando da pole e liderando quase sempre, Ribeiro também deu a primeira e bem merecida vitória à Honda. Para Robert Clarke, director-geral da Honda Performance Development "É como que uma homenagem ao duro trabalho e às longas horas que dedicamos a este projeto. O novo motor HRH foi bom desde a primeira corrida e sentíamos que a vitória estava próxima, muito próxima."

Ribeiro mostrou maturidade ao saber aguardar pela melhor ocasião durante as primeiras voltas da corrida. Teo Fabi, que largou de fora da primeira fila, liderou desde o início e só entregou o comando na 12ª volta. Andretti tomou a liderança, mas sem fibra suficiente para aguentar a pressão de Ribeiro e de Al Unser Jr., o 3º classificado.

QUALIFICAÇÕES

Durante a sessão de testes na 6ª feira, Ribeiro esteve, desde o princípio, entre os mais rápidos. Mas só mostrou do que era capaz nas qualificações. Sendo o 6º a sair para a pista, Ribeiro fez a sua primeira volta em apenas 21,477 s — 0,5 s mais rápido que os pilotos até então em pista e 0,3 s acima da sua melhor volta anterior. Na segunda volta, Ribeiro foi ainda mais rápido: 21,466 s.

Depois disto, Ribeiro limitou-se a esperar e a ver se existia mais algum candidato à tão desejada pole: "É muito mais duro ver os outros na pista que estar lá, dirigindo. No final dos treinos foi muito emocionante. Andaram todos muito perto."

De fato, as últimas voltas da qualificação individual foram bem animadas. Christian Fittipaldi e Robby Gordon rodaram abaixo da barreira dos 22 s, mas os 21,506 s de Scott Pruett eclipsaram a dupla da Reynard-Ford, apesar da sua Lola-Ford ter sido mais rápida no dia anterior. Depois, foi Teo Fabi quem causou calafrios a Ribeiro, quando o cronômetro parou nos 21,498 s! A segunda volta de Fabi parecia ser ainda mais rápida mas ele ia depressa demais na curva três e perdeu a trajetória. A pole de Ribeiro estava salva.

"Ter a pole pela primeira vez é uma ótima sensação", disse o piloto. "Acho que o team combinou tudo muito bem. A Tasman acertou bem o motor Honda com os pneus Firestone e tudo funcionou às mil maravilhas. Provamos que podemos andar na frente."

Fabi e Pruett também melhoraram o recorde da pista (de Emerson Fittipaldi). Estes três pilotos andaram acima dos 280 km/h, mas Emerson esmoreceu um pouco e não conseguiu mais que o 16º lugar, na frente do seu parceiro na equipe Mercedes-Penske Marlboro, Al Unser Jr.

"Ambos os carros tiveram problemas de direcionalidade no trem dianteiro", explicou Tom Brown, engenheiro de corrida de Emerson. "Com tudo isto perdemos 0,5 s, mas, fora isso, os carros estão bons. Se conseguirmos resolver o problema, vamos para a corrida a 100%."

Entretanto, o carro do líder do campeonato, Jacques Villeneuve, também se revelou subesterçante, permitindo-lhe ser apenas 15º no grid, sua pior qualificação de sempre desde que chegou à Indy Car.

Adrian Fernandez debateu-se com o problema oposto, com um carro de tendência sobreesterçante, que lhe causou uma saída de pista na sexta à tarde, depois de ter conseguido a melhor volta. Mesmo assim, o piloto mexicano conseguiu o 10º lugar no concorrido grid.

No total, 20 carros estavam apenas a 1s da pole e foi penoso constatar que o último lugar desse grupo pertencia a Bobby Rahal, que, no final da temporada anterior, recusou um motor Honda e optou pelo Mercedes para mover a sua Lola.

CORRIDA

As condições atmosféricas perfeitas sentidas nos dias de treinos continuaram na corrida, com um lindo céu azul e 26 graus de temperatura. Com este tempo magnífico, o Circuito Internacional de New Hampshire, pertencente à família Bahre, acolheu 47 mil espectadores.

A largada foi limpa, embora Ribeiro não tenha tirado toda a vantagem da pole. "Na Curva Quatro, ia um pouco solto demais e por isso perdi duas posições", confessou Ribeiro. "Depois achei que era tudo uma questão de paciência. Essa foi a

Parecendo agora bem mais à vontade nas ovais que nos circuitos citadinos onde iniciou sua carreira, Emerson Fittipaldi (esquerda) largou em 16º para chegar em 5º e fez uma das mais gratificantes corridas de uma temporada para esquecer. Ao contrário do seu tio Emerson, Christian Fittipaldi largou de um soberbo 5º lugar mas terminou a corrida em 8º.

palavra-chave que mantive no meu pensamento, especialmente no início da corrida."

Fabi ia na frente de Ribeiro, enquanto Gordon atacava forte na Curva Um para chegar ao 2º lugar. Ribeiro ficou grudado em Gordon, seguido de Pruett, Jimmy Vasser e Christian Fittipaldi. Mais atrás, Fernandez perdia o controle na Curva Dois e batia de traseira no muro.

"Fiquei desolado, principalmente porque a equipe tinha trabalhado bem duro esse fim de semana", disse Fernandez, que escapou ileso do seu segundo acidente em apenas três dias.

Milagrosamente, todos os pilotos conseguiram evitar o carro do mexicano, muito embora um período de abrandamento tenha sido imposto por questões de segurança, enquanto o carro de Fernandez era removido.

Os primeiros lugares não sofreram alterações quando a corrida foi retomada, com Fabi numa liderança firme. Pouco depois, à 24ª volta, Ribeiro conseguiu passar Gordon que, por sua vez, começou a perder andamento devido a problemas de estabilidade.

Terminando a corrida em 9º lugar, Gordon se lamentava: "Aconteceu exatamente o mesmo que em Nazareth. Nos treinos correu tudo bem e andamos rápido, mas mal começou a corrida o carro ficou demasiado solto depois de 15 ou 20 voltas e tive que me aguentar por umas 30 voltas até poder ir ao box. Foi o que aconteceu neste longo dia."

Ribeiro partiu em perseguição de Fabi, enquanto Pruett provava a competitividade dos pneus Firestone ao se manter confortavelmente em 3º, posição que manteve até à 41ª volta, quando perdeu o controle do carro numa embrulhada com outros pilotos no momento em que era fortemente pressionado por Andretti. A traseira do carro de Pruett bateu forte no muro. "Michael e eu estávamos bem juntos na Curva Três e o carro me fugiu completamente. Não sei se chegamos a tocar um no outro, se foi turbulência ou outra coisa qualquer. O carro me fugiu muito rapidamente."

Não houve quaisquer sinais de contato entre os carros, mas Andretti teve muita sorte em ter conseguido evitar o choque com Pruett, cujo carro se descontrolou mesmo na sua frente: "Acho que ele perdeu o controlo do carro quando pisou no corretor. O meu coração bateu forte mas tudo acabou bem para mim."

Com a nova largada começou a correria ao box, o que originou significativas alterações na classificação. Teo Fabi perdeu imenso tempo no box devido a um problema numa ferramenta de ar-comprimido, e passou de primeiro para oitavo. Pior ainda foi a decisão em mudar para pneus mais duros, que criaram instabilidade no trem traseiro do carro. Mais tarde ou mais cedo, Fabi tinha que ir de novo ao box para montar os pneus que tinha antes e, mais uma vez, a ferramenta emperrou e o fez perder mais tempo. Quando voltou à pista, já tinha descido para 12º.

Ribeiro também perdeu algum tempo na escolha de pneus, mas o brasileiro conseguiu regressar à pista em 4º, atrás de Andretti, Paul Tracy (o parceiro de Michael teve uma paragem curtíssima no box) e Vasser.

Também Unser progrediu imenso. Nas primeiras voltas, o campeão em título foi subindo rapidamente de 17º para 10º e, com uma rapidíssima paragem no box, chegou com facilidade a 6º.

Mas as atenções estavam todas viradas para Ribeiro. Tracy e Vasser não lhe deram muito trabalho e aí estava ele de novo caçando Andretti. "A meio da corrida, quando rodava atrás de Andretti, o meu carro estava muito equilibrado e senti que era o momento de atacar."

E foi precisamente o que ele fez. Seguindo os conselhos que Steve Horen (o dono do team) lhe ia dando pelo rádio, Ribeiro se grudou na traseira de Andretti durante várias voltas, esperando pela chance ideal para o ataque final. Na 100ª volta, essa oportunidade surgiu e Ribeiro se colocou por dentro na frenagem e a ultrapassagem foi perfeita; Andretti nem teve hipótese de reagir: "Fiquei meio 'atolado' entre outros pilotos e André aproveitou para me atacar. Ele freou bem tarde na Curva Um e conseguiu tirar vantagem ao colocar dois pilotos atrasados entre nós e seguiu à vontade."

Ribeiro nem sequer olhou para trás, apesar de, duas voltas depois, ter perdido a liderança para ir ao box. Cinco voltas depois, foi a vez de

Fotos: Michael C. Brown

Contrariando um estatuto relativamente baixo, Teo Fabi revelou a sua classe nos treinos de qualificação mas, mais uma vez, o azar perseguiu-o na corrida e o italiano não teve hipóteses de lutar pela vitória.

Michael C. Brown

Andretti e Ribeiro voltou ao comando. Nessa altura os dois primeiros tinham já ganho uma volta a Unser, que, entretanto, tinha subido a 3º depois de Tracy ter abandonado com uma fuga de óleo no motor do seu carro.

Na Tasman, depois da segunda parada de Ribeiro, começaram a surgir algumas preocupações relativamente ao consumo de combustível, mas um criterioso e cuidado uso do acelerador cedo provaram não haver motivos para receios.

"Com a vantagem que tínhamos pudemos poupar gasolina e pneus", disse Ribeiro. "Não havia qualquer problema. O carro estava perfeito; o motor estava perfeito. Hoje tivemos o melhor conjunto em pista."

Andretti concordou com Ribeiro, nomeadamente no que respeita aos pneus: "Acho que o nosso esteve muito bom. O que nos dificultou foram, de fato, os pneus Firestone de Ribeiro, pois quando mais uso tinham, mais depressa ele andava. A Firestone está de parabéns. Mesmo assim, o nosso carro foi o melhor do grupo que usa Goodyear. Na segunda parada de box, os rapazes me perguntaram o que eu queria que fizessem no carro, mas eu não sabia o que responder. Tudo estava bem e equilibrado. Enquanto durou a fase inicial em que ambos fazíamos contas à gasolina disponível, ainda pude acompanhar Ribeiro, mas quando ele teve a certeza da sua autonomia é que tudo se complicou para nós. Foi isso que marcou a diferença."

Terminando em 3º, Unser garantiu mais uma ida ao pódio, enquanto que Villeneuve agarrou um bom 4º lugar para o team Green. Com duas corridas para o final do campeonato, este resultado era suficiente para garantir a virtual conquista do título. De fato, teoricamente, apenas Unser tinha hipóteses de ameaçar o piloto franco-canadense, mas só se o seu time conseguisse ultrapassar as expectativas e ganhar o apelo contra a desqualificação de Unser em Portland.

Sorrindo de felicidade, Villeneuve confirmou a teoria de virtual campeão: "Estamos muito felizes. Foi mesmo um grande esforço de todo o team. Sabíamos que tínhamos que sair para pista com uma atitude agressiva. Mudamos alguns detalhes no carro e no final da corrida estava melhor que nunca. Nessa altura não pensávamos no campeonato, mas sim em nos mantermos no grupo da frente."

A primeira vitória da Tasman

Vindo da Nova Zelândia, Steve Horne tem feito sensação na América do Norte, pelos menos nos últimos quinze anos. Depois de ajudar o australiano Geoff Brabham a vencer o Campeonato Can-Am, Horne foi contratado por Jim Trueman, em 1982, para criar a Truesports e entrar na Indy Car, onde o piloto era Bobby Rahal. A combinação resultou e, nos anos 80, a equipe ganhou dois campeonatos e venceu uma edição das 500 Milhas de Indianápolis.

Ultimamente e depois de Trueman não ter vencido uma dura luta com um cancro, a sua relação com o piloto se deteriorou. Em 1992, Horne abandonou o time que tinha ajudado a fundar e, tendo como parceiros de negócio Ben Dillon e Stan Ross (empresários de Columbus, Ohio) decidiu organizar a sua própria equipe, a Tasman Motorsports.

Para provar as possibilidades do seu team, Horne escolheu, astutamente, competir primeiro no Campeonato Indy Lights e, com a colaboração de vários antigos parceiros da Truesports — incluindo Jeff Eischen, manager e sócio da Tasman — a equipe venceu o campeonato em 1993 (Bryan Herta) e 1994 (Steve Robertson).

A subida à "primeira divisão" da Indy Car foi o passo seguinte. Mais uma vez, a Tasman revelou grande competitividade desde o início da temporada, com Scott Goodyear quase ganhando as 500 Milhas de Indianápolis e Ribeiro liderando a corrida do Michigan até abandonar com problemas elétricos.

A vitória em New Hampshire foi completamente merecida. "Sei que há pessoas que me julgam insensível, sem emoções. Hoje estou muito emotivo, pois temos muita gente nova no team que nunca ganhou uma corrida na Indy e foi particularmente gratificante ver a alegria estampada no seu rosto. Pessoalmente, também senti a mesma alegria. A minha última vitória na Indy foi em 1988, em Pocono, com Bobby Rahal. Talvez esta vitória tenha sido uma espécie de recompensa por Indianápolis e Michigan. Hoje, tivemos o melhor conjunto em pista: os melhores pneus, o melhor motor e o melhor piloto".

Compensando a inferior performance na qualificação, Emerson Fittipaldi terminou num honroso 5º lugar, enquanto Vasser, que andou em 3º durante boa parte da corrida, conseguiu resistir ao comportamento instável do seu carro e evitar uma saída de pista quando ganhava uma volta ao Lola-Ford Mi-Jack já de 1994 de Alessandro Zampedri, para terminar na sexta posição.

Devido, mais uma vez, a problemas na embreagem de seu carro, De Ferran perdeu imenso tempo nas paradas de box mas foi recompensado com o 7º lugar, ao passo que Christian Fittipaldi e Robby Gordon ultrapassaram os problemas de estabilidade dos carros da Walker Racing e garantiram os dois lugares seguintes.

Tal como Gordon, Rahal terminou com três voltas de atraso e o 10º lugar não lhe dava chances de lutar pelo título, que parecia cada vez mais perto da fronteira Norte graças ao esforço do jovem Villeneuve, que referia no final: "Matematicamente, Al ainda tem uma chance de vencer, mas só se lhe devolverem os pontos de Portland. Por isso, até sabermos ao certo como vai acabar essa situação, não posso dizer que está ganho."

Assim, o team Green não tirou a champanha da geladeira, mas o mesmo já não se pôde dizer da Honda, onde Steve Horne e todo o team Tasman se preparava para celebrar efusivamente uma vitória bem merecida.

Michael C. Brown

BREVES

• O estreante Gil de Ferran (abaixo) venceu todos os problemas de instabilidade do seu carro — o Reynard-Mercedes Pennzoil — e, pela primeira vez desde Portland, em junho, terminou uma corrida: "Já quase tinha esquecido a sensação de passar pela bandeirinha de xadrez", gracejou o piloto brasileiro.

Fotos: Michael C. Brown

• Para a sua volta de qualificação, Hiro Matsushita conseguiu uns respeitáveis 22,393 s, o que lhe daria o 20º lugar do grid, apesar dos problemas no motor à saída da Curva Quatro, para a última volta. Segundo Gordon Coppuck, um dos mais experientes engenheiros de corrida, a telemetria do carro de Hiro registou que a volta de qualificação poderia ter sido feita em 22,27 s (15º lugar) se o motor não tivesse falhado. Seja como for, de pouco adiantaria, pois, apenas por meio quilo, o Reynard-Ford do azarado japonês não passou no teste de pesagem feito após a qualificação!

• Ao detectarem um pequeno rasto de óleo saindo do carro de Paul Tracy, os comissários de prova não perderam tempo e começaram a agitar as bandeiras negras ao piloto canadense, que, contudo, ignorou este sinal que obriga a ir ao box, durante várias voltas. Quando, finalmente, Tracy abrandou e entrou no box da Newman-Hass, foi imediatamente reclamar junto do Diretor de Logística da Indy Car, que apenas tentava explicar o motivo da bandeira negra. A atitude de Tracy lhe valeu um total de US$12 mil em multas. O rasto de óleo vinha de um reservatório quebrado que, aliás, acabou por ditar a desistência do canadense.

• O segundo lugar de Michael Andretti foi suficiente para assegurar o primeiro título de construtores para a Ford-Cosworth. Andretti também conseguiu a Taça das Nações para os Estados Unidos.

• No final da corrida, vários pilotos se queixaram de que seus carros estavam demasiado soltos, sem apoio. Entre eles, o americano da Gnassi Target Scotch Video Bryan Herta (acima), que largou de um sólido 11º lugar no Reynard-Ford para terminar numa desapontante 19ª posição: "Fizemos tudo para melhorar mas o carro ficou sempre muito 'solto'". Mais tarde, concluise que um apoio de motor quebrado veio agravar o problema.

• A melhor frase do fim-de-semana pertenceu ao americano da Patrick Racing Firestone Scott Pruett, depois de ter evitado bater em Adrian Fernandez, que, na tarde de 6ª feira, deu uma rodada bem na sua frente: "Talvez seja uma boa altura para jogar lotaria ou qualquer coisa parecida."

PPG INDY CAR WORLD SERIES • 15ª PROVA

NEW ENGLAND 200

NEW HAMPSHIRE INTERNATIONAL SPEEDWAY, LOUDON, NEW HAMPSHIRE

20 DE AGOSTO, 200 VOLTAS – 340,528 KM

Clas.	Piloto (Nac.)	Nº.	Equipe/Patrocinadores/Carro-Motor	Pneus	Vel. Qlf.	Tempo Qlf.	Pos.	Voltas	Tempo/Causa	Méd. km/h	Pts.
1	***Andre Ribeiro (BR)**	**31**	**Tasman Motorsports *LCI International* Reynard 95I-Honda**	**FS**	**285,548**	**21,466s**	**1**	**200**	**1h 34m 36,192s**	**215,973**	**22**
2	**Michael Andretti (USA)**	**6**	**Newman-Haas *Kmart/Texaco Havoline* Lola T95/00-Ford**	**GY**	**277,440**	**22,093s**	**9**	**200**	**1h 34m 50,674s**	**215,423**	**16**
3	**Al Unser Jr. (USA)**	**1**	**Marlboro Team Penske Penske PC24-Mercedes**	**GY**	**274,139**	**22,359s**	**17**	**199**	**Em prova**		**14**
4	**Jacques Villeneuve (CDN)**	**27**	**Team Green *Player's Ltd,* Reynard 95I-Ford**	**GY**	**274,843**	**22,302s**	**15**	**199**	**Em prova**		**12**
5	**Emerson Fittipaldi (BR)**	**2**	**Marlboro Team Penske Penske PC24-Mercedes**	**GY**	**274,299**	**22,346s**	**16**	**199**	**Em prova**		**10**
6	**Jimmy Vasser (USA)**	**12**	**Ganassi *Target/STP* Reynard 95I-Ford**	**GY**	**278,488**	**22,010s**	**6**	**198**	**Em prova**		**8**
7	***Gil de Ferran (BR)**	**8**	**Hall Racing *Pennzoil Special* Reynard 95I-Mercedes**	**GY**	**278,002**	**22,048s**	**8**	**198**	**Em prova**		**6**
8	***Christian Fittipaldi (BR)**	**15**	**Walker *Marlboro/Chapeco Special* Reynard 95I-Ford**	**GY**	**280,789**	**21,830s**	**5**	**198**	**Em prova**		**5**
9	**Robby Gordon (USA)**	**5**	**Walker *Valvoline/Cummins Special* Reynard 95I-Ford**	**GY**	**281,238**	**21,795s**	**4**	**197**	**Em prova**		**4**
10	**Bobby Rahal (USA)**	**9**	**Rahal/Hogan *Miller Genuine Draft* Lola T95/00-Mercedes**	**GY**	**273,330**	**22,425s**	**20**	**197**	**Em prova**		**3**
11	**Mauricio Gugelmin (BR)**	**18**	**PacWest Racing Group *Hollywood* Reynard 95I-Ford**	**GY**	**278,328**	**22,022s**	**7**	**196**	**Em prova**		**2**
12	**Teo Fabi (I)**	**33**	**Forsythe *Combustion Engineering/Indeck* Reynard 95I-Ford**	**GY**	**285,115**	**21,498s**	**2**	**196**	**Em prova**		**1**
13	*Eliseo Salazar (RCH)	7	Dick Simon *Cristal/Mobil 1/Copec* Lola T95/00-Ford	GY	266,029	23,041s	25	196	Em prova		
14	Alessandro Zampedri (I)	34	Payton-Coyne *The Mi-Jack Car* Lola T94/00-Ford	FS	273,941	22,375s	19	195	Em prova		
15	*Juan Fangio II (RA)	17	PacWest Racing Group *VISA* Reynard 95I-Ford	GY	276,380	22,178s	12	194	Em prova		
16	*Carlos Guerrero (MEX)	22	Dick Simon *Herdez/Viva Mexico!* Lola T95/00-Ford	GY	270,026	22,700s	22	193	Em prova		
17	Eddie Cheever (USA)	14	A.J. Foyt *Copenhagen Racing* Lola T95/00-Ford	GY	273,988	22,371s	18	191	Em prova		
18	**Raul Boesel (BR)**	**11**	**Rahal/Hogan *Duracell Charger* Lola T95/00-Mercedes**	**GY**	**275,452**	**22,252s**	**13**	**191**	**Em prova**		
19	Bryan Herta (USA)	4	Ganassi *Target/Scotch Video* Reynard 95I-Ford	GY	276,689	22,153s	11	189	Em prova		
20	**Marco Greco (BR)**	**55**	**Galles *Brastemp/Int, Sports* Lola T95/00-Mercedes**	**GY**	**271,676**	**22,562s**	**21**	**184**	**Acidente**		
21	Buddy Lazier (USA)	19	Payton-Coyne *The Agfa Car* Lola T94/00-Ford	FS	268,618	22,819s	23	184	Acidente		
22	Hiro Matsushita (J)	25	Arciero-Wells *Panasonic/Duskin* Reynard 95I-Ford	FS	s/Veloc.	s/tempo	26	184	Em prova		
23	Paul Tracy (CDN)	3	Newman-Haas *Kmart/Budweiser* Lola T95/00-Ford	GY	275,412	22,256s	14	101	Fuga de oleo		
24	Scott Pruett (USA)	20	Patrick Racing *Firestone* Lola T95/00-Ford	FS	285,009	21,506s	3	40	Acidente		
25	Stefan Johansson (S)	16	Bettenhausen *Alumax Aluminum* Penske PC23-Mercedes	GY	268,521	22,827s	24	17	Fuga de oleo		
26	Adrian Fernandez (MEX)	10	Galles *Tecate/Quaker State* Lola T95/00-Mercedes	GY	277,390	22,097s	10	0	Acidente		

** Piloto Rookie (estreante)*

Bandeiras amarelas: Voltas 1–10, acidente/Fernandez; voltas 41–51, acidente/Pruett; voltas 198–200, acidente/Greco e Lazier. ***Total:*** três em 24 voltas.

Líderes: Teo Fabi, 1–42 (42 voltas); Michael Andretti, 43–99 (57 voltas); Andre Ribeiro, 100–122 (23 voltas); Andretti, 123–127 (5 voltas); Ribeiro, 128–200 (73 voltas). ***Totais:*** Ribeiro, 96 voltas; Andretti, 62 voltas; Fabi, 42 voltas.

Volta mais rápida: Teo Fabi, 22,968s, 266,875 km/h, na 15ª volta.

Classificações no campeonato: **1** Villeneuve, 168; **2** Rahal, 114; **3** Andretti, 113; **4** Unser, 111; **5** Gordon, 108; **6** Pruett, 95; **7** Tracy, 94; **8** Vasser, 91; **9** Fabi, 79; **10** Gugelmin, 68; **11** Fernandez, 64; **12** E, Fittipaldi, 61; **13** C, Fittipaldi, 55; **14** Johansson, 50; **15** Boesel, 46; **16** Ribeiro, 38; **17** Cheever, 33; **18** Sullivan, 32; **19** Herta, 30; **20** de Ferran, 20; **21** Salazar, 19; **22** Zampedri, 11; **23** Bachelart, 8; **24** Danner, Luyendyk e Fangio, 6; **27** Matsushita, 5; **28** Johnstone, 4; **29** Greco, 3; **30** C, Guerrero e Hall, 2; **32** R, Guerrero, Goodyear e Brayton, 1.

Classificações e pontos no campeonato provisórios, dependentes de resposta ao recurso interposto pela Marlboro Team Penske após Portland.

VANCOUVER

1 – UNSER
2 – DE FERRAN
3 – GORDON

Parece que Al Unser Jr. tem um gostinho muito especial pelos circuitos citadinos de Long Beach e Vancouver, na Costa Oeste. Desde 1988, ele venceu 10 das 14 provas disputadas nessas pistas temporárias, incluindo três vitórias consecutivas em Vancouver.

As sementes para mais uma vitória de Unser — conseguida em perfeitas condições atmosféricas e perante um público recorde — foram lançadas na qualificação, quando o piloto decidiu optar pelos Goodyear de maior duração em vez do composto "recomendado" preferido pela maioria dos seus rivais.

"Tínhamos de escolher entre pneu macio ou duro", explicou Unser, que qualificou o Penske-Mercedes em 9º lugar do grid, mas cedo começou a trabalhar para a vitória. "Andei com os pneus macios e o carro estava bem mais rápido, mas o desgaste da borracha era muito mais rápido. Decidi então mudar para o pneu mais duro e foi uma decisão correta. Apesar de termos perdido um pouco do rendimento nos treinos, acabou por compensar na corrida.".

Michael Andretti também optou pelo pneu de mistura rija, embora as suas aspirações à vitória tenham sido desfeitas quando o câmbio do seu carro quebrou.

O segundo lugar foi, merecidamente, para Gil de Ferran que, mesmo alinhando no carro reserva, teve finalmente um pouco de sorte e deu uma forcinha para o time de Jim Hall.

Beneficiando de uma inteligente escolha de pneus, Al Unser Jr. subiu do 9º lugar do grid para uma vitória do time Penske
Foto: Michael C. Brown

Michael C. Brown

Apesar de lhe ter sido mostrada a bandeira negra quando se soltou uma asa dianteira do seu carro, Alessandro Zampedri (esquerda) esteve muito bem ao terminar em 5º na Lola Mi-Jack da Payton-Coyne

Direita: Robby Gordon na frente de Gil de Ferran e Al Unser Jr durante o início da corrida. O trio andou assim durante algum tempo, mas no final as posições se inverteram.

Stefan Johansson se classificou em 4º com o Penske Alumax, o melhor resultado do esforçado time de Bettenhausen desde a corrida de Nazareth, em abril.

QUALIFICAÇÕES

Contrastando firmemente com os seus tempos de novato, Jacques Villeneuve desenvolveu temporada uma grande afinidade pelas pistas citadinas. Como em Toronto, a Reynard-Ford do Team Green voltou a ser a grande estrela, tanto nos treinos como na corrida. Na sessão final de testes, no sábado, Villeneuve teve um desempenho supremo e segurou a sua 5ª pole da temporada.

"Estou muito feliz por termos ganho a pole porque, como na temporada passada, em Toronto, tivemos um fim-de-semana terrível", disse Villeneuve. "Não esperávamos ser tão rápidos", concluiu o piloto canadense.

Como aconteceu com a maioria dos pilotos com pneus Goodyear, Villeneuve escolheu os macios e gostou do seu desempenho, se bem que notando uma progressiva falta de aderência à medida se desgastavam. "O carro estava ótimo com os novos pneus, embora o desempenho com os antigos fosse muito satisfatório. Esta noite vamos trabalhar para tudo estar a postos para a corrida."

Jimmy Vasser teve um tremendo desempenho na Reynard-Ford da Target. O piloto californiano foi 2º no grid, apesar de ter que utilizar o carro reserva (chassis de 94) depois do seu carro principal ter ardido em consequência de uma ruptura na tubagem de combustível, na manhã de 6ª feira. Foi a terceira vez na temporada que Vasser largou do lado exterior da primeira fila: "O carro estava muito bom, mas estou ficando cheio de ser segundo todo tempo — e sempre atrás de Villeneuve."

Depois de Vasser estava Rahal, que beneficiou da introdução de alguns novos componentes da Ilmor no motor Mercedes-Benz para obter o seu melhor lugar de largada de toda a temporada. Apesar de muito feliz com os resultados, Rahal mal a pôde saborear devido a uma irritante inflamação na garganta.

"Os médicos me disseram para não correr hoje", confessou Rahal. "O Dr. Olvey me disse para pelo menos não fazer os treinos da manhã porque eu ainda estava a sofrer da laringite. Por isso, não fiz muitas voltas de manhã. Esta tarde, o carro estava suficientemente bom para conseguir ficar na fila da frente."

Scott Goodyear regressou em grande na Reynard-Honda da Tasman, sendo 4º no grid, enquanto Michael Andretti foi o mais rápido entre os pilotos com os Goodyear mais duros.

CORRIDA

Depois da volta aquecimento, Villeneuve trouxe os outros 27 pilotos até à linha de largada e arrancou com o "pé na tábua" por forma a garantir a vantagem da pole na Curva Um e chegar bem depressa à zona mais rápida da pista. Rahal, Vasser e Goodyear seguiam logo atrás, mas, um pouco mais à frente, a ordem já não era bem esta.

Para Unser "a largada foi um pouco confusa. Jacques nos trouxe lentamente à linha de partida, o que causou alguns 'estragos' na quarta, quinta e sexta filas da grelha. Eu passei De Ferran na largada e todo o mundo se defendeu como pôde no gancho que se seguiu. Mas Gil conseguiu me ultrapassar — e a mais dois pilotos — por fora. Me pareceu uma excelente manobra e tentei dobrá-lo da mesma forma na curva seguinte. Chegamos juntos à chicane e ele tocou a roda esquerda da frente do meu carro, acabando por bater."

De Ferran concorda com Unser: "Não havia espaço para nós dois nessa curva". O carro do brasileiro andou em duas rodas e se imobilizou na barreira de pneus.

Com todo o mundo abrandando para evitar colisões, a pista ficou bloqueada nessa zona e o diretor de prova, Wally Dallenbach, não teve outra solução senão mostrar a bandeira vermelha e fazer parar a corrida. Esta interrupção, apesar de tudo, garantia que a corrida teria na mesma as 100 voltas originais — uma excelente notícia para De Ferran, que, mais uma vez, já pensava que o seu dia tinha terminado logo ali: "Quando vi que ia chocar na barreira de pneus, pensei: 'Oh não, mais um fim-de-semana desperdiçado."

Mas, de repente, ele tinha ganho uma segunda chance. O seu carro principal tinha ficado demasiado danificado para prosseguir, pelo que Alex Hering e a equipe rapidamente aprontaram o carro reserva e lhe foram introduzindo o máximo possível de regulagens do outro carro. Em tempo recorde, foram montados novos freios, pneus, amortecedores, asa traseira e ainda um novo câmbio e De Ferran estava pronto para tomar o seu lugar no grid.

"O team fez um trabalho incrível", referiu de Ferran. "A única coisa que não tiveram tempo de montar foi a garrafinha para a bebida.!"

Na nova largada, Villeneuve saiu antes da bandeira verde e tudo teve de ser repetido. A dupla Jacques Villeneuve/Jimmy Vasser regressou rapidamente aos seus lugares e, de novo, foram os pilotos a meio do grid que deram origem a pequenos incidentes. Desta vez, os dois Fittipaldi, Emerson e Christian, se envolveram tão perto que as rodas dos seus carros se tocaram. Emerson, que retomou a corrida em último lugar, ficou furioso: "Estou muito desapontado com o meu sobrinho, porque ele me apertou nas duas largadas. É incrível. Nos onze anos que tenho na Indy Car, nunca vi uma largada assim."

Bem cedo, Villeneuve começou a ganhar vantagem dos seus perseguidores mais diretos, principalmente Vasser. Tudo ficou esclarecido quando se viu que o motor de Vasser estava falhando. O problema estava num cachimbo de vela que quebrara após nove voltas.

"Foi uma grande desilusão", disse Vasser. "Esta é a sexta corrida da temporada em que um problema mecânico nos faz abandonar e nos custou uma corrida em que tínhamos boas chances de ganhar."

Foi Rahal, muito mais motivado que nos treinos, partiu em perseguição de Villeneuve, tendo atrás si Scott Goodyear que, na 10ª volta, frenou forte demais e rodou baixando para último.

"Entrei muito forte na curva" admitiu o canadense, que, nas últimas voltas, tinha conseguido subir até 11º até ser inadvertidamente empurrado por Villeneuve. A consequente rodada o atrasou tanto que Goodyear já não pôde acabar nos pontos.

Com os pneus perdendo aderência, Rahal começou a ter problemas. Depois de perder posições para Andretti e Unser, Rahal optou por ir ao box na 25ª volta.

Entretanto, o carro de Villeneuve começa a sofrer do mesmo problema e, na 27ª volta, Andretti fez uma bem calculada ultrapassagem na frenagem para o gancho da Curva Dez. Unser tentou a mesma manobra mas deparou com maior resistência do jovem canadense. Quando finalmente conseguiu passar Villeneuve, na 33ª volta, Unser tinha que lidar com os 12s de avanço conseguidos por Andretti.

Villeneuve decidiu então ir ao box, seguindo-se-lhe, uma volta depois, Robby Gordon, que vinha dum excelente quarto lugar com a Reynard-Ford de Derrick Walker. Unser e Andretti continuavam a com vantagem graças à escolha de pneus e no momento em que se concluía a primeira fase de paradas box ficou bem claro que a corrida iria ser decidida entre os dois.

Durante a paragem de Unser no box, a Penske, conseguiu reduzir para metade a vantagem de Andretti e, num piscar de olhos, Al tratou de eliminar a diferença que o separava de Michael. Na 48ª volta, mesmo antes da metade da corrida, os dois líderes estavam juntos na luta pela liderança e Unser atacava forte. No entanto, apanhar Andretti e o ultrapassar foram desafios completamente diferentes.

"Ultrapassar Michael Andretti é uma das coisas mais difíceis no mundo. Ele e Jacques sabem muito bem se defender, ou melhor, dirigir na defensiva", confessou Unser, sorrindo ironicamente. "Uma das vezes,

MOLSON
ALUMAX
BOSCH

A sorte mudou para De Ferran

Gil de Ferran mostrou todas as suas capacidades no momento em que, pela primeira vez, dirigiu com agressividade na Indy Car. O piloto brasileiro, de 27 anos, surpreendeu todo o mundo — pelo menos o mundo da Indy Car — ao conseguir a pole logo na sua primeira corrida, em Miami e, desde aí, vinha prometendo alcançar o sucesso. Na verdade, De Ferran teve de esperar pela 16ª corrida da temporada para conseguir obter o seu primeiro pódio.

Entre os seguidores mais atentos da Indy Car, De Ferran sempre foi apontado como uma potencial estrela. A sua carreira começou no Brasil e, em 1988, a sua mudança para a Europa marcou uma rápida ascensão pelas diversas fases de um piloto que pretende ir longe no esporte motorizado mundial. Em 1992, venceu o prestigiado Campeonato Britânico de Fórmula 3 para a Paul Stewart Racing — o time de Jackye Stewart — e perdeu por muito pouco o título na Fórmula 3000, dois anos depois. A Fórmula 1 parecia estar muito perto.

Então, surgiu a chance de um novo começo. A meio da temporada de 1994, De Ferran foi apresentado a um dos veteranos da Indy Car, Jim Hall, que rapidamente estabeleceu uma relação com o piloto brasileiro, que ficou impressionado quando Hall o convidou para testar o Reynard Pennzoil do team. "Quando me propuseram esses testes, pulei de alegria", diz de Ferran. "Falei com Jackie e ele me apoiou totalmente. Sem dúvida que se tratava de uma oportunidade a não perder, porque se tratava de uma das melhores equipes da Indy Car e porque a Pennzoil é um dos melhores e o mais tradicional de todos os sponsors. Quando Jim me pediu para testar eu disse 'sim' imediatamente."

Nascido na França mas crescendo no Brasil, não foi difícil para alguém tão cosmopolita como De Ferran se mudar para a América do Norte com a sua família. A sua primeira temporada foi interrompida por uma série de problemas mecânicos e alguns acidentes, embora o team nunca tenha perdido confiança no piloto, nem o piloto no team. O segundo lugar em Vancouver foi largamente merecido e provou que muitos mais sucessos estavam a caminho.

Michael C. Brown

Abaixo à direita: Perseguido pelo Reynard de Bryan Herta e finalmente saído da obscuridade, Gil de Ferran a caminho do primeiro pódio na sua ainda curta carreira na Indy Car.

Paul Tracy perdeu um possível lugar no pódio quando uma tentativa desesperada para ultrapassar Bryan Herta acabou numa embaraçante rodada. Teo Fabi, Scott Pruett e Scott Goodyear abrem caminho para tentar passar a Lola do piloto canadense, atravessada na pista.

no gancho, Mikey me fechou tanto que quase entrei pela traseira do seu carro."

Dois breves avisos deste tipo foram suficientes para que a corrida ficasse reagrupada, oferecendo também a possibilidade a todo o mundo de fazer a segunda parada programada no box. Andretti e Unser recomeçaram na frente, mas Unser se lançou com decisão na reta de Pacific Boulevard e passou para a liderança quando os dois abordaram a Praça da Nações pela 61ª vez.

Um volta depois, no gancho, Andretti abrandou subitamente; a segunda marcha tinha quebrado e o seu dia estava acabado.

"Bom, acho que ofereci mais uma ao Júnior", lamentou Andretti. "Não consegui engrenar nenhuma das marchas. Bem tentei segurar a terceira e a quarta, mas logo o câmbio saltava."

Rahal parecia ser o mais indicado para ameaçar Unser, mas como tinha parado no box fora da sequência programada, teve que fazer uma parada extra na 84ª volta. Unser tinha o caminho livre na sua frente. A sua única preocupação era o consumo de combustível, mas a racionalização do uso do acelerador e das passagens de câmbio lhe permitiu continuar em prova de uma forma confortável e tranquila.

"Começamos poupando combustível logo após a primeira ida ao box porque sabíamos que a margem era pequena", declarou Unser, que manteve a sua vantagem apesar de baixar o andamento em cerca de dois segundos por volta. "Meu carro estava perfeito, os Goodyear estavam ótimos, o motor Mercedes estava super e acabamos a corrida ainda com muito combustível no tanque."

Apesar de ter danificado uma asa dianteira num toque com Fabi no início da corrida, Brian Herta dirigiu muito bem, mesmo que as suas aspirações na prova tenham sido eliminadas na 66ª volta quando Tracy atacou por fora no gancho, blocando os freios, deslizando lateralmente e atingindo seu o carro. Gugelmin também se envolveu no incidente, acabando aí o seu dia depois de ter feito uma boa corrida na sua Reynard-Ford. Quem aproveitou a situação foi De Ferran, que garantiu, então, o 3º lugar, que acabaria por transformar em 2º quando Rahal foi ao box.

"Continuei andando no máximo durante toda a prova e eventualmente a corrida foi favorável para nós", disse De Ferran, a quem, tal como a Unser, foi pedido para dirigir numa estratégia de economia de combustível durante as últimas voltas.

Apesar de, durante toda a corrida, lutar com a instabilidade do seu carro, várias contrariedades impediram Gordon de progredir mais que o 3º lugar. "Simplesmente tentamos manter o carro o mais certinho possível", declarou Gordon, que conquistou o seu primeiro lugar no pódio desde junho, em Detroit. "Parecia que os pneus iam durar umas dez voltas mais mas, de repente, eles viraram 'octógonos'. Foi tão mau que era difícil manter o carro direito nas retas. Os pneus estavam desfeitos."

Com um desempenho muito razoável na Lola-Ford de Pat Patrick, Pruett parecia estar em condições de desafiar Gordon até ser forçado a abrandar para poupar combustível. Foi então que Johansson — que largou do 17º lugar no Penske-Mercedes da Alumax — aproveitou para agarrar o quarto lugar. Rahal também estava no grupo da frente, sendo o terceiro piloto de um trio separado apenas por meio segundo. Desse grupo faziam também parte Pruett e E. Fittipaldi, que foi último piloto a não acabar com uma volta de atraso.

Villeneuve — que a dois terços do final estava em 4º — foi pouco depois retardado devido a problemas no câmbio. O canadense foi caindo na classificação até terminar a corrida num desapontante 12º lugar.

Por conseguinte, quando a caravana começava a preparar a viagem até ao Sul da Califórnia para a última prova da temporada (Laguna Seca), o campeonato estava ainda por decidir, pelo menos provisoriamente, pois ainda faltava saber os resultados do apelo contra a desclassificação de Unser em Portland.

Michael C. Brown

BREVES

* Depois a saída de Eddie Cheever uma semana antes da corrida, Brian Till foi convidado a dirigir a Lola-Ford de A.J. Foyt. Till (acima) — um veterano com 19 corridas na Indy Car e um 9º lugar em Cleveland em 1993 como melhor resultado na disciplina — teve dificuldades em se adaptar a um carro tão diferente do sedã que dirige na Trans-Am. A adaptação foi ainda mais difícil quando o câmbio quebrou antes que ele completasse uma volta nos treinos da manhã de sábado, mas Till acabou se qualificando razoavelmente.

* O team Green arrebatou várias vitórias no concurso que anualmente premeia os melhores mecânicos do campeonato. Assim, o chefe da equipe de mecânicos foi distinguido com o prêmio "Top Wrench", enquanto que Mike LaFontaine foi nomeado como o especialista em câmbios do ano. Também Tony Cotman, Eric Haverson, Dave Popielarz e o especialista em pneus Jim Wilson (todos do team Green) foram distinguidos com a nomeação para o equipe "All Star" (equipe de sonho) de mecânicos. Em reconhecimento pelos carros melhor preparados ao nível de rodas, o mecânico-chefe da Hall Racing, Alex Hering, foi distinguido com o Prêmio George Bignotti para preparadores, um prêmio apoiado pela Earl's Performance Products. Hering foi selecionado por um imponente painel de jurados, formado por Billy Kamphausen, Dick Perry, Dennis Swan (todos diretores da Indy Car) e Mike Devin, Diretor Técnico da USAC.

* Também Domenico "Mimmo" Schiattarella (abaixo), que em 1994 correu em algumas provas da Toyota Atlantic e depois dirigiu para o time Project Indy de Andreas Leberle (Toronto e Mid-Ohio), regressou à Indy Car em Vancouver. Schiattarella, que começou a temporada na Fórmula 1 com a pouco consistente Simtek, superou diversos problemas e acabou a corrida colocado na 18ª posição.

* Tony Bettenhausen, da cidade vizinha de Port Coquitlam (Colúmbia Britânica), falhou por pouco a qualificação da Lola T94/00-Ford da Payton-Coyne Racing. O simpático piloto não tinha ainda dirigido um carro da Indy esta temporada e apesar de limitado pelo fato de nunca ter testado antes, mostrou que tinha hipóteses de alinhar a corrida até ser abalroado nos minutos finais.

* Scott Goodyear (acima à direita) perdeu um potencial lugar no pódio quando seu Reynard-Honda fez rodou nas primeiras voltas. Mais tarde, o seu parceiro na Tasman, André Ribeiro, despistou-se na Curva Um, quando tentava passar De Ferran e chegar ao quinto lugar. Lacônico, Steve Horne (dono da Tasman) caracterizou esse acontecimento como "FMDP — Falha Mental de Dois Pilotos."

* Será que a bandeira vermelha causou muitos problemas a Al Unser Jr.? "Não", responde Al com um sorriso. "Na verdade, deu-me a chance de fumar um cigarro."

PPG INDY CAR WORLD SERIES • 16ª PROVA

MOLSON INDY VANCOUVER

CONCORD PACIFIC PLACE STREET CIRCUIT, VANCOUVER, BRITISH COLUMBIA, CANADA

3 DE SETEMBRO, 100 VOLTAS – 274,064 KM

Clas.	Piloto (Nac.)	Nº.	Equipe/Patrocinadores/Carro-Motor	Pneus	Vel. Qlf.	Tempo Qlf.	Pos.	Voltas	Tempo/Causa	Méd. km/h	Pts.
1	**Al Unser Jr. (USA)**	1	Marlboro Team Penske Penske PC24-Mercedes	GY	176,057	56,040s	9	100	1h 46m 54,900s	153,802	21
2	***Gil de Ferran (BR)**	8	Hall Racing *Pennzoil Special* Reynard 95I-Mercedes	GY	176,399	55,932s	8	100	1h 47m 09,913s	153,444	16
3	**Robby Gordon (USA)**	5	Walker *Valvoline/Cummins Special* Reynard 95I-Ford	GY	176,592	55,870s	7	100	1h 47m 21,007s	153,180	14
4	**Stefan Johansson (S)**	16	Bettenhausen *Alumax Aluminum* Penske PC23-Mercedes	GY	174,443	56,559s	17	100	1h 47m 21,423s	153,170	12
5	**Bobby Rahal (USA)**	9	Rahal/Hogan *Miller Genuine Draft* Lola T95/00-Mercedes	GY	177,699	55,523s	3	100	1h 47m 21,524s	153,167	10
6	**Scott Pruett (USA)**	20	Patrick Racing *Firestone* Lola T95/00-Ford	FS	176,036	56,047s	10	100	1h 47m 24,373s	153,099	8
7	**Emerson Fittipaldi (BR)**	2	Marlboro Team Penske Penske PC24-Mercedes	GY	174,863	56,423s	14	100	1h 47m 46,686s	152,571	6
8	**Paul Tracy (CDN)**	3	Newman-Haas *Kmart/Budweiser* Lola T95/00-Ford	GY	175,106	56,344s	12	99	Em prova		5
9	**Alessandro Zampedri (I)**	34	Payton-Coyne *The Mi-Jack Car* Lola T94/00-Ford	FS	174,216	56,632s	18	99	Em prova		4
10	**Raul Boesel (BR)**	11	Rahal/Hogan *Duracell Charger* Lola T95/00-Mercedes	GY	173,645	56,819s	20	99	Em prova		3
11	**Parker Johnstone (USA)**	49	Comptech *Motorola Cellular* Reynard 95I-Honda	FS	173,071	57,007s	22	99	Em prova		2
12	**Jacques Villeneuve (CDN)**	27	Team Green *Player's Ltd,* Reynard 95I-Ford	GY	178,653	55,226s	1	98	Em prova		2
13	*Eliseo Salazar (RCH)	7	Dick Simon *Cristal/Mobil 1/Copec* Lola T95/00-Ford	GY	173,420	56,893s	21	98	Em prova		
14	Scott Goodyear (CDN)	24	Tasman Motorsports *LCI/CNN/Motorola* Reynard 95I-Honda	FS	177,334	55,637s	4	98	Em prova		
15	*Carlos Guerrero (MEX)	22	Dick Simon *Herdez/Viva Mexico!* Lola T95/00-Ford	GY	172,111	57,325s	23	97	Em prova		
16	Bryan Herta (USA)	4	Ganassi *Target/Scotch Video* Reynard 95I-Ford	GY	174,739	56,463s	15	96	Em prova		
17	Hiro Matsushita (J)	25	Arciero-Wells *Panasonic/Duskin* Reynard 95I-Ford	FS	170,285	57,940s	26	95	Em prova		
18	*Mimmo Schiattarella (I)	64	Project Indy *No-Touch/Van Dyne/Marcelo* Reynard 94I-Ford	GY	169,871	58,081s	28	93	Em prova		
19	Teo Fabi (I)	33	Forsythe *Combustion Engineering/Indeck* Reynard 95I-Ford	GY	177,240	55,666s	6	73	Sist. arrefecimento		
20	**Mauricio Gugelmin (BR)**	18	PacWest Racing Group *Hollywood* Reynard 95I-Ford	GY	175,375	56,258s	11	65	Acidente		
21	Michael Andretti (USA)	6	Newman-Haas *Kmart/Texaco Havoline* Lola T95/00-Ford	GY	177,253	55,662s	5	63	Transmissão		
22	Adrian Fernandez (MEX)	10	Galles *Tecate/Quaker State* Lola T95/00-Mercedes	GY	173,941	56,722s	19	61	Estabilidade		
23	***Andre Ribeiro (BR)**	31	Tasman Motorsports *LCI International* Reynard 95I-Honda	FS	174,479	56,547s	16	55	Acidente		
24	***Christian Fittipaldi (BR)**	15	Walker *Marlboro/Chapeco Special* Reynard 95I-Ford	GY	174,889	56,415s	13	49	Escapamento		
25	**Marco Greco (BR)**	55	Galles *Brastemp/Int, Sports* Lola T95/00-Mercedes	GY	170,079	58,010s	27	46	Transmissão		
26	Brian Till (USA)	14	A.J. Foyt *Copenhagen Racing* Lola T95/00-Ford	GY	171,381	57,570s	25	26	Acidente		
27	Jimmy Vasser (USA)	12	Ganassi *Target/STP* Reynard 95I-Ford	GY	177,762	55,503s	2	9	Motor		
28	*Juan Fangio II (RA)	17	PacWest Racing Group *VISA* Reynard 95I-Ford	GY	171,518	57,523s	24	8	Acidente		
NQ	Ross Bentley (CDN)	19	Payton-Coyne *The Agfa Car* Lola T94/00-Ford	FS	168,865	58,427s	29	–	Não se qualificou		

** Piloto Rookie (estreante)*

Bandeiras amarelas: Volta 1, Largada com bandeira amarela; voltas 7–9, rebocado na largada/Schiattarella; voltas 49–51, rebocado/Greco; voltas 56–59, acidente/Ribeiro. ***Total:*** quatro em 11 voltas.

Líderes: Jacques Villeneuve, 1–26 (26 voltas); Michael Andretti, 27–60 (34 voltas); Al Unser Jr,, 61–100 (40 voltas). ***Totals:*** Unser Jr., 40 voltas; Andretti, 34 voltas; Villeneuve, 26 voltas.

Volta mais rápida: Bobby Rahal, 56,906s, 107,735 mph, na 86ª volta.

Classificações no campeonato: **1** Villeneuve, 170; **2** Unser, 132; **3** Rahal, 124; **4** Gordon, 122; **5** Andretti, 113; **6** Pruett, 103; **7** Tracy, 99; **8** Vasser, 91; **9** Fabi, 79; **10** Gugelmin, 68; **11** E, Fittipaldi, 67; **12** Fernandez, 64; **13** Johansson, 62; **14** C, Fittipaldi, 55; **15** Boesel, 49; **16** Ribeiro, 38; **17** de Ferran, 36; **18** Cheever, 33; **19** Sullivan, 32; **20** Herta, 30; **21** Salazar, 19; **22** Zampedri, 15; **23** Bachelart, 8; **24** Danner, Luyendyk, Fangio e Johnstone, 6; **28** Matsushita, 5; **29** Greco, 3; **30** C, Guerrero e Hall, 2; **32** R, Guerrero, Goodyear e Brayton, 1.

Classificações e pontos no campeonato provisórios dependendo da resposta ao recurso interposto pela Marlboro Team Penske após Portland.

LAGUNA SECA

1 – DE FERRAN

2 – TRACY

3 – GUGELMIN

Villeneuve campeão. De Ferran — 1ª vitória.

O Laguna Seca Raceway manteve a sua reputação de proporcionar uma final adequada. Na verdade, o Toyota Grand Prix of Monterey, e o Bank of America 300, tiveram dois meritórios vencedores.

O rookie Gil de Ferran recebeu a bandeirada final no Reynard-Mercedes Pennzoil da Hall Racing, tornando-se o 9º diferente vencedor durante esta temporada extraordinariamente competitiva, enquanto Jacques Villeneuve superou diversos atrasos que consumiram tempo antes de assegurar o título com o 11º lugar no Reynard-Ford/Cosworth Player's Ltd. do Team Green.

"Foi uma corrida longa," disse o dono do carro de Villeneuve, Barry Green. "Andamos lá atrás durante algum tempo — tivemos dois furos e trocamos a asa dianteira depois do Jacques ter batido em alguns destroços — mas estou orgulhoso dos meus rapazes. Eles e o Jacques permaneceram concentrados e fomos bem sucedidos. É fantástico."

"Significa muito," acrescentou Villeneuve. "É o meu primeiro título. Por isso é muito especial."

De Ferran foi igualmente louvado. Depois do seu 2º lugar em Vancouver, obteve agora a sua primeira vitória, somando pontos suficientes para conquistar o prestigiante troféu Jim Trueman Rookie of The Year.

"Minha primeira vitória num carro da Indy é muito, muito significativa para mim," disse ele, "especialmente contra uma oposição tão forte."

A bandeira do orgulho. Gil de Ferran (à esquerda) terminou a sua primeira temporada na Indy Car com uma bem merecida primeira vitória. A vitória do brasileiro também lhe permitiu arrebatar o cobiçado troféu Rookie of The Year ao seu compatriota Christian Fittipaldi, cujo Reynard Marlboro/Chapecó(abaixo), pintado patrioticamente, não chegou ao fim.
À direita: as esperanças de Al Unser Jr. em manter o título terminaram, pois ele não conseguiu melhor do que o 6º lugar. Embora a sua vitória em Portland lhe fosse restituída no apelo, a pontuação final de Villeneuve permaneceu fora de alcance.

Michael C. Brown

Campeonato PPG decidido na pista

No que se refere o título da Copa PPG, com o apelo contra a desqualificação de Al Unser Jr. em Portland ainda pendente, existiam dois cenários potenciais enquanto os combatentes se reuniam para a última corrida no pitoresco Laguna Seca Raceway. Primeiro, se o apelo fosse recusado, Jacques Villeneuve já seria efetivamente o novo campeão, visto que a sua vantagem pontual era inalcansável. Mas se a vitória de Unser em Portland fosse restituída, ele ganharia 21 pontos, ficando a 16 de Villeneuve. As probabilidades, claro, permaneciam a favor de Villeneuve, e, felizmente, seu 11º lugar foi suficiente para resolver o título.

"É ótimo ter vencido o campeonato e não temos de esperar pelo apelo," afirmou um aliviado e encantado Villeneuve. "Se nos dissessem daqui a uma semana ou duas que tinha ganho o campeonato, não significaria exatamente o mesmo."

Uma semana depois do pó ter assentado na Califórnia, o Marlboro Team Penske estava de novo em ação — desta vez no Michigan, onde os advogados apresentaram o seu caso no Tribunal de Apelo, cujo painel era composto pelo Juíz-Presidente Philip C. Elliot e os vogais Steven R. Hearn, experiente advogado do Michigan, e pelo antigo diretor técnico da NASCAR Richard Leon 'Dick' Beaty. Os juizes consideram uma enormidade de provas como também as declarações de 18 testemunhas durante os três dias de depoimentos, depois deliberaram durante dois dias antes de anunciarem o seu veridito em favor do apelante. Unser foi assim restabelecido como o vencedor de Portland.

O meios efetivos de medição do Penske de Unser foram o ponto capital da questão. Em Portland, três inspetores técnicos voluntários foram os responsáveis pelas verificações de todos os carros, incluindo o de Unser, e eles aparentemente empregaram um método ligeiramente diferente de inspeção em relação aos comissários da IndyCar que supervisionaram as operações e participaram diretamente na inspeção ao carro vencedor. As duas técnicas diferentes produziram resultados divergentes — e continuaram sendo diferentes até o Penske nº1, que tinha sido voluntariamente arrastado desde a reunião da corrida do Oregon, ter sido reinspecionado durante as audiências. O painel decidiu a favor da Penske depois de observar que os inspetores voluntários libertaram bem sucedidamente o carro enquanto utilizavam o mesmo método de verificação empregue em todos os outros carros concorrentes durante o fim de semana da corrida de Portland.

QUALIFICAÇÕES

Não há prêmios para adivinhar quem largou da pole. Sim, foi Jacques Villeneuve. Novamente. Porém, o impressionante jovem franco-canadense, teve de produzir algo especial para eclipsar Bryan Herta, que, menos de dez segundos antes, tinha feito o melhor tempo com um novo recorde de 1m09,992s, a uma média de 183,26 km/h, no extremamente exigente circuito de 3,56 km.

"Foram uns excelentes dez segundos," sorriu Herta após classificar-se pela terceira vez na primeira fila do grid no Reynard-Ford Target/Scotch Vídeo de Chip Ganassi. "Realmente não me posso queixar. Fiz verdadeiramente uma boa volta. Estou satisfeito por estar na primeira fila."

Villeneuve melhorou regularmente o seu carro enquanto o fim de semana progredia. Ele trocou de posição com Herta duas vezes durante a excitante meia hora final da sessão, depois pulou para o topo quando faltava menos de um minuto para o fim.

"A última volta é quando temos de dar tudo o que temos," disse Villeneuve, que iria largar da pole pela 6ª vez nas últimas nove corridas.

De Ferran mostrou o valor de uma produtiva sessão de testes em Laguna Seca no início da temporada ao estabelecer o tempo mais rápido na sessão livre inaugural de 6ª feira. Nas qualificações, porém, a equipe perdeu-se nas regulagens e foi só na sessão final de sábado que De Ferran e o engenheiro Bill Pappas conseguiram redescobrir o equilíbrio do carro.

"Foi difícil obter uma boa estabilidade," disse De Ferran, que optou por trocar para os pneus de reserva Goodyear no sábado. "Fizemos uma alteração no carro antes de sairmos com o último jogo de pneus. Sabia que era a minha última hipótese. Simplesmente arrisquei e consegui."

Teo Fabi fez a pole provisória na 6ª feira com o Reynard-Ford Combustion Engineering/Indeck da Forsythe Racing, mas foi incapaz de descobrir qualquer melhoria no segundo dia. Caiu assim para 4º, na frente do Lola mais rápido de Scott Pruett (Lola-Ford Firestone) e Maurício Gugelmin (Reynard-Ford Hollywood).

Al Unser Jr., o único potencial rival de Villeneuve para o título, definhou num modesto 14º lugar no Penske-Mercedes Marlboro de Roger Penske. Juntamente com De Ferran e o duo da Newman-Haas, Paul Tracy (8º) e Michael Andretti (12º), ele optou por correr com o pneu "opcional" da Goodyear, mas descobriu que os seus esforços foram limitados por excessiva subesterçamento.

"Não conseguimos que o carro vire," lamentou-se Unser. "Largar assim atrás não é de todo divertido, mas daremos o nosso melhor amanhã e partiremos dali."

CORRIDA

Unser, como sempre, tinha-se concentrado mais na preparação para a corrida do que para as qualificações e não constituiu surpresa ver o Penske nº1 subir para o topo dos tempos no warm-up. Na verdade, o tempo de Unser de 1m11,777s foi batido apenas pelo Reynard Target/STP de Jimmy Vasser.

As ladeiras poeirentas, ressequidas nas encostas do pitoresco Laguna Seca Raceway, com vistas espetaculares que também se estendem ao longo de Salinas Valley e Monterey Bay, estavam transformadas no dia da corrida com a enorme e colorida multidão se tostando sob o glorioso sol da Califórnia. Perspectivava-se uma excitante corrida de 84 voltas.

A largada foi limpa, com as duas filas dianteiras, acelerando em uníssono pela linha de largada, pela lombada da Curva Um e depois novamente ladeira abaixo em direção à apertada chicane para a esquerda na Curva Três. A pole de Villeneuve permitiu-lhe segurar a liderança na freada, enquanto Herta, depois de ter considerado inicialmente uma ultrapassagem pelo exterior, decidiu sensatamente manter-se atrás. De Ferran e Fabi estavam igualmente envolvidos numa disputa pelo 3º posto. Atrás, porém, Robby Gordon, que se qualificara num distante 16º no seu Reynard-Ford Valvoline/Cummins, rodou na chicane após ter sido atingido por trás por Adrian Fernandez, ficando com o motor morto.

Após uma breve interrupção, Villeneuve tomou novamente a liderança. Quase imediatamente, porém, as esperanças de Herta sumiram quando o seu motor começou a carburar mal. Problema de ignição. Herta perdeu diversas voltas enquanto era ajustado um substituto. Ele prosseguiu embora o seu decepcionante fim de semana tenha terminado prematuramente quando, depois de fazer um reabastecimento de rotina, retomou à pista imediatamente na frente do líder, De Ferran. Infelizmente, enquanto olhava nos espelhos, não viu o Reynard-Honda LCI de André Ribeiro, que se colocara a seu lado na linha exterior, sendo acidentalmente posto fora da corrida enquanto Herta se concentrava a deixar espaço para de Ferran.

O problema inicial de Herta elevou de Ferran a 2º e pouco depois ele começou a aproximar-se de Villeneuve. Os dois lideres estabeleceram as suas voltas mais rápidas, na casa do 1m13s, muito cedo, mas depois, como tinha sido o caso durante os treinos livres e qualificativos, os seus pneus começaram a perder aderência. Na 25ª volta, Villeneuve debatia-se para fazer 1m16s. Não obstante, conseguiu manter-se na frente de Ferran. Fabi, Gugelmin, Pruett e Tracy também se seguiam em coluna.

Villeneuve e Gugelmin optaram por fazer o primeiro reabastecimento programado na 29ª volta, enquanto De Ferran, Fabi, Tracy e Pruett esperavam mais uma volta antes de entrarem no box. A equipe Hall, sensatamente, despachou de Ferran sem encher completamente o tanque de combustível. A estratégia foi imaginada na crença que De Ferran talvez poupasse dois segundos e contudo ainda tivesse combustível suficiente para completar a corrida com apenas

Michael C. Brown

Chevron
Simply Smarter
Chevron
Simply Smarter
TURN 4
GRANDSTANDS
PENNZOIL
TA

Laguna Seca proporciona um soberbo palco para a última corrida da Indy da temporada. Jacques Villeneuve lidera Gil de Ferran nas voltas de abertura com Teo Fabi e Maurício Gugelmin a tentarem não perder o contato.
Foto: Michael C. Brown

Michael C. Brown

Maurício Gugelmin manteve o seu regresso de fim de temporada à forma com uma boa performance até ao 3º lugar no Reynard Hollywood da equipe PacWest.

Abaixo: com o título finalmente na sua posse, o dono de equipe Barry Green (à esquerda) comemora com o recém-coroado campeão Jacques Villeneuve.

mais uma paragem. Funcionou às mil maravilhas. De Ferran acelerou na saída dos boxes na frente de Villeneuve e depressa começou a dilatar a sua vantagem no comando.

Unser também ganhou vantagem durante os reabastecimentos, colocando-se em 7º na frente de Ribeiro, Andretti e Bobby Rahal (Lola-Mercedes MGD). Depois começou a aproximar-se de Pruett enquanto a corrida chegava à sua metade. Villeneuve, entretanto, deparou-se com o primeiro problema na 34ª volta, quando abrandou abruptamente e mergulhou em direção aos boxes depois de sentir que a estabilidade do seu carro se deteriorara.

O Team Green mudou os quatro pneus e mandou de novo Villeneuve para a pista, descobrindo depois que o pneu dianteiro esquerdo estava a perder ar. Onze voltas depois, Villeneuve precipitou-se novamente para o pit lane. Mesmo problema.

Villeneuve retomou em 13º e repentinamente a luta pelo título tornou-se viva, pois agora Unser ascendera inexoravelmente a 4º depois de passar Pruett e Fabi, que perdeu tempo num momento assustador enquanto tentava passar o Lola-Ford de Carlos Guerrero. Se Unser chegasse a 2º, Villeneuve necessitaria de terminar pelo menos em 12º para conquistar o título. Dados os seus problemas de pneus, aquilo parecia longe de ser certo.

Os problemas de Fabi, que incluíram a coleta de um cone de plástico na asa dianteira enquanto ele dirigia por fora da pista para passar o errante Guerrero, permitindo a Tracy subir a 2º, embora com um atraso de 11s em relação a De Ferran, que prosseguia calmamente o seu caminho. Gugelmin, por sua vez, anichado com felicidade em 3º enquanto Unser, tendo pressionado demais e desgastado os seus pneus, começou a arrastar-se 4º. Pouco depois, Unser foi atacado não só por Pruett mas também por Andretti.

De Ferran entregou a sua liderança a Gugelmin quando reabasteceu pela segunda vez, pouco antes dos outros concorrentes da frente, na 54ª volta. Após os pit stops, desfrutou de uma vantagem ainda maior, superior a 15 segundos. Mesmo uma interrupção da corrida não o prejudicou muito. De Ferran permanecia no comando e recompensou a fé de Jim Hall nas suas capacidades ao vencer com facilidade.

"A equipe Pennzoil me deu um carro lindo," afirmou de Ferran. "Foi um dia excelente. Sabem, quando passamos o Jacques nos reabastecimentos — que, a propósito, foi uma estratégia fantástica da equipe — e nos começamos a distanciar dele, pensei que poderíamos ter um bom dia. Foi uma forma linda de terminar a temporada."

A vitória de Ferran catapultou-o sobre Christian Fittipaldi e Ribeiro na luta pelo Rookie of the Year. Fittipaldi, que liderava a classificação desde Miami, foi atormentado por um comportamento instável no seu Reynard-Ford Marlboro/Chapecó e, finalmente, um acelerador preso que lhe causou uma saída de pista, danificou a suspensão e caiu para 13º.

"Terminar como Rookie of The Year é um bônus extra," disse De Ferran, que no início do fim de semana tinha menos 17 pontos do que Fittipaldi. "Eu até que tinha desistido disso porque o atraso era muito grande. É um bônus agradável, uma grande surpresa."

Tracy estava satisfeito por terminar a temporada com nota elevada, provando ser mais rápido que Andretti, seu companheiro na Newman-Haas. O canadense, porém, na parte final, teve problemas devido à deterioração dos pneus traseiros. Gugelmin e Andretti aproximaram-se dramaticamente, acabando o trio a menos de um segundo.

Pruett manteve o 5º lugar, apesar da perda da 5ª marcha, enquanto Unser, que misteriosamente perdera terreno durante a segunda sessão de reabastecimentos, defendeu o 6º lugar face a Rahal.

"O meu carro estava bastante solto depois do segundo reabastecimento," contou Unser. "Forcei para ganhar tempo e devido a isso acabei sendo um pouco duro com os pneus."

Villeneuve teve um susto final quando um grande pedaço de destroços danificou o bico do seu Reynard, levando a um outro pit stop não programado. Mesmo assim, o seu 11º lugar final foi suficiente para deixar o título fora do alcance de Unser.

"Foi uma corrida divertida porque lutamos sempre," disse um encantado e — aliviado — Villeneuve. "Tivemos de conduzir agressivamente, de passar alguns carros, por isso o lado da condução foi divertido."

"Vencer o campeonato é um sensação excelente. Terminar a última corrida foi duro mas lutamos arduamente para o ganhar. Não podia estar mais satisfeito."

Michael C. Brown

BREVES

Photos: Michael C. Brown

* Carl Haas (acima) e Paul Newman deram uma conferência de imprensa na 6ª feira, anunciando que Christian Fittipaldi iria substituir na próxima temporada Paul Tracy no carro Kmart/Budweiser. Haas também confirmou que a equipe continuaria a utilizar motores Ford/Cosworth em 1996, embora admitisse ter mantido longas discussões com a Honda. "Foi uma escolha muito difícil," disse Haas. "A Ford e a Cosworth quiseram muito manter esta equipe, por isso comprometemo-nos com eles e mantivemos o rumo."

* O antigo três quartos do San Francisco 49 Joe Montana, que agora é sócio na equipe de Chip Ganassi apoiada pela Target, serviu de Grand Marshall na derradeira final, enquanto Danny Sullivan, lesionado num acidente no MIS, em julho, reapareceu para emitir o honroso comando "Senhores, liguem os vossos motores."

* Maurício Gugelmin foi forçado a faltar à última sessão de qualificação após uma falha na suspensão traseira direita lhe ter causado na manhã de sábado uma saída de pista na Curva Cinco. O brasileiro, o segundo mais na 6ª feira, teve sorte em não baixar para além de sexto no grid final.

* Parker Johnstone (abaixo) rubricou a sua melhor qualificação de sempre num autódromo, graças à contribuição da experiência dos engenheiros John Bright, que entrou para a Comptech em Vancouver, e Tim Wardrop. Infelizmente, os esforços de Johnstone no dia da corrida foram prejudicados por um problema de controlo de pressão do turbo que lhe roubou potência vital e resistiu às tentativas de cura.

* Robby Gordon teve um fim de semana frustrante, começando num decepcionante 16º e terminando um lugar acima depois de se envolver em diversos incidentes com o Reynard-Ford Valvoline/ /Cummins da Derrick Walker. "Tivemos instabilidade atrás, à frente e provavelmente dos lados," disse um descontente Gordon após as qualificações.

* Frederik Ekblom (acima) impressionou a equipe Copenhagen de A.J. Foyt, apesar de anteriormente só ter dirigido uma vez um carro de Indy. (Terminou em 15º em Detroit '94 num carro com um ano). O agradável e talentoso sueco de 24 anos demonstrou velocidade, vontade de aprender e maturidade admirável enquanto se contentava em adquirir experiência em vez de se tentar por heroísmos.

PPG INDY CAR WORLD SERIES • 17ª PROVA

TOYOTA GRAND PRIX OF MONTEREY FEATURING THE BANK OF AMERICA 300

LAGUNA SECA RACEWAY, MONTEREY, CALIFORNIA

10 DE SETEMBRO, 84 VOLTAS – 299,307 KM

Clas.	Piloto (Nac.)	Nº.	Equipe/Patrocinadores/Carro-Motor	Pneus	Vel. Qlf.	Tempo Qlf.	Pos.	Voltas	Tempo/Causa	Méd. km/h	Pts.
1	***Gil de Ferran (BR)**	**8**	**Hall Racing *Pennzoil Special* Reynard 95I-Mercedes**	**GY**	**182,627**	**1m 10,208s**	**3**	**84**	**1h 53m 17,579s**	**158,505**	**21**
2	**Paul Tracy (CDN)**	**3**	**Newman-Haas *Kmart/Budweiser* Lola T95/00-Ford**	**GY**	**181,267**	**1m 10,762s**	**8**	**84**	**1h 53m 25,538s**	**158,321**	**16**
3	**Mauricio Gugelmin (BR)**	**18**	**PacWest Racing Group *Hollywood* Reynard 95I-Ford**	**GY**	**181,722**	**1m 10,585s**	**6**	**84**	**1h 53m 25,910s**	**158,310**	**14**
4	**Michael Andretti (USA)**	**6**	**Newman-Haas *Kmart/Texaco Havoline* Lola T95/00-Ford**	**GY**	**180,644**	**1m 11,006s**	**12**	**84**	**1h 53m 26,613s**	**158,294**	**12**
5	**Scott Pruett (USA)**	**20**	**Patrick Racing *Firestone* Lola T95/00-Ford**	**FS**	**181,833**	**1m 10,541s**	**5**	**84**	**1h 53m 40,241s**	**157,979**	**10**
6	**Al Unser Jr. (USA)**	**1**	**Marlboro Team Penske Penske PC24-Mercedes**	**GY**	**180,615**	**1m 11,017s**	**14**	**84**	**1h 53m 41,518s**	**157,948**	**8**
7	**Bobby Rahal (USA)**	**9**	**Rahal/Hogan *Miller Genuine Draft* Lola T95/00-Mercedes**	**GY**	**180,732**	**1m 10,971s**	**11**	**84**	**1h 53m 42,025s**	**157,937**	**6**
8	**Jimmy Vasser (USA)**	**12**	**Ganassi *Target/STP* Reynard 95I-Ford**	**GY**	**181,555**	**1m 10,650s**	**7**	**84**	**1h 53m 43,697s**	**157,898**	**5**
9	**Teo Fabi (I)**	**33**	**Forsythe *Combustion Engineering/Indeck* Reynard 95I-Ford**	**GY**	**181,870**	**1m 10,527s**	**4**	**84**	**1h 53m 44,358s**	**157,882**	**4**
10	**Adrian Fernandez (MEX)**	**10**	**Galles *Tecate/Quaker State* Lola T95/00-Mercedes**	**GY**	**180,074**	**1m 11,231s**	**15**	**84**	**1h 54m 23,725s**	**156,978**	**3**
11	**Jacques Villeneuve (CDN)**	**27**	**Team Green *Player's Ltd.* Reynard 95I-Ford**	**GY**	**184,226**	**1m 09,625s**	**1**	**83**	**Em prova**		**3**
12	**Raul Boesel (BR)**	**11**	**Rahal/Hogan *Duracell Charger* Lola T95/00-Mercedes**	**GY**	**180,639**	**1m 11,008s**	**13**	**83**	**Em prova**		**1**
13	*Juan Fangio II (RA)	17	PacWest Racing Group *VISA* Reynard 95I-Ford	GY	178,557	1m 11,836s	19	83	Em prova		
14	Stefan Johansson (S)	16	Bettenhausen *Alumax Aluminum* Penske PC23-Mercedes	GY	178,719	1m 11,771s	18	83	Em prova		
15	Robby Gordon (USA)	5	Walker *Valvoline/Cummins Special* Reynard 95I-Ford	GY	179,891	1m 11,303s	16	83	Em prova		
16	**Emerson Fittipaldi (BR)**	**2**	**Marlboro Team Penske Penske PC24-Mercedes**	**GY**	**177,966**	**1m 12,074s**	**20**	**83**	**Em prova**		
17	Parker Johnstone (USA)	49	Comptech *Motorola Cellular* Reynard 95I-Honda	FS	180,803	1m 10,943s	10	83	Em prova		
18	*Carlos Guerrero (MEX)	22	Dick Simon *Herdez/Viva Mexico!* Lola T95/00-Ford	GY	176,783	1m 12,556s	22	83	Em prova		
19	*Fredrik Ekblom (S)	14	A.J. Foyt *Copenhagen Racing* Lola T95/00-Ford	GY	176,899	1m 12,509s	21	82	Em prova		
20	Alessandro Zampedri (I)	34	Payton-Coyne *The Mi-Jack Car* Lola T94/00-Ford	FS	175,802	1m 12,962s	24	82	Em prova		
21	*Mimmo Schiattarella (I)	64	Project Indy *No-Touch/Van Dyne/Marcelo* Reynard 94I-Ford	GY	175,675	1m 13,015s	25	81	Em prova		
22	Hiro Matsushita (J)	25	Arciero-Wells *Panasonic/Duskin* Reynard 95I-Ford	FS	175,192	1m 13,216s	26	81	Em prova		
23	**Marco Greco (BR)**	**55**	**Galles *Brastemp/Int. Sports* Lola T95/00-Mercedes**	**GY**	**176,086**	**1m 12,843s**	**23**	**80**	**Em prova**		
24	***Christian Fittipaldi (BR)**	**15**	**Walker *Marlboro/Chapeco Special* Reynard 95I-Ford**	**GY**	**179,820**	**1m 11,331s**	**17**	**70**	**Suspensão**		
25	Bryan Herta (USA)	4	Ganassi *Target/Scotch Video* Reynard 95I-Ford	GY	183,262	1m 09,992s	2	66	Suspensão		
26	***Andre Ribeiro (BR)**	**31**	**Tasman Motorsports *LCI International* Reynard 95I-Honda**	**FS**	**181,029**	**1m 10,855s**	**9**	**63**	**Acidente**		
NQ	*Eliseo Salazar (RCH)	7	Dick Simon *Cristal/Mobil 1/Copec* Lola T95/00-Ford	GY	174,546	1m 13,487s	27	–	Não qualificado		
NQ	*Franck Freon (F)	19	Payton-Coyne *The Agfa Car* Lola T94/00-Ford	FS	172,493	1m 14,361s	28	–	Não qualificado		

** Piloto Rookie (estreante)*

Bandeiras amarelas: Volta 1, rebocado à largada/Gordon; voltas 8–10, rebocado à largada/Gordon; voltas 64–68, acidente/Ribeiro. **Total:** três durante 9 voltas.

Líderes: Jacques Villeneuve, 1–28 (28 voltas); Gil de Ferran, 29–54 (26 voltas); Mauricio Gugelmin, 55–56 (2 voltas); de Ferran, 57–84 (28 voltas). **Totais:** de Ferran, 54 voltas; Villeneuve, 28 voltas; Gugelmin, 2 voltas.

Melhor volta: Gil de Ferran, 1m 13,705s, 174,028 km/h, na 7ª volta.

Classificação no campeonato: 1 Villeneuve, 173; **2** Unser, 140; **3** Rahal, 130; **4** Andretti, 125; **5** Gordon, 122; **6** Tracy, 115; **7** Pruett, 113; **8** Vasser, 96; **9** Fabi, 83; **10** Gugelmin, 82; **11** E. Fittipaldi e Fernandez, 67; **13** Johansson, 62; **14** de Ferran, 57; **15** C. Fittipaldi, 55; **16** Boesel, 50; **17** Ribeiro, 38; **18** Cheever, 33; **19** Sullivan, 32; **20** Herta, 30; **21** Salazar, 19; **22** Zampedri, 15; **23** Bachelart, 8; **24** Danner, Luyendyk, Fangio e Johnstone, 6; **28** Matsushita, 5; **29** Greco, 3; **30** C. Guerrero e Hall, 2; **32** R. Guerrero, Goodyear e Brayton, 1.

Classificações e pontos no campeonato provisórios, dependentes da resposta ao recurso interposto pela Marlboro Team Penske após Portland. Classificação oficial na *pág. 79.*

EDS

Fotos: Michael C. Brown

MOORE

O brilhante jovem canadense Greg Moore varreu toda a oposição, vencendo não menos de 10 das 12 corridas da temporada para a equipe de Jerry Forsythe, patrocinada pela Player's. No próximo ano ascende aos Indy Cars com a mesma equipe.

O MESTRE

or Jeremy Shaw

A equipe de Jerry Forsythe Player's Ltd. Racing — e o seu primeiro piloto Greg Moore — alcançaram o objetivo ao tomarem conta do manto da Tasman Motorsports Group, que este ano ascendeu ao Campeonato PPG Indy Car após ter dominado o Campeonato PPG-Firestone Indy Lights em 1993 e 1994. Na verdade, Moore fez uma temporada perfeita, só sendo batido duas vezes em 12 largadas — uma, por pouco, por Robbie Buhl em Detroit e depois quando foi despojado da liderança por Pedro Chaves em Vancouver.

O fato de Moore se ter sagrado campeão não deve constituir surpresa. Em 1993, como rookie em bruto, evidenciou as suas capacidades ao terminar quatro vezes entre os cinco primeiros com uma unida equipe dirigida pelo seu pai, Ric, um veterano piloto de turismo, em concertação com o guru mecânico/engenheiro-chefe Steve Challis e com o mecânico principal Kent Holden. Um ano depois, a mesma dupla alcançou três vitórias quebrando a hegemonia da Tasman, tendo Moore terminado em 3º na classificação. O jovem de Vancouver, Canadá, começou assim 1995 como o grande favorito.

No final da temporada, Moore tinha virtualmente reescrito o livro de recordes. Começou com 5 vitórias consecutivas e terminou com 10 triunfos. Ambos são recordes. A marca de 13 triunfos da sua carreira também constitui um novo padrão de excelência.

"Os recordes são apenas um reflexo da relação que tenho com os meus patrocinadores, Player's, e a minha equipe, Forsythe Racing," afirmou Moore, que repetiu a realização de Steve Robertson, que venceu o campeonato Indy Lights de 1994 ao completar todas as voltas de todos os eventos durante a campanha de 12 corridas. "Eles apostaram num garoto de 19 anos e isso trouxe-lhes compensações. Isso dá-me muito orgulho."

Moore liderou um total de 375 voltas, ou seja, 64 por cento, das 583 que constituíram a temporada. A sua competência em corrida foi exemplar, especialmente nas ovais, onde ele sempre conseguiu recuperar depois de se qualificar somente na 2ª, 3ª ou mesmo 4ª fila do grid.

Moore conquistou o título em Cleveland, a três provas do fim, e completou o ano com uma maciça vantagem de 102 pontos. Não é de admirar que tenha passado a ser um piloto cobiçado. Sensatamente, Forsythe e a Player's têm um contrato de longa duração com este entusiástico e ambicioso jovem e, em 1996, ele irá ser sem dúvida um forte candidato ao título de Rookie do Ano na Indy Car.

A temporada de 1995 viu a continuação do crescimento da categoria Indy Lights que, segundo a sua designação original American Racing Series, foi concebida em 1986 pelo veterano proprietário da Indy Car U.E. 'Pat' Patrick. Claro, Moore constituía uma classe à parte no pelotão, mas não havia falta de adversários de respeito. De fato, com uma média superior a 23 carros em cada uma das corridas — quatro mais do que no ano passado, graças aos esforços incansáveis do director-geral Roger Bailey — o campeonato teve o maior apoio de sempre.

O único piloto a bater Moore numa luta limpa foi Robbie Buhl, que arriscou ao regressar à categoria que vencera em 1992 como um meio para tentar relançar a sua carreira. Buhl voltou a alinhar com o veterano mecânico-chefe Burke Harrison, que guiara Buhl ao título de 1992 na culminação de um hat-trick sem precedentes, tendo também conquistado o campeonato nos dois anos anteriores com Paul Tracy e Eric Bachelard. Agora com a Dorricott Racing, Harrisson e Buhl restabeleceram-se virtualmente no ponto onde tinham ficado.

O ponto alto do ano de Buhl foi a sua vitória, da pole até ao baixar da bandeira de xadrez, na sua terra natal, Detroit. Buhl conhecia a importância de largar na frente no tortuoso circuito do parque e efetuou uma volta sensacional na qualificação para se assegurar disso. Depois ele suportou a pressão intensa de Moore, acabando por ganhar por 0,170s.

"Estou contente," conclui Buhl após uma campanha que incluiu três poles e mais meia dúzia de pódios. "Penso que provamos às pessoas que sou competitivo. Os rapazes da Player's, infelizmente, dominaram, mas depois deles nós éramos os melhores."

O brasileiro Affonso Giaffone e o californiano Doug Boyer também fizeram boas temporadas. Giaffone escolheu alinhar com a Brian Stewart Racing e o engenheiro Steve Erickson para a sua campanha de rookie, e mesmo com um pouco de sorte ele merecia pelo menos uma vitória. Em Phoenix, na verdade, na sua primeira largada numa oval, Giaffone tinha tudo coberto, incluindo Moore, até ser penalizado por largar cedo demais num restart a seguir às bandeiras amarelas a poucas voltas do fim. A equipe ficou irritada com a imposição de uma volta de penalização, embora poucas se-manas depois Giaffone tenha aprendido que poderiam haver mais coisas em jogo quando viu Scott Goodyear deitar fora uma vitória quase certa nas 500 Milhas de Indianápolis em consequência de uma infração idêntica.

Giaffone também liderou em Nazareth até perder uma marcha no restart. Em resumo, quatro classificações entre os primeiros deram-lhe o galardão Turbo-Mac Rookie of The Year Award.

Boyer começou o ano em 5º em Miami e terminou em beleza, tendo subido ao pódio 4 vezes nas últimas 5 corridas. Sob a tutela da equipe Summit Motorsports de Bob Lesnett, Boyer esforçou-se por superar a falta de confiança nas ovais e esteve em força na última corrida do ano numa oval em New Hampshire.

A falta de orçamento para testar perturbou Pedro Chaves na sua operação de troca da equipe de Brian Stewart para a Leading Edge Motorsport de Mark Weida, embora o amável português tenha alcançado uma vitória de estreia, merecida já há muito, após três anos na categoria. O triunfo sucedeu em Vancouver, porém, em circunstâncias controversas, quando inadvertidamente fez rodar o favorito da terra, Moore, depois de uma situação de bandeiras amarelas.

Buzz Calkins evidenciou uma melhoria regular na sua 3ª temporada na Indy Lights. A ajuda do experiente engenheiro de corrida Ken Anderson provou ser uma importante benção para a equipe familiar e Calkins respondeu ao terminar no pódio nas ovais de Phoenix e Milwaukee.

O rookie Mark Hotchkis fez algumas provas muito promissoras no segundo Leading Edge Lola-Buick. A sua prestação desde 17º no grid até quarto em Cleveland serviu para mostrar que ele se pode revelar um candidato ao título em 1996.

A Sinden Racing Services manteve a antiga estrela do motocross Jeff Ward, que efetuou prestações especialmente fortes em Miami (onde terminou em 2º) e Detroit (3º). Ward aprendeu acima de tudo que a consistência vem com a experiência e esteve bem ao terminar entre os dez primeiros.

Nick Firestone e David De Silva foram afetados por sérias perdas de confiança, mas eles, também, tiveram rasgos do que poderiam ter feito

A única verdadeira ameaça à supremacia de Moore veio do campeão de 1992 Robbie Buhl (ao lado) que bateu o jovem pela margem mínima em Detroit.

O experiente piloto português Pedro Chaves (ao centro) obteve finalmente a sua primeira vitória na Indy Lights, embora as circunstâncias do seu triunfo inevitavelmente manchassem um pouco a sua conquista.

O brasileiro Affonso Giaffone (abaixo) não desfrutou de muita sorte mas ainda salvou o 3º lugar na classificação final.

ao terminaram com um pódio.

Entre aqueles que ficaram fora dos dez primeiros na classificação, Alex Padilla poderia ter feito mais se não tivesse feito oito corridas em quatro equipes diferentes, enquanto as esperanças de Claude Bourbonnais em poder pressionar o colega de equipe da Player's Greg Moore foram desfeitas por um acidente enorme durante os treinos em Nazareth. Bourbonnais ficou com o pescoço quebrado e foi forçado perder cinco corridas. Prontamente voltou a embater de novo em New Hampshire, embora a sua equipe tenha conseguido reparar os danos e o franco-canadense respondeu com uma excelente prestação até ao 2º lugar.

O compatriota Bertrand Godin, oriundo da Fórmula Ford 1600, impressionou em duas corridas quando foi convidado para substituir o convalescente Bourbonnais. Mike Borkowski, o campeão SCCA American Continental de 1994 (Fórmula 2000), também evidenciou uma grande promessa numa abreviada campanha com a nova equipe de Steve Medlin. Bob Dorricott Jr. brilhou brevemente em duas ovais, sendo pole em Nazareth pelo segundo ano consecutivo e qualificando-se em 2º em New Hampshire antes de embater fortemente. O canadense Trevor Seibert (Canaska Racing), o argentino José Luis di Palma, mais o brasileiro Niko Palhares (ambos com a QuikCars/PacWest) e o colombiano Diego Guzman (Dick Simon Racing/QuikCars) estiveram entre os outros que não só mostraram o seu talento mas também o interesse mundial crescente na Indy Lights como um degrau viável e atrativo para o campeonato PPG Indy Cars.

Fotos: Michael C. Brown

CAMPEONATO PPG FIRESTONE INDY LIGHTS 1995

Classificação final após 12 corridas:

1	Greg Moore (CDN), Player's Ltd./Indeck	242
2	Robbie Buhl (USA), Patrick Media/Copper & Brass Sales	140
3	**Affonso Giaffone (BR), STP**	**122**
4	Doug Boyer (USA), Red Line Oil	108
5	**Pedro Chaves (P), Castrol of Portugal/Trench**	**99**
6	Buzz Calkins (USA), Bradley Food Marts	77
7	Mark Hotchkis (USA), Fountainhead Water/Top Dawg	57
8	Jeff Ward (USA), Primm Investment/Arizona Executive Air	56
9	Nick Firestone (USA), STP/Firestone Vineyards	52
10	David DeSilva (USA), DeSilva Gates/Cruttenden Roth	33
11	Alex Padilla (USA), SP Aviation	32
12	Mike Borkowski (USA), Spirit of Connecticut	31
13	Claude Bourbonnais (CDN), Player's Ltd./Indeck	29
14	Diego Guzman (COL), Colombiana/Comcel/Marlboro	29
15	Jose Luis di Palma (RA), YPF/Marlboro	24
16	Bertrand Godin (CDN), Player's Ltd./Indeck	16
17	Trevor Seibert (CDN), Microsoft Canada	16
18	Bob Reid (USA), Ingersoll Rand/Grainger	15
19	Jeff Andretti (USA), Procter & Gamble Motorsports	12
20	**Niko Palhares (BR), PacWest/QwikCars**	**9**

Nota: Todos os pilotos correm em carros idênticos Lola T 93/20 Buick

Quadro de desempenho

Piloto	*Vitórias*	*Poles*
Moore	10	7
Buhl	1	3
Chaves	**1**	**–**
Bourbonnais	–	1
Dorricott	–	1